MAXIMILIAN **GIERLINGER** | LISA-MARIA **KRAFT**

MIT FAIRGNÜGEN REISEN

MAXIMILIAN **GIERLINGER** | LISA-MARIA **KRAFT**

MIT
FAIRGNÜGEN
REISEN

NACHHALTIG um die WELT mit zweidiereisen

Hi!

Schön, dass ihr euch für nachhaltiges Reisen interessiert. Zu diesem Buch zu greifen ist ein erster Schritt zu mehr Bewusstsein im Umgang mit unserer Umwelt, Mensch und Tier überall auf dem Planeten. Was es damit alles auf sich hat, haben wir zwischen diesen beiden Buchdeckeln festgehalten und freuen uns, dass ihr euch mit uns auf die Reise macht.

Dieses Buch ist für uns, für euch alle – und ganz besonders für Mama Nature. Wir wünschen viel Fairgnügen!

INHALT

KAPITEL 1

WIR UND DAS REISEN

Wir können es uns nicht mehr schönreden – das Klima verändert sich, und wir sind bereits mittendrin statt nur dabei. Während Klimaexperten vor den irreparablen Schäden warnen, die der Klimawandel verursacht, streben viele Menschen nach wie vor nicht gerade nach dem Weniger-ist-mehr-Prinzip. Damit sich die Erde nicht weiter so dramatisch erwärmt, wie sie es momentan tut, müsste ein kollektives Umdenken stattfinden und auch politisch noch deutlich gravierendere Schritte eingeleitet werden, als es bisher der Fall war. Wie so oft steht uns dabei die eigene Bequemlichkeit, der eigene Egoismus im Weg.

Wir alle haben es gerne komfortabel und günstig, wir wollen so viel Spaß und Abwechslung im Leben wie nur möglich – vielleicht auch, um dem sonst so eintönigen Alltag zu entfliehen. Wir sehnen uns nach Konsumgütern, Bespaßung und Abenteuer, um unserem Leben dadurch mehr Sinn zu verleihen. Der Umwelt spielen Konsumsünden allerdings meist weniger in die Karten, unsere Reisegewohnheiten haben verheerende Folgen für die Klimabilanz.

Auch wir beide genießen all die Vorzüge, die das moderne Leben mit sich bringt. Hand aufs Herz: Wer tut das nicht? Wir alle haben etwas, das uns antreibt. Etwas, das unser Herz erfüllt. Und bei uns ist es eben das Reisen. Jeder Ort hat für uns seinen ganz eigenen Charme, egal ob Melbourne in Australien oder Gengenbach im Schwarzwald. In den letzten Jahren sind wir wahnsinnig viel unterwegs gewesen. So viel, dass wir uns teilweise nur noch schwer erinnern können, wo wir überall waren. Gefühlt überall. Dabei sind wir leider viel zu oft auf Kosten der Umwelt, der Tiere und anderer Menschen und zugunsten unserer eigenen Interessen gereist, und das häufig, ohne es überhaupt zu wissen. Durch Zufall stolperten wir über das Thema nachhaltiges Reisen und waren sofort angefixt, aber dazu später mehr ...

Wir fingen an, viele Bereiche unseres Lebens ernsthaft infrage zu stellen. Da das Reisen einen wichtigen Teil von uns ausmachte und inzwischen sogar zu unserem Beruf geworden war, begannen wir, intensiv zu diesem Thema zu recherchieren. Als einzelne Person kann man doch kaum was bewirken, dachten wir lange Zeit. Doch unsere Tätigkeit in der Social-Media-Branche hat uns das Gegenteil bewiesen. Schon oft haben wir erlebt, wie ein wichtiges Thema Tausende Menschen für sich begeistert. Zwar werden dadurch keine Berge versetzt, aber definitiv der ein oder andere Stein ins Rollen gebracht. Wir können entscheiden, welches Verkehrsmittel wir für unsere Reise nutzen, wie und ob wir uns auch unterwegs umweltfreundlich ernähren oder wie nachhaltig wir uns am jeweiligen Reiseziel verhalten. Wir haben beschlossen, die Welt mit mehr Verantwortungsbewusstsein zu erkunden, und auch, wenn wir immer noch weit davon entfernt sind, perfekt zu sein, sind wir uns einer Wahrheit bewusst geworden, vor der wir lange die Augen verschlossen gehalten hatten: Wenn wir alle weitermachen wie bisher, suchen wir irgendwann vergeblich nach den Paradiesen dieser Erde. Wenn wir alles zerstören, was bleibt uns dann noch? Was für eine Welt wollen wir unseren Enkelkindern hinterlassen?

Nachdem wir vor allem zu Beginn unseres Reisefiebers alles andere als umweltfreundlich durch die Welt gehüpft waren, holte uns nach mehreren Monaten und einigen unschönen Erlebnissen nicht nur die bittere Wahrheit, sondern auch unser schlechtes Gewissen ein. Unser Ziel ist es trotzdem nicht, zu missionieren, sondern die Menschen zu inspirieren und sie vor Fehlern zu bewahren, die wir selbst begangen haben.

In diesem Buch wollen wir davon erzählen, was wir in den vergangenen Jahren alles lernen durften und was wir heute anders machen würden. Wir wollen Momente und Erlebnisse teilen, über die wir noch nie mit irgendjemandem gesprochen haben, und auch vermeintliche Fehler beichten, die wir bisher lieber für uns behalten haben, weil es uns unangenehm war, sie zuzugeben.

Wir, das sind Maximilian und Lisa – ein Paar, das im März 2017 sowohl Job als auch Wohnung in München kündigte, um die Welt für unbestimmte Zeit zu bereisen. Bevor es aber so weit war, passierte ganz schön viel.

Ursprünglich stammen wir beide aus Deggendorf, einer niederbayerischen Kleinstadt mit etwa 30 000 Einwohnern.

Nachdem ich mit 16 Jahren meinen Realschulabschluss aufgrund mangelnder Lernbereitschaft und fehlendem schulischen Interesse nicht bestanden hatte und anschließend auf die Wirtschaftsschule wechselte, die auch Maximilian besuchte, begann ich mir vorzustellen, wie es wäre, aus diesem tristen Kleinstadtalltag auszubrechen und einfach mal die Perspektive zu wechseln. Maximilian war eine Jahrgangsstufe höher als ich. Wir waren zu dieser Zeit schon zusammen (oder wie auch immer man das in diesem Alter nennen mag) und teilten bereits vieles miteinander – vor allem unser schulisches Desinteresse. Dies führte dazu, dass wir plötzlich in derselben Klasse saßen, weil Maximilian eine Extrarunde drehen musste. Das war wirklich eine seltsame Zeit, und irgendwie hielten wir beide von der Tatsache, von nun an Klassenkameraden zu sein, nicht sonderlich viel. Im Mai des darauffolgenden Jahres machten wir dann unseren Abschluss, und das trotz immer noch wenig schulischem Fleiß mit relativ guten Resultaten.

Mein Wunsch, Deggendorf zu verlassen, wurde immer stärker, es zog mich in die Großstadt. So kam es, dass ich wenig später eine Ausbildung als Gesundheits- und Krankenpflegerin in München begann. Maximilian entschied sich für eine Lehre im Elektronikbereich. Während ich nach München zog, blieb er in Deggendorf.

Auch wenn wir im Rahmen unserer Teenagerbeziehung viele Höhen und Tiefen erlebten, konnten wir uns nie ganz voneinander lösen. Irgendwie brachte uns das Leben immer wieder zusammen. Nach einigen Wochen in München, ich erinnere mich noch daran, als wäre es gestern gewesen, rief Maximilian mich an, um mir zu sagen, dass er seine Ausbildung abbrechen und zu mir nach München kommen wollte.

Ich fand das nicht gut, konnte es aber absolut nachvollziehen, denn die Ausbildung zum Elektriker machte ihm überhaupt keinen Spaß. Außerdem freute es mich insgeheim sehr, dass er mich offensichtlich so sehr vermisste und es ohne mich nicht aushielt.

Anfangs wohnten wir zusammen in meinem 17 Quadratmeter kleinen Wohnheimzimmer. Luxus war das nicht, aber zumindest waren wir wieder vereint. Nichts hätte mich zu dem Zeitpunkt glücklicher machen können. Nach und nach lebten wir uns beide in München gut ein, fanden Freunde und verdienten unser erstes richtiges Geld. Maximilian machte seinen Zivildienst in einem Münchner Klinikum und absolvierte anschließend eine Ausbildung im Einzelhandel. Wir zogen in unsere erste gemeinsame Wohnung, und mit dem ersten richtigen Verdienst eröffneten sich uns plötzlich ganz neue Möglichkeiten. Kaum zu glauben, aber ausgerechnet eine Pauschalreise an die türkische Ägäis entfachte unsere Liebe zum Reisen. Darauf folgten Städtereisen, Kurztrips und bald auch Fernreisen. Es gefiel uns, fremde Orte zu sehen und in Kulturen einzutauchen, die uns zuvor noch vollkommen unbekannt gewesen waren. Fast so, als würde man als Forscher in ein fremdes Terrain vordringen, ohne vorab zu wissen, was einen erwartet. Wir wollten Neues sehen, unseren Horizont erweitern. Die gleichen Gründe wahrscheinlich, aus denen die meisten Menschen gerne verreisen.

Es gab so viele Momente in meinem Leben, in denen ich dachte, dass ich etwas gefunden hatte, was mir wirklich langfristig Freude bereiten könnte, aber am Ende hat die Begeisterung dann doch immer nur ein halbes Jahr angehalten. Das war beim Handballtraining so wie beim Gitarrespielen oder dem Erlernen einer neuen Fremdsprache. Dann war da plötzlich das Reisen, das so viel Freude und Emotionen in mir hervorbrachte – und das hat sich bisher nicht geändert. Ist es absurd, wenn man das Reisen als Hobby bezeichnet? Irgendwie schon, denn schließlich ist es ein ziemlich teures und oft nicht besonders umweltfreundliches Hobby. Fast so, als behaupte eine Person, ihr Hobby wäre shoppen. Auch nicht besonders ressourcenorientiert im ersten Moment – zumindest nicht, wenn es gedankenlos abläuft.

Sechs Jahre, ein nachgeholtes Abitur und zwei kräftezehrende Vollzeitjobs später kam Maximilian eines Abends nach Hause und erzählte mir müde und erschöpft von seiner Idee: „Lass uns weggehen, vielleicht für ein Jahr oder länger. Und einfach mal sehen, was passiert."

Wenn ich etwas an Maximilian besonders schätze, dann ist es seine Fähigkeit, sich für Dinge zu begeistern und dabei immer wieder mit schier unerschöpflichem Mut seine Komfortzone zu verlassen. Ich vertraute ihm damals, und das tue ich auch heute noch. Ich wusste, dass wir seine Idee realisieren konnten, weil seine Ideen meistens wirklich gut waren.

Wir fingen also an, Pläne zu schmieden, wie wir das nötige Geld für unsere Reise verdienen könnten. Als ich mein Abitur in der Tasche hatte, bewarb ich mich für eine Vollzeitstelle in einer psychiatrischen Klinik in Schwabing, einem unserer Lieblingsstadtteile in München. Sechs Monate hatten wir uns beide als Ziel gesetzt, um die Summe von 6000 Euro pro Person zu erreichen. Mit viel Verzicht, Disziplin und dem Auflösen unnötiger Verträge sowie dem Verkauf von Dingen, die uns keine Freude mehr machten, schafften wir es – wir kündigten unsere Wohnung und unsere Jobs, veranstalteten eine Abschiedsfeier mit allen unseren Freunden und flogen schließlich nach großem Abschiedsszenario am Flughafen nach Indien, wo die Reise auf unbestimmte Zeit beginnen sollte. Da wir zu diesem Zeitpunkt bereits neun Jahre als Paar gemeinsam durchs Leben gegangen waren, fühlten wir uns auf das 24/7-Abenteuer gut vorbereitet. Doch die Erlebnisse der letzten Jahre beeinflussten unseren Köpfe und unsere Herzen so stark, wie wir es niemals hätten vorausahnen können.

Ziemlich zeitgleich zu unserer Reise nach Indien entstand unsere Social-Media-Präsenz. Wir nannten uns zweidiereisen. Einfach, schlicht und selbsterklärend. Um auf Reisen einer kreativen Aufgabe nachzugehen, erstellten wir auf Instagram und YouTube einen eigenen Account sowie unseren Blog www.zweidiereisen.de, um Inhalte hochzuladen. Was anfangs just for fun und primär für unsere Familien und Freunde zum virtuellen Mitreisen gedacht war, ist heute, drei Jahre später, tatsächlich unser Beruf – Reiseinfluencer mit dem Fokus auf Nachhaltigkeit. Wir nehmen die Menschen auf unseren Social-Media-Kanälen mit in unseren Alltag und zeigen ihnen Möglichkeiten auf, bewusster und achtsamer das Leben zu gestalten. Wir arbeiten als Digital Content Creators und Webvideoproduzenten, und jeder, der unser Tun virtuell verfolgt, weiß, mit wie viel Herzblut und Leidenschaft wir das tagtäglich tun, denn wir sind unheimlich dankbar dafür, diesen Job machen zu können.

Mit unserem Buch möchten wir Erfahrungen auf Augenhöhe teilen und von unserer Sicht der Dinge erzählen, um am Ende vielleicht gemeinsam mit unseren Lesern ein paar Schritte in Richtung nachhaltigere Zukunft gehen zu können.

Verreisen macht Spaß. Mit dieser schlichten Erkenntnis kamen wir 2011 von unserer ersten gemeinsamen Flugreise aus der Türkei zurück. Damals hatten wir natürlich noch keine Ahnung, welche Rolle das Reisen in der Zukunft einmal für uns spielen würde. Zu diesem Zeitpunkt dachten wir nicht im Traum daran, dass sich Menschen für unsere persönlichen Eindrücke interessieren und gerne unseren Alltag begleiten würden. Dass wir nun, wenige Jahre später, damit sogar unseren Lebensunterhalt verdienen und unsere Erfahrungen in einem Buch teilen, ist unglaublich. Schon verrückt, was passieren kann, wenn man auf seine innere Stimme hört, die einem sagt: „Trau dich, am Ende wird alles gut."

Wir gehen gerne weg und kommen gerne wieder. Auch wenn wir die letzten Jahre viel im Ausland lebten, zog es uns immer wieder in die Heimat zurück. Oft werden wir gefragt, ob wir uns denn vorstellen können, auszuwandern? So richtig auswandern und alles zu Hause zurücklassen. Wenn es Orte gibt, an denen wir es definitiv für längere Zeit gut aushalten könnten, wären das die Kanaren, die Schweiz, Bali, Dänemark oder auch Australien. An Letzteren denken wir heute noch gerne zurück, denn die acht Monate, die wir dort verbrachten, haben viel mit uns persönlich gemacht und sind zu einem großen Teil für die ein oder andere Sichtweise von heute mitverantwortlich. Aber Auswandern wäre für uns momentan keine Option. Wir mögen Deutschland. Sehr sogar. Das war nicht immer so. Das Reisen machte uns genügsamer und ließ uns die Dinge zu Hause mehr wertschätzen. Auch wenn wir nicht kontinuierlich mit unseren Familien zusammen sind, würden wir uns als Menschen bezeichnen, denen ein enger Kontakt sehr wichtig ist. Erst nachdem wir diverse Länder bereist und eine für uns völlig neue Welt gesehen hatten, lernten wir sowohl die Heimat als auch die bewusste Zeit mit unseren Familien noch einmal mehr zu lieben und zu schätzen. Bevor wir die Welt bereisten, waren wir genervt von Deutschland. Uns fielen überwiegend negative Aspekte an diesem Land auf. Menschen kamen uns unfreundlich und gestresst vor, und überhaupt hatten wir das Gefühl, in einer extrem konsum- und leistungsorientierten Gesellschaft zu leben. Rebellisch, wie wir waren, wollten wir diesem Alltag unbedingt entfliehen, und das taten wir ja letztlich auch.

Als wir so von einem Land zum nächsten reisten, kam uns das alles plötzlich sehr weit weg vor. Und das war es auch, denn nach Indien reisten wir weiter nach Sri Lanka und anschließend auf die Philippinen. Jedes dieser Länder bereisten wir mit unserem großen Rucksack für jeweils vier Wochen. Wir ließen uns auf fremde Kulturen, Menschen und Abenteuer ein, immer ohne zu wissen, was am nächsten Tag passieren würde

Die Philippinen stellten uns wirklich vor große emotionale Herausforderungen. Erst hatten wir uns im Datum geirrt und somit den Flug von der Hauptstadt Manila auf eine der vielen anderen Inseln des Archipels verpasst. Anschließend hüpften wir beide von einem Boot aus in eine Seeigel-Familie, und weil das alles anscheinend noch nicht genug gewesen war, mussten wir später sogar noch in eine Klinik.

Das kam so: Wir hatten zusammen mit einem Schweizer und einem Franzosen eine Wanderung unternommen. Die Wanderung stellte sich allerdings bald als waschechte Klettertour heraus, denn der Weg nach oben war extrem steinig und nach einer ausgeschilderten Route suchten wir auch vergeblich. „Aber wir haben ja zum Glück einen Schweizer dabei", witzelten wir noch. Rückblickend betrachtet war das eine ziemlich dumme Aktion, denn wäre einem von uns dort oben etwas passiert, hätte uns niemand zu Hilfe kommen können, für einen Hubschrauber war zwischen den Felsen zu wenig Platz, und bis uns Rettungskräfte erreicht hätten, wäre wahrscheinlich eine Ewigkeit vergangen. Es war heiß und schwül. Die Sonne brannte erbarmungslos auf uns herunter, und wir kletterten ohne Kopfbedeckung und nur in Shorts und T-Shirts in der prallen Mittagshitze bis auf den Gipfel. Am nächsten Tag hatten wir alle Verbrennungen zweiten Grades, ohne Witz. An Rücken und Armen bildete unsere Haut kleine Bläschen. Um uns abzukühlen, hielten wir uns nach der Tour in unserem Hostelzimmer auf. Die Klimaanlage lief und der Kreislauf machte schlapp. Plötzlich kippte Lisa um und war für einen kurzen Moment nicht mehr ansprechbar. Ich raste außer mir vor Sorge zur Rezeption und bat um Hilfe. Man organisierte umgehend ein Tricycle, ein Motorrad mit Beiwagen und Dach, das uns ins nächstgelegene Krankenhaus brachte. Vor Ort ging der Arzt, der übrigens kaum ein Wort Englisch sprach, zuerst davon aus, dass Lisa sich im Unterzucker befand. Als er allerdings die Bläschen und die verbrannte Haut entdeckte, war ihm klar, dass ihr Kreislauf wegen der Klettertour kollabiert war. Ein sogenannter Hitzekollaps. Zumindest verstanden wir ihn so. Der Arzt verabreichte Lisa intravenös eine Kochsalzlösung und nach ein paar Stunden verließen wir die Klinik wieder. Dieser Moment wird uns vermutlich für immer in Erinnerung bleiben, und die Angst, die ich um Lisa hatte, werde ich auch nicht mehr vergessen.

Erst als wir zurück nach Deutschland kamen, fiel uns auf, welche Vorzüge man hier genießen konnte: Frisches Trinkwasser direkt aus dem Wasserhahn, gut sortierte, saubere Supermärkte mit einer enormen Auswahl an Bio-Lebensmitteln. Und dann die Jahreszeiten, jede von ihnen auf ihre Art besonders. Außerdem das Gefühl, Teil einer Gesellschaft zu sein, innerhalb derer man aufeinander Rücksicht nimmt und durch deren Sozialsystem man einen gewissen Schutz erwarten kann. Niemand wird zurückgelassen.

Auch wenn wir seit unserer Rückkehr von dieser dreizehnmonatigen Reise durch Asien und Australien nicht mehr kontinuierlich unterwegs sind, füllt das Thema Reisen doch sehr unseren Alltag aus. Slow Traveling, also die Kunst, langsam und bewusst zu reisen, ist unser Motto geworden, weil wir in den letzten Jahren einfach gemerkt haben, dass das genau die Art von Unterwegssein ist, die sich für uns gut anfühlt. Lieber bleiben wir länger an einem Ort und sehen dafür weniger, als schnell von A nach B zu springen, um am Ende ja nichts verpasst zu haben. Genau das haben wir nämlich zu Beginn unserer Weltreise getan. Auf Indien, Sri Lanka und die Philippinen folgten Vietnam und Thailand, bis wir schließlich nach fünf Monaten in Australien ankamen. Dabei fühlten wir uns, als würde unser Kopf noch immer irgendwo zwischen Sri Lanka und Vietnam hängen. Wir sind anfangs zu schnell gereist, was dazu führte, dass wir vieles nicht wirklich wahrnehmen konnten. Mittlerweile sind wir uns dessen bewusster, wie wir reisen wollen, und auch die anfängliche FOMO *Fear of missing out*, also die Angst, etwas zu verpassen) hat sich nach und nach verabschiedet. Dazu kommt, dass wir mittlerweile vor Ort auch Zeit zum Arbeiten brauchen und schon allein deswegen langsamer reisen müssen. Was für Außenstehende oft wie permanenter Urlaub wirkt, ist in Wahrheit viel Vor- und Nachbereitung. Die Vorstellung, Reiseblogger würden ständig mit dem Laptop in bequemen Strandsesseln sitzen und arbeiten, entspricht leider nicht ganz der Realität. Wir machen keinen Urlaub, wir reisen. Urlaub ist für uns, wie für jeden anderen Menschen auch, Entspannung und Auszeit von den täglichen To-dos. Unser Job hingegen, das Reisen, bedeutet oft wirklich viel Arbeit. Dennoch, das Reisen hat uns während der letzten Jahre immer wieder dazu gezwungen, unsere Komfortzonen zu verlassen, und das tut es nach wie vor. Nur deshalb können wir heute die Welt, in der wir leben, mit anderen Augen sehen.

Oft denken wir an unsere Reiseanfänge zurück und sind froh, diese seit Tag eins mit der Kamera festgehalten zu haben. Manchmal sehen wir uns alte Videos auf unserem YouTube-Kanal an, und dabei müssen wir oft schmunzeln. Von Videoschnitt und Fotobearbeitung hatten wir am Anfang übrigens keinen blassen Schimmer. Wir brachten uns das selbst bei und wurden langsam immer besser. Auch vor der Kamera fühlten wir uns mit der Zeit immer wohler. Wir versuchten von Anfang an, so oft wie nur möglich neue Videos hochzuladen, und das, obwohl wir fast jeden dritten Tag Ort und Unterkunft wechselten. Eine stressige Zeit, die sich aber am Ende lohnte, denn wären wir damals nicht so konsequent dabeigeblieben, hätten wir sicherlich keinen so großen Erfolg mit unseren Social-Media-Kanälen gehabt.

Retrospektiv betrachtet war uns zu Beginn wenig bewusst, welche Art von Reisen uns tatsächlich liegt, wir hatten schlichtweg kaum Erfahrung. Das führte dazu, dass wir so ziemlich alles einmal ausprobierten – vom Übernachten im Schlafsaal mit zwölf anderen Personen in Australien über eine Nacht auf dem Boden in einer WG in Delhi bis hin zur Scheune im Schwarzwald. Was wir irgendwann verstanden, war, dass ein Überblick nötig wurde. Auch wenn wir ein Paar sind, haben wir teilweise ganz unterschiedliche Bedürfnisse. Wir erstellten also eine Liste, auf der wir festhielten, was uns während dem Reisen wichtig geworden war und worauf wir, wenn möglich, lieber verzichten wollten. Dadurch fanden wir heraus, dass wir uns vor allem nach Privatsphäre sehnten, Schlafsäle waren somit raus. Abgesehen von mangelnden Rückzugsmöglichkeiten brauchte es hier lediglich einen Schnarcher und die Nacht ist hinüber. Außerdem kam in den letzten Jahren auch immer mehr Technik und Equipment dazu, was wir nicht jedes Mal wegsperren wollten, bevor wir ins Bett gingen. Auch ein gewisser Komfort stellte sich für uns als wichtig heraus. Zwar war uns von Anfang an klar gewesen, dass wir nicht in irgendeinem schmuddeligen Loch unterkommen wollten, aber wir stellten dann ganz klar fest, dass wir gerade durch die kreative Arbeit auch auf Reisen einen einigermaßen ordentlichen und sauberen Space bevorzugen.

Als wir einmal vier Wochen in einem Bungalow auf Koh Pha-ngan, einer kleinen thailändischen Insel, verbrachten, wurde uns diese Dimension so richtig bewusst. Die Insel ist ein Paradies, die Strände und die Landschaft wie aus dem Bilderbuch, und von thailändischem Essen sind wir ja sowieso die größten Fans. Es schien alles perfekt zu sein, aber es gab einen Haken, und das war die Unterkunft. So schön die kleine Bungalowanlage mitten im Grünen von außen betrachtet auch gewesen sein mag, hinter den Kulissen sah es anders aus. In der ersten Nacht juckte es uns am ganzen Körper. Wir hatten den schlimmen Verdacht, dass wir uns den Schlafplatz mit Bettwanzen teilten, weshalb wir das Bett zusätzlich mit Handtüchern auslegten. Am nächsten Morgen fragten wir nach neuer Bettwäsche, aber auch diese roch alles andere als frisch gewaschen. An den modrigen Geruch erinnern wir uns heute noch. Das Waschbecken und die Toilette waren permanent verstopft und auch das Duschwasser lief nicht richtig ab, weshalb wir während dem Duschen stets in einer Pfütze standen. Klar hatten wir insgesamt auch hier eine gute Zeit, aber richtig wohlfühlen konnten wir uns nicht. Dinge wie diese und noch viele weitere wurden uns erst anhand unserer Liste klar.

Während wir in unseren Anfängen noch nichts von der Existenz klimaneutraler Hotels wussten, kooperieren wir mittlerweile regelmäßig mit Unterkünften, denen verantwortungsbewusster Tourismus am Herzen liegt. Zum 29. Geburtstag von Maximilian reisten wir zum Beispiel nach Tirol. Vier Tage Schlittenfahren, Schneeschuhwandern und eine ayurvedische Massage standen auf dem Programm. Das Haus war ein Traum – traditionell geführt und mitten in der Natur gelegen. Geschlafen haben wir in Bettwäsche aus biologisch hergestellter Baumwolle, die Gerichte wurden ausschließlich in Bio-Qualität serviert und eine Internetverbindung gab es aufgrund der potenziellen Strahlenbelastung nur im Aufenthaltsraum. Auch wenn wir nicht ausschließlich in Klimahotels oder kleinen Familienunterkünften übernachten, mögen wir doch vor allem Hotels, die über einen besonderen Charme verfügen oder einfach sympathisch sind.

Aber nicht nur bei Übernachtungen mussten wir ziemlich viel herumexperimentieren, bis wir wussten, was uns wichtig ist, auch unsere Art zu reisen war damals eine andere als heute. Wir müssen leider zugeben, dass wir zu Beginn alles andere als umweltfreundlich unterwegs waren. Wir sind nicht nur sehr viel geflogen (sogar so viel, dass wir es schafften, unsere Flugangst zu besiegen), sondern achteten auch vor Ort im Vergleich zu heute kaum oder nur bedingt auf Nachhaltigkeit. Glücklicherweise entwickelten wir uns weiter und lernten dazu. Dabei ist die Neugier, die Welt zu entdecken, bis heute geblieben – lediglich die Art des Reisens hat sich verändert.

Mittlerweile müssen wir auch nicht mehr um die halbe Welt reisen, um die Schönheit der Heimat oder die Abenteuer, die direkt vor der eigenen Haustüre stattfinden, erkennen zu können. Dabei geholfen hat uns vor allem auch die Dankbarkeitsübung, auf die uns eine gute Freundin aufmerksam machte. Ziel dieser Übung ist es, alles aufzuzählen (das kann gedanklich sein oder aber auch auf Papier), wofür man gerade dankbar ist. Die Dankbarkeitsübung ist ein tolles Tool, um präsent zu sein und zu verstehen, was man bisher erreicht und geschaffen hat. Aber sie zeigt auch, dass es oft die kleinen Dinge sind, die unser alltägliches Leben so wertvoll machen. Beim Reisen geht es nicht darum, überall gewesen zu sein, sondern bei sich selbst anzukommen und dabei von der Welt inspiriert und begleitet zu werden. Wo auch immer das sein mag.

Müde und erschöpft vom Nine-to-five-Job suchten wir das vermeintliche Glück zu Beginn auf unseren Reisen. Auch die Jahre zuvor jagten wir der Erfüllung gerne im Außen hinterher. Schnell erkannten wir, dass Reisen nicht glücklich macht. Ebenso wenig wie eine Liebesbeziehung, denn wer nicht mit sich selbst im Reinen ist, wird es durch eine Partnerschaft nicht werden. Ständig streben wir danach, ein autonomes Leben zu führen. Warum versuchen wir dann unser Glück so oft von äußeren Faktoren abhängig zu machen? Erst, wenn man wirklich im Leben angekommen und wahrhaftig zufrieden ist, kann eine Reise oder eine erfüllende Partnerschaft sogar dafür sorgen, dass das Glück noch größer wird.

Wir sind nicht gegen das Reisen, sondern wir sind für ein anderes Reisen. In den letzten Jahren durften wir viel von der Welt sehen – Gutes und Schlechtes. Die verdreckten Strände auf Bali, die Waljagd in Sri Lanka oder die meterhohen, stinkenden Müllberge in Indien sind nur einige Beispiele, die dazu führten, dass bei uns ein Umdenken stattfand. Verstärkt mit dem Thema Nachhaltigkeit beschäftigten wir uns Anfang 2018, denn zu dieser Zeit haben wir uns nach sechs Jahren vegetarischem Lebensstil für die vegane Ernährung entschieden, und damit gerieten plötzlich weitere Themen in unseren Fokus, die unsere Sicht auf die Welt grundlegend veränderten.

Lange dachten wir, dass sich die Themen Nachhaltigkeit und Reisen nicht, und wenn doch, nur sehr schwer miteinander verbinden ließen. Mittlerweile sind wir anderer Meinung und wissen, es gibt durchaus Möglichkeiten, den Urlaub oder eine längere Reise nachhaltig zu gestalten und somit auch unterwegs einen positiven Einfluss auf die Umwelt zu nehmen. Der weltweite Tourismus ist heute einer der größten Wirtschaftszweige und oft die einzige Einnahmequelle vieler Menschen in Schwellen- und Entwicklungsländern, und auch in Deutschland ist die Tourismusbranche ein bedeutender Sektor. Aber wir alle wissen, dass das Reisen, vor allem per Flugzeug, mitverantwortlich für die Klimakrise ist. Anreise, Übernachtung und Mobilität im Zielland stellen eine potenzielle Belastung für die Umwelt dar, aber das heißt nicht, dass grundsätzlich aufs Reisen verzichtet werden muss, denn es geht auch klimafreundlicher.

Nachhaltigeres Reisen bedeutet für uns primär, bewusster zu reisen und die Natur zu respektieren. Unsere Flugscham, also die Empfindung von persönlicher Scham bei Benutzung von Verkehrsflugzeugen, wurde mit den Jahren immer stärker. Fliegen war für uns noch nie ein Highlight, sondern eher Mittel zum Zweck, aber das schlechte Gefühl dabei ließ sich bald nicht mehr ignorieren. Nach und nach merkten wir, dass nähere Reiseziele unsere Aufmerksamkeit gewannen. Es zieht uns zwar immer noch in die Ferne, aber bei Weitem nicht mehr so häufig wie damals.

Eigentlich wollten wir das Jahresende 2019 auf der Kanareninsel La Palma ausklingen lassen. Mit meiner Mama war ich ein paar Monate zuvor dort gewesen, während Maximilian durch Pakistan reiste, und dabei habe ich mich direkt in die Insel verliebt. Wir überlegten hin und her. Schließlich kamen wir zu dem Entschluss, uns einer persönlichen Challenge zu stellen, bei der wir für sechs Monate, bis Ende des Jahres, auf das Reisen mit dem Flugzeug verzichten wollten. Das mag für manche von euch absurd klingen, schließlich geht es hier um nachhaltiges Reisen.

Allerdings kann es manchmal wirklich eine Herausforderung sein, wenn man das Reisen wie wir hauptberuflich macht und Pressereisen umorganisiert werden müssen, die zu unternehmen mit dem Flugzeug geplant waren. Eine Alternative musste her – und die fanden wir auch. Anstatt auf die Kanaren zu fliegen und dort bis zum Jahreswechsel zu bleiben, mieteten wir uns ein Wohnmobil und bereisten alternativ Österreich, Italien, Frankreich und Spanien. Insgesamt waren wir sechs Wochen unterwegs, und obwohl wir schnell merkten, dass wir zum damaligen Zeitpunkt noch nicht durch und durch begeisterte Camper waren, war es doch ein Abenteuer. Wir liebten es, morgens am Strand aufzuwachen, und ins Bett eingekuschelt den heranrollenden Wellen zu lauschen. In Barcelona wohnten wir auf einem Campingplatz direkt am Meer. Es war zwar schon November und deshalb etwas frisch geworden, aber hin und wieder hüpften wir doch ins Wasser, wenn auch nur für eine halbe Minute. Der Plan war es, nach Andalusien weiterzureisen. Der Sonne hinterher. Doch wie so oft im Leben kam plötzlich alles anders. Kurz nach unserer Ankunft in Barcelona trafen wir uns mit einer Influencer-Kollegin aus dem Nachhaltigkeitsbereich, die bereits mehrere Wochen zuvor zusammen mit ihrem Partner und ihrer Hündin von Hamburg in die Hauptstadt Kataloniens gezogen war. Dabei führten wir tolle Gespräche und lachten viel. Es ist immer schön, sich mit Menschen zu umgeben, die ähnliche Vorstellungen von den Dingen haben. Da uns neben weiteren Themen auch das Tanzen verbindet und wir regelmäßig Tanzvideos auf Instagram hochladen, die für gute Laune sorgen, entschieden wir uns, zum Tagesabschluss noch ein solches aufzunehmen.

Der Parc de la Ciutadella ist dafür bekannt, dass es hier nachts schon einmal ein bisschen gefährlich werden kann, und auch wir wurden vorab gewarnt. Naiv, wie ich war, legte ich meine Tasche samt Inhalt zum Stativ, auf dem die Kamera stand, die uns beim Tanzen filmen sollte. Schließlich war helllichter Tag – was sollte da schon passieren? Als wir gerade völlig ausgelassen tanzten, fuhr plötzlich ein Fahrradfahrer an uns vorbei und schnappte sich meine Handtasche. Der Diebstahl wurde von unserer Kamera aufgezeichnet, aber den Täter sowie die Tasche fanden wir natürlich nie wieder. Das Resultat war ein gestohlenes Portemonnaie samt Kreditkarten, Führerschein, Bargeld und Smartphone, auf dem sich sogar noch Bilder für Kooperationen befanden. Wir waren schockiert und verängstigt zugleich. Ein furchtbares Gefühl. Weil das noch nicht genug war, erreichte uns zwei Tage später eine unschöne Nachricht von der Familie. Jemandem, der mir sehr nahesteht, ging es nicht gut. Für uns stand fest, es war Zeit, nach Hause zu kommen.

Diese beiden Ereignisse nahmen uns jegliche Lust, die Europareise zu diesem Zeitpunkt weiterzuführen, und am nächsten Morgen fuhren wir Richtung Heimat. Zwei Tage später waren wir wieder zu Hause.

Die Zeit in Barcelona werden wir vermutlich nicht so schnell vergessen. Auch deshalb nicht, weil wir kurz vor unserer Abreise die Anfrage vom Verlag erhielten, ob wir uns vorstellen könnten, ein Buch zu veröffentlichen.

Ein paar Monate zuvor hatte uns das ZDF besucht, um mit uns einen Beitrag zum Thema nachhaltig reisen zu drehen. Dieser erzeugte viel Aufmerksamkeit und so kam es, dass uns eines Morgens die Mail zum Buchprojekt erreichte. Wir waren direkt von der Idee begeistert und konnten es kaum fassen, dass wir wirklich ein eigenes Buch veröffentlichen würden. Wie aufregend! Der Gedanke, wirklich viele Menschen mit dieser Message erreichen und somit vielleicht unsere gemeinsame Zukunft nachhaltiger und umweltfreundlicher gestalten zu können, erfüllte unsere Herzen mit unendlicher Freude. Wir hatten in den Jahren zuvor viel gelernt und fühlten uns bereit, dieses Wissen in einem Buch weiterzugeben. Gerade, weil wir beide sehr intuitiv geleitete Menschen sind, bei denen sich oft Verstand und Herz nicht ganz einig sind, machten wir in der Vergangenheit viele Fehler, die wir heute vermeiden. Das Reisen und die Umwelt liegen uns am Herzen, und vielleicht gelingt es uns ja, mit diesem Buch auf unterhaltsame Weise zum Umdenken anzuregen, auch wenn dieses nur in kleinen Schritten passiert. Zumindest wäre das sehr schön.

KAPITEL 2

GLOBALER TOURISMUS IM TREND

E in Trend ist laut Definition nichts anderes als eine Ver- 31
änderungsbewegung oder ein Wandlungsprozess. Wenn
es sich um tiefe Strömungen handelt, die nachhaltig andau-
ern, spricht der Zukunftsforscher John Naisbitt von einem
sogenannten Megatrend.[1] Laut Naisbitt haben Megatrends
eine Halbwertszeit von mindestens 25 Jahren. Weitere
Kriterien sind das Vorkommen in unterschiedlichen Lebensbereichen, wie beispielsweise der Ökonomie, der Politik
und der Gesellschaft. Außerdem weisen Megatrends auch
einen globalen Charakter auf, das heißt, sie sind weltweit
präsent, wenn auch nicht überall gleich stark ausgeprägt.

Der Tourismus ist zu einer der lukrativsten Branchen
unserer Zeit geworden. Die Reiseindustrie unterliegt
permanenten Veränderungen, besonders fällt auf, dass sich
immer mehr Reisende nach Individualität statt Mainstream
sehnen. Riesige Bettenburgen an überfüllten Stränden werden für die breite Masse zunehmend weniger attraktiv. Zum

neuesten Reisetrend zählt auch das wachsende Bewusstsein für Nachhaltigkeit und Umweltschutz. Laut aktuellen Erkenntnissen des Marktforschungsunternehmens Euromonitor International sei die Mehrheit der Bürger vor allem in Europa, Südamerika und Asien wegen der Folgen des Klimawandels besorgt. In Europa kommt dank der Klimaaktivistin Greta Thunberg kaum jemand an zukunftsweisenden Themen vorbei. CO_2-Rechner sollen Reisebegeisterte zu nachhaltigeren Alternativen anhalten – mit Erfolg, denn immer mehr Menschen ziehen einen umweltfreundlicheren Urlaub zumindest theoretisch in Erwägung.

Neben dem nachhaltigen Reisen wirken laut Euromonitor International sieben weitere Trends auf die Tourismusbranche ein. Einer davon geht in Richtung Authentizität auf Reisen. Drei von vier Urlaubern geben an, unterwegs ungefilterte Eindrücke abseits von Tourismus-Klischees und überfüllten Promenaden erleben zu wollen. Auch Privatvermietungen boomen. Zu Recht, unserer Meinung nach, denn eine Wohnung zur Eigennutzung im Ausland zu buchen ermöglicht manchmal authentische Einblicke, die einem im Hotel verwehrt bleiben.

Auch der Fokus auf Gesundheit und vor allem auf Digitalisierung, die in Form von Online-Buchungen und der Vernetzung der Kunden untereinander für einen besseren Erfahrungsaustausch sorgt, zählt zu den aktuellen Megatrends der Tourismusbranche. Die Umfrageergebnisse haben ergeben, dass 52 Prozent der Reisenden Hotels und Aktivitäten lieber digital buchen, 25 Prozent davon schnell und einfach mit dem Smartphone.

Ein weiterer Trend sind Reisen im eigenen Land. Bei den Reisezielen setzen viele Urlauber auf Inlandstourismus, aus dem Bericht geht hervor, dass bis 2024 lediglich 1,8 Milliarden Reisen ins Ausland gehen sollen, während 19 Milliarden Reisen im Heimatland stattfinden. Auch die Barrierefreiheit im Urlaub gewinnt immer mehr an Bedeutung. Diese sei vor allem für Menschen mit einer körperlichen Behinderung wichtig, aber auch für Senioren. Laut Bericht hätten besonders Veranstalter und Reiseorte in Europa die Notwendigkeit einer barrierefreien Gestaltung erkannt und den Aufenthaltsort dementsprechend ausgestattet.

Der Trend, das eigene Zuhause auf unbestimmte oder bestimmte Zeit für einen Tapetenwechsel zu verlassen, setzt sich seit Jahren fort. Vor allem auch, weil das Reisen bezahlbar geworden ist. Fast schon unverschämte Flugschnäppchen oder Last-Minute-Angebote verlocken uns alle zum Verreisen. Wir erinnern uns noch an unsere Grundschulzeit zurück, als Eltern mit ihren Kindern nur selten verreist sind, und wenn, dann größtenteils in nahe gelegene Länder wie Italien, Österreich oder Kroatien. Flugreisen waren vor 20 Jahren noch eine Seltenheit, und wer sich diese mit der ganzen Familie leistete, musste entweder ziemlich gut verdienen oder relativ lange gespart haben. Damals war es im Vergleich zu heute noch eher untypisch, an seinen freien Tagen zu verreisen. Heutzutage will gefühlt kaum jemand in seinem Urlaub mal länger zu Hause bleiben, sondern viel lieber die Welt sehen.

Zu Beginn unserer Reisegeschichte wollten wir vor allem weit weg. Je weiter weg, umso besser. Jetzt, wo wir beide langsam merken, wie schnell die Zeit tatsächlich vergeht, und wir schon bald unsere Zwanziger verlassen, gewinnt die Nähe zur Familie für uns immer mehr an Bedeutung.

Zwar ist das Zuhause-Gefühl für uns mittlerweile nicht mehr nur an einen Ort gebunden, zu Hause fühlen können wir uns schnell überall. Zumindest dann, wenn wir zusammen sind, denn wie heißt es so schön: Zu Hause ist dort, wo du bist. Aber die Heimat bleibt eben die Heimat. Das empfinden selbst wir inzwischen so.

Wir Deutschen machen gerne Urlaub zu Hause. Ob in den Bergen oder an der Nordsee – viele Reisende bevorzugen Deutschland für ihre jährliche Auszeit, und auch Nationalitäten aus aller Welt kommen gerne zu uns. Im Rahmen einer ausführlichen Studie untersuchte das Bundesministerium für Wirtschaft und Energie (BMWi) die volkswirtschaftlichen Effekte des Tourismus in Deutschland im Jahr 2015. Jeder 15. Arbeitsplatz in Deutschland hängt mit der Tourismusbranche zusammen. Mittlerweile sind es vermutlich deutlich mehr. In Deutschland ist der Tourismussektor eine wichtige Wirtschaftskraft. 2015 wurden insgesamt etwa 290 Milliarden Euro Umsatz mit dem Tourismus erwirtschaftet. Davon waren 78 Prozent des Umsatzes auf inländische Touristen und 14 Prozent auf Gäste aus dem Ausland zurückzuführen. Die verbliebenen 23 Milliarden Euro resultierten unter anderem aus staatlichen Zuschüssen für kulturelle Leistungen. 80 Prozent der Gesamteinnahmen ergaben sich aus Privatreisen und nur 20 Prozent basierten auf Geschäftsreisen.

Der Großteil des Reisebudgets vor Ort wird laut BMWi für Restaurants und Cafés ausgegeben. Wenn wir unser eigenes Reiseverhalten analysieren, fließt tatsächlich ein

Großteil unserer Ausgaben in gutes Essen. Nichts tun wir lieber, als unterwegs unbekannte Gerichte und neue Restaurants auszuprobieren. Oft verbringen wir einen Tag auf Reisen nur damit, von einem Restaurant zum nächsten Café zu spazieren und uns durch die Angebote auf der Speisekarte zu futtern. Wichtig ist uns hierbei allerdings nicht nur die Qualität der Lebensmittel und der Geschmack, sondern auch das Ambiente.

In Deutschland gibt es mittlerweile einige Großstädte, die für ihr besonderes Angebot an (pflanzenbasierten) Speisen bekannt sind. Zu den Food-Hotspots Deutschlands gehören Berlin und Leipzig. Unser erster und bisher leider auch letzter Besuch in Leipzig war toll. Zwei Tage verbrachten wir dort. Wir übernachteten in einem neu eröffneten Hostel im hippen Stadtteil Lindenau. Die Betten waren in stilvollem Design selbst gebaut und sehr gemütlich, und jedes Stockwerk hatte eine eigene Küche und ein Wohnzimmer für sich, wodurch ein richtiges WG-Flair entstand. Von hier aus konnten wir die Stadt super mit dem Fahrrad erkunden. Besonders gut gefallen hat es uns vor allem in der Südvorstadt. Entlang der Karl-Liebknecht-Straße lassen sich nämlich einige tolle alternative Restaurants finden. Vom veganen Fleischerladen, bei dem es alles gab, was das Vegane-Ersatzprodukte-Herz begehrt, bis hin zu vollwertigem Frühstück in Bio-Qualität und Cappuccino mit Hafermilch kann man in Leipzig so ziemlich alles finden. Noch heute träumen wir vom sogenannten Vönerteller. Dieser bestand aus einem Seitanspieß. Seitan ist Weizeneiweiß – nicht unbedingt gesund, aber wenn es gut zubereitet ist, unendlich lecker. Dazu werden kross frittierte Pommes, eine Salatbeilage aus Rotkraut sowie Eisbergsalat,

Tomaten, Gurken, ein cremiges Dressing und zwei Soßen nach Wahl wie beispielsweise Aioli oder Hummus serviert. Schon wenn wir davon schreiben, läuft uns das Wasser im Mund zusammen. Extravagante Lokalitäten haben natürlich ihren Preis und sind deutlich teurer als der Schnellimbiss um die Ecke. Aber wer uns auf Social Media begleitet, hat wahrscheinlich schon bemerkt, dass wir gerne und oft essen gehen, und leckeres Essen ist uns persönlich jeden Cent wert. Sparen tun wir lieber woanders.

Den zweiten Platz unter den Dingen, für die laut Studie das meiste Geld auf Reisen ausgegeben wird, belegt das Shoppen. Dicht gefolgt von Übernachtungen, Flügen, Sport und Kultur. Wenn wir unser eigenes Konsumverhalten betrachten, hat sich hierbei einiges verändert.

Während unseres Philippinen-Trips verbrachten wir die ersten Tage in Manila, der Stadt der Superlative. Oft hatten wir während unserer Reise durch das Land das Gefühl, dass sich die Filipinos sehr mit den USA verbunden fühlen. Die Filipinos lieben Basketball und bekannte Fast-Food-Ketten lassen sich gefühlt an jeder zweiten Ecke finden. In der Metropolregion Manila, in der 20 Millionen Menschen leben, wird Tagalog gesprochen. Dazwischen lassen sich aber immer wieder amerikanische Phrasen heraushören. Allerdings handelt es sich dann meist um Einwohner der winzigen Oberschicht, denn die Kluft zwischen Arm und Reich ist in der philippinischen Hauptstadt ungeheuer groß.

Aus dem Taxi heraus beobachteten wir oft Kinder, die in verdreckten Flüssen badeten. Auch Slums gibt es hier unzählige. Aber Manila ist auch die Stadt der Superreichen. Nirgendwo anders hatten wir vorher so gigantische Einkaufszentren gesehen. Es waren ganze Einkaufsstädte. In den Malls gab es alles: Schönheitschirurgen, Tennisplätze, Kinos und Fine Dining. 2017, als unsere lange Reise begann, sahen wir viele Dinge zum ersten Mal, auch Einkaufszentren wie diese. Vielleicht wart ihr schon mal in den USA und habt das ähnlich erlebt: Sobald wir in Florida ankamen, packte uns jedenfalls sofort eine Art Konsumwahn. Und auf den Philippinen passierte das Gleiche. Zwar waren und sind wir keine Minimalisten – damals noch weniger als heute, aber wir hatten noch nie sonderlich viel für ausgiebiges Shoppen übrig. Die Shoppingmalls von Manila änderten dies schlagartig, und wir verfielen in einen völlig absurden Kaufrausch. Wir kauften wie die Blöden Kleidung, Kosmetika und neue Technik. Zuvor in Indien und Sri Lanka hatten wir ja sehr abstinent gelebt und kaum eingekauft, also war das schon in Ordnung. Zumindest redeten wir uns das ein, um unser schlechtes Gewissen zu beruhigen und um uns weiter mit Konsum zu betäuben. Im Nachhinein betrachtet war dies einer der Momente, auf den wir weniger stolz sind, ja, wofür wir uns regelrecht schämen. Es war nämlich nicht so, dass die ausgewählten Artikel aus fairer Produktion stammten und nachhaltig waren, ganz und gar nicht. Es kam sogar so weit, dass uns die Teile im Nachhinein nicht mehr gefielen, weshalb wir diese drei Monate später in Australien verkauften.

Wir haben es geschafft, unser Konsumverhalten mit den Jahren zu verändern, aber das war wirklich nicht immer leicht.

Der touristische Konsum in Deutschland belief sich 2015 im Übrigen auf 287,2 Milliarden Euro. Eine unfassbare Summe, gegen die unser Shopping-Marathon in Manila schon fast lächerlich wirkt. Aber die Menge macht ja bekanntlich das Gift, und darum ist es uns mittlerweile auch so wichtig, achtsam mit dem Thema Konsum umzugehen. Heute ist Secondhand oft unsere erste Wahl. Wir shoppen weniger, bewusster und sind mittlerweile auch bereit, mehr Geld zu bezahlen, wenn Kleidung fair und nachhaltig hergestellt wurde.

Ob Naturtourismus, Kulturtourismus oder Medizintourismus – die Tourismusbranche boomt.

Besonders die Bedeutung von Tagesausflügen, Kurztrips und Langzeitreisen hat zugenommen, und das weltweit.[2] Das führt dazu, dass zum Teil ganze Regionen einzig und allein auf den Tourismussektor setzen und alles dafür tun, um den Aufenthalt für Besucher so attraktiv wie nur möglich zu gestalten. Ein Markt, der sich nachweislich lohnt, denn verreisen wollen die Leute immer. Spricht das Auswärtige Amt für ein bestimmtes Land aufgrund aktueller Katastrophen oder Krisen eine Reisewarnung aus, wird kurzerhand umgebucht, denn zu Hause bleiben ist nur für die wenigsten von uns eine befriedigende Option. Ganz ehrlich, auch wir wollen unsere freie Zeit nicht auf dem heimischen Balkon verbringen, wenn wir uns vorher ausgemalt hatten, den ganzen Tag mit einer Kokosnuss in der Hand am Strand abzuhängen, mit viel gutem Essen und jeder Menge Erholung.

Die Reiselust der Menschen steigt mit jedem Jahr. Die beliebtesten Regionen der internationalen Touristen befinden sich in Europa, dicht gefolgt von Ländern in Asien und Bundesstaaten der USA. Die Welttourismusorganisation zeigt, welche Länder am häufigsten bereist werden. An der Spitze steht Frankreich mit 86,9 Millionen Besuchern im Jahr 2019, danach folgen Spanien und die USA. Thailand ist unter den Top 20 mit 35,4 Millionen Besuchern.[3] Die zahlreichen Hotelübernachtungen, die Restaurantbesuche oder Sehenswürdigkeiten sind Einnahmequellen, die in vielen Ländern nicht mehr wegzudenken sind. Einheimische in Schwellenländern sind in Krisenzeiten, in denen der Tourismus zwangsweise ausbleibt, besonders betroffen. Vielen Menschen bleibt lediglich diese Einnahmequelle. Sei es der kleine familiengeführte Rollerverleih auf Koh Pha-ngan oder das liebevoll eingerichtete Gästehaus in Irland. Bleibt der Tourismus aus, sind ganze Existenzen bedroht.

Laut *welt-sichten*, dem Magazin für globale Entwicklung und ökomenische Zusammenarbeit, werden etwa zehn Prozent des globalen Bruttoinlandsprodukts durch den Tourismus umgesetzt.[4] Und es ist längst kein Geheimnis mehr, dass gerade in Schwellen- und Entwicklungsländern die Tourismusbranche kontinuierlich wächst. Trotz Währungsgefälle ist das Reisen gerade für Schwellenländer eine Möglichkeit für wirtschaftliches Wachstum. Wirtschaftskreisläufe werden in diesem Zusammenhang enorm gefördert und Naturschätze im besten Fall bewahrt. Aber wer profitiert eigentlich tatsächlich vom Tourismus-Boom?

Verantwortungsvoller Tourismus hat nicht nur das Ziel, Einnahmen zu generieren, sondern auch die Armut der lokalen Bevölkerung zu reduzieren. In der Theorie funktioniert das leider nach wie vor immer noch besser als in der Praxis. Reisende und Urlauber tragen allerdings einen großen Teil dazu bei, ein direktes oder indirektes

Einkommen für die lokale Bevölkerung zu kreieren und damit Perspektiven für viele Menschen zu schaffen.

Natürlich kann eine sehr hohe Anzahl an Touristen auch negative Auswirkungen haben, ein unkontrolliert wachsender Touristenstrom birgt auch Risiken. So kann es schnell sein, dass Landschaften vermüllen oder der Besuch von Sehenswürdigkeiten nicht mehr genossen werden kann, weil diese völlig überlaufen sind.

Einheimische sind oft auch auf gute Saisons angewiesen. Das Geld muss reichen, um die besucherschwachen Monate zu überbrücken. Wir bemühen uns deshalb, auf Reisen kleinere Lokalitäten mit unserem Besuch zu unterstützen, und ziehen, wenn möglich, familiengeführte Unterkünfte großen Hotelkomplexen vor.

Damit touristische Infrastruktur entstehen kann, benötigen die jeweiligen Länder in- und ausländische Investoren. Durch das stetige Wachstum leiden Teile der lokalen Bevölkerung, denn dort, wo beispielsweise Flughäfen gebaut werden, müssen Ackerflächen von kleineren Bauern weichen. Besänftigen will man die Bevölkerung unter anderem mit Steuernachlässen. Mit viel Glück finden manche Einheimische einen Job in der Tourismusbranche – andere wiederum, die beispielsweise keine Fremdsprache beherrschen, haben nicht die Chance, auf den vermeintlichen Geldzug aufzuspringen, und werden in einen Armutsstrudel gezogen, dem man nur sehr schwer wieder entkommen kann.

Auf den ersten Blick verursacht der Tourismus tatsächlich neue Geldströme und verspricht einen Wirtschaftsaufschwung, aber wenn man genauer hinsieht, lässt sich erkennen, wer die wahren Gewinner sind. Das Problem hierbei ist nämlich, dass der Tourismus kaum Gelder für eine nachhaltige Entwicklung vor Ort generiert, sondern das Geld meist auf den Konten internationaler Tourismuskonzerne landet. Der Großteil der lokalen Bevölkerung kann also lediglich dabei zusehen, wie andere sich die Taschen vollmachen, und bekommen selbst meist nur sehr wenig vom Kuchen ab. Hinzu kommt die Tatsache, dass der Tourismus vorrangig den internationalen Touristen und nicht den Einheimischen dienen soll. Dies führt zu Touristenregionen, die extra für die Besucher aus aller Welt geschaffen und aufgebaut werden, aber nur wenig mit dem eigentlichen Leben vor Ort zu tun haben. Ein gutes Beispiel hierfür sind All-inclusive-Hotelanlagen. Touristen reisen teilweise von weit her an, um eine Woche in einem Hotelkomplex zu verbringen, in dem ein Mix aus nationaler und internationaler Küche angeboten wird und man abends mit einem Long Island Ice Tea am Privatstrand den Tag ausklingen lässt. Dazu kommt, dass die Angebote vor Ort bereits im Vorfeld geplant und bezahlt wurden, was dazu führt, dass die Motivation, selbst loszuziehen, fehlt. Manche Urlauber verlassen nicht einmal das Hotel, bevor sie sieben Tage später wieder die Heimreise antreten und den Daheimgebliebenen von ihrem „voll entspannten Urlaub" in Andalusien erzählen. Die Einheimischen selbst profitieren in diesem Fall nicht vom Tourismus, sondern können nur dabei zusehen, wie andere es tun. Einen Austausch zwischen Kulturen kann es auf diese Art nicht geben, ein wirkliches Verstehen von Land und Leuten ist so unmöglich.

Es ist ein zweischneidiges Schwert: Natürlich gibt es viele positive Auswirkungen, die der Tourismus mit sich bringt. Gut verteilt schafft dieser nämlich neue Arbeitsplätze weltweit. Durch den Tourismus entstehen mitunter

Jobs in Hotels, im Servicebereich sowie in Restaurants und Cafés. Auch das Einkommen der Beschäftigten ist in Touristen-Hochburgen nachweislich höher als in ländlicheren Gebieten, da dort meist höhere Preise bezahlt werden. Da viele Urlauber auf den gewohnten Komfort nicht verzichten wollen, werden in vielen Gebieten die Infrastruktur, der Personenverkehr, die Kommunikationsmöglichkeiten, das Abwasser und die benötigte Stromversorgung deutlich verbessert, wovon auch die Einheimischen bestenfalls profitieren.

Wenn wir es schaffen, einen nachhaltigen Tourismus umzusetzen, der sowohl menschen- als auch umweltfreundlich ist, könnte dies die Basis für ein gleichberechtigtes Miteinander sein und alle Beteiligten würden davon profitieren.

FAIR GEREIST AUF EINEN BLICK:

- Nutzt nachhaltige Reiseangebote und Inlandstourismus: Beides liegt voll im Trend und euer Engagement sorgt indirekt dafür, dass diese Bereiche weiter wachsen können!

- Oft sind gerade viele kleine lokale Betriebe vom Tourismusgeschäft abhängig. Macht euch das bewusst und ihr könnt auch im Urlaub ganzheitlich verantwortungsvoller handeln.

- Achtet auch auf Reisen darauf, nicht in Konsumfallen, wie Niedrigpreise oder größere Angebotsvielfalt, zu tappen. Ihr könnt dennoch die regionale Wirtschaft unterstützen, wenn ihr auch hier nachhaltig konsumiert.

KAPITEL 3

DIE SCHATTENSEITEN DES WELTWEITEN REISEFIEBERS

Es gibt immer zwei Seiten einer Medaille. Seitdem das Entdecken neuer Regionen oder Länder so populär geworden ist, muss für Umwelt und Einheimische eine erste Bilanz gezogen werden, denn diese leiden vereinzelt stark unter dem zunehmenden Besucherandrang.

Bereits in den Fünfzigerjahren schrieb Hans Magnus Enzensberger: „Der Tourist zerstört, was er sucht, indem er es findet." Jährlich bricht die Tourismusbranche neue Rekorde. Billig in die Ferne reisen, Hauptsache weg. Aber sind wir uns bewusst, wer den Preis dafür zahlt?

Der Tourismus beeinflusst die Umwelt in fast allen Bereichen. Der Reisesektor ist für den Klimawandel sowohl mitverantwortlich als auch gleichzeitig selbst davon betroffen. Auf den folgenden Seiten haben wir versucht, einige der Schattenseiten des Tourismus zu erklären.

OVERTOURISM

„Mit dem Begriff Overtourism (also „Übertourismus") werden in der Regel die Auswirkungen des Tourismus auf ein Reiseziel oder bestimmte Attraktionen beschrieben, die die wahrgenommene Lebensqualität der Bürger oder das Erleben der Besucher negativ beeinflussen."[5] Diese Definition stammt vom Kompetenzzentrum Tourismus des Bundes. Overtourism ist meist eine subjektive Einschätzung, die jeder Einzelne selbst gut beurteilen kann. Am Beispiel von Venedig kann man sich vor Augen führen, was es bedeutet, wenn zu viele Reisende zur selben Zeit am selben Ort sind. Damals, während unserer Ausbildungszeit in München, buchten wir spontan mit ein paar Freunden eine Busreise nach Venedig – es war für uns alle die erste Reise in die beliebte italienische Hafenstadt. Nach einer anstrengenden Nachtfahrt kamen wir an und standen völlig übermüdet am berühmten Markusplatz. Obwohl wir vom ersten Moment an Gefallen an der Stadt gefunden hatten, fühlten wir uns doch auch etwas erschlagen davon. Die Masse an Menschen, die sich in den Gassen von Venedig tummelten, hatte für uns einen sehr negativen Beigeschmack. Romantik kam da nicht auf.

Wir wollten uns nach der Busfahrt etwas ausruhen und suchten dafür einen schattigen Platz am Meer, aber diese Idee hatten offensichtlich auch andere. So saßen wir wie die Sardinen in der Sardinenbüchse zusammengequetscht bei gefühlten 30 Grad am Meer. Entspannt war das definitiv nicht. Während wir auf das Wasser schauten, bemerkten wir außerdem, wie schmutzig es war, wie viel Plastikmüll angespült wurde – so einzigartig und besonders die Stadt auch sein mag, der Overtourism ist hier nicht mehr schönzureden.

Auf Instagram begleiten mittlerweile mehr als 70 000 Menschen unseren Alltag. Unser persönliches Ziel ist es, Unterhaltung mit Informationen zu kombinieren, und dass sich unsere Follower auf unserem Account einfach wohlfühlen. Wir inspirieren die Menschen in den verschiedensten Bereichen – sei es, ihr Leben nachhaltiger zu gestalten, regional zu verreisen, unsere veganen Mac and Cheese nachzukochen oder Secondhandkleidung eine Chance zu geben.

Im vergangenen Jahr haben wir viele Pressereisen unternommen, auf die wir von Tourismusverbänden eingeladen werden, um über die jeweilige Region zu berichten und diese für reisebegeisterte Personen durch unsere Präsenz noch attraktiver zu machen. Dieses Jahr war dies leider durch die Corona-Krise kaum möglich. Bevor wir einer Pressereise zusagen, informieren wir uns immer über die Dauer, das Programm, den Nachhaltigkeitsaspekt und das vegane Angebot im Rahmen der Reise. Manche Personen stehen dem Instagram-Tourismus dieser Art kritisch gegenüber, und auch wir haben uns in der Vergangenheit oft die Frage gestellt, ob Social Media tatsächlich auch dazu beitragen, dass einzelne Regionen plötzlich überlastet und überlaufen sind. Prinzipiell würden wir sagen, dass fotogene Orte die Social-Media-affine Zielgruppe definitiv bis zu einem bestimmten Grad anziehen und dies durch den Einfluss der Instagrammer, YouTuber, Blogger etc. sicherlich auch verstärkt wird. Dennoch kann in der eigenen Reichweite auch eine Chance liegen, wenn damit verantwortungsvoll umgegangen wird. Außerdem ist Zielgruppe nicht gleich Zielgruppe. Personen, die uns folgen, sind größtenteils im Alter zwischen 25 und 34 Jahren – ein Alter, in dem jeder von uns über ausreichend Vernunft, Verstand und Erfahrung verfügen sollte, um seine Verantwortung für unsere Umwelt erkennen und eigenverantwortlich handeln zu können. Außerdem sprechen wir mit unseren Inhalten vor allem Menschen an, die sich wie wir für nachhaltiges Reisen interessieren und sich darum von unseren Berichten inspiriert fühlen.

Nichtsdestotrotz sind auch Vorfälle bekannt, die zeigen, dass es durchaus belastend für eine Region sein kann, wenn zu viele Menschen zur selben Zeit am selben Ort sind. Ein Beispiel hierfür ist der Königssee, mit seinem berühmten Naturpool. Bekannte Influencer schossen dort wunderschöne Fotos und regten damit zum Nachahmen an. Ihre Bilder zeigen zwar, wie schön der Naturpool ist, allerdings nicht, was für eine Gefahr der Besuch birgt. Tatsächlich ist die Wanderung dorthin mittlerweile sogar aufgrund der Absturzgefahr untersagt. Doch obwohl es in der Vergangenheit immer wieder zu dramatischen Unfällen kam, wandern immer noch weiter Menschen dorthin und riskieren ihr Leben für ein schönes Foto. Ein Negativbeispiel dafür, welche Auswirkungen der (Massen-)Tourismus haben kann.

DIE AUSBEUTUNG VON TIEREN

Es gibt wahrscheinlich kaum jemanden, der von sich behauptet, keine Tiere zu mögen. In den meisten Fällen freuen wir uns wie kleine Kinder, wenn wir ihnen begegnen – besonders dann, wenn wir Tiere sehen, die wir sonst nur aus dem TV oder dem Zoo kennen. Die Wahrheit ist, dass die

Lebensbedingungen der Tiere, denen wir im Urlaub begegnen, oftmals derart katastrophal sind, dass viele Touristen im Nachhinein bereuen, Geld für Angebote dieser Art ausgegeben zu haben. Viele Menschen verreisen gerne, um Tiere aus nächster Nähe sehen zu können, wie beispielsweise ein paar Löwen, die im Schatten dösen, oder Delfine, die neben dem Boot durch die Wellen springen. Aber es gibt auch andere Formen der Unterhaltung durch Tiere, und da hört der Spaß wirklich auf. Welches Leid zum Großteil dahintersteckt, ist nur wenigen Menschen bewusst. Die Tiere würden bestimmte Dinge niemals freiwillig machen. Ein klassisches Beispiel dafür ist das Reiten auf Elefanten oder Kamelen. In Thailand und anderen Ländern Asiens ist das Elefantenreiten mittlerweile fester Bestandteil der Tourismusbranche. Von außen betrachtet mag alles einen ganz netten Eindruck machen: Die Elefanten tragen die Touristen etwas in der Gegend spazieren und anschließend werden sie mit Heu belohnt. Was dem zahlenden Kunden vorenthalten wird, ist der Blick hinter die Kulissen. Die sensiblen Wesen werden seit ihrer Geburt auf Gehorsam getrimmt und zwar mit einem spitzen Haken und tagelangem Anbinden. Etwas, was natürlich niemand sehen soll, denn schließlich soll ja niemandem die Lust auf das Elefantenreiten vergehen. Ein weiteres Beispiel sind Tiershows und Delfinarien. Die Tiere werden in der Wildnis eingefangen, gefügig gemacht und dienen anschließend ihr ganzes restliches Leben der Unterhaltungsindustrie. Es werden fragwürdige Showprogramme entworfen und die Tiere werden unfreiwillig zur Hauptattraktion. Leider fehlen in vielen Ländern konkrete Gesetze, die Tiere vor Missbrauch und miserablen Haltungsbedingungen schützen.

Auch wir haben rückblickend betrachtet ziemlich unwissend, naiv und egoistisch gehandelt. Auf den Philippinen wollten wir unbedingt Walhaie, die größten Fische der Welt, in ihrem natürlichen Habitat sehen. Oslob, ein kleiner Ort auf der Insel Cebu, bot genau das an: eine halbe Stunde für zwölf Euro pro Person mit Walhaien schwimmen. Als wir um sechs Uhr morgens zusammen mit etwa hundert anderen Touristen von den Booten aus ins Wasser hüpften, um mit den angefütterten Walhaien zu schwimmen, wurde uns schnell bewusst, dass das absolut falsch war. Die Tiere wurden angefasst und aus Unvorsichtigkeit zum Teil sogar mit den Booten angefahren. Im Nachhinein erfuhren wir von Insidern, dass die Muttertiere angeblich getötet werden, damit die jungen Walhaie die Orientierung verlieren und somit auf das Futter der Veranstalter angewiesen sind und in der Bucht bleiben.

Ein Fehler, aus dem wir lernten, denn seither haben wir uns von Tiertourismus jeglicher Art distanziert. Nach einem Erlebnis wie diesem fiel uns das aber auch nicht sonderlich schwer. Bei so viel Naivität können wir rückblickend nur den Kopf schütteln und bereuen bis heute, uns damals nicht vorab informiert zu haben.

ARMUT

Während unserer Reise durch Kambodscha im Oktober 2018 landeten wir auf Empfehlung einer Bekannten in Otres Village, einem kleinen Dorf, das sich vor allem durch kleine Bars und Restaurants auszeichnet, die von ausländischen Aussteigern betrieben werden. Davon abgesehen, dass es zu

der Zeit unglaublich heiß und diese Hitze für uns kaum aus-
zuhalten war, mochten wir diesen beschaulichen, zum Teil
etwas schmuddeligen Ort mit seinem ganz eigenen Charme,
irgendwie schien die Welt hier noch in Ordnung zu sein.
Nicht weit vom Dorf entfernt befindet sich Sihanoukville,
die mit rund 90 000 Einwohnern fünftgrößte Stadt des
Landes. Die Situation vor Ort war damals (und sie ist es
sicherlich auch noch heute) sehr angespannt, denn chinesische Investoren erschufen sich im wahrsten Sinne des Wortes
ihr eigenes Imperium: Casinos an jeder Ecke, chinesische
Restaurants und Hotels, so weit man schauen konnte, und
Geschäftsbezeichnungen und Straßenschilder wahren vorrangig in Mandarin zu lesen. Die Einheimischen erzählten
uns von ihrer Angst, das eigene Land zu verlieren und nach
und nach verdrängt zu werden. Eine beklemmende Situation. In diesem Zusammenhang gab es einen Moment, der
uns damals besonders ergriff.

Auf dem Weg von Otres Village nach Sihanoukville
kamen wir mit der Autorikscha an ein paar Blechhütten
vorbei. Wir konnten einen Blick in eine halb offene Hütte
erhaschen, und da saßen Eltern mit ihren Kindern auf dem
staubigen Boden und aßen. Die Hütten sahen so instabil
aus, dass ein etwas stärkerer Wind die Dächer locker davon
hätte tragen können. Dieser Moment fühlte sich an, wie
wenn man aus einem relativ guten Traum erwacht und
plötzlich feststellt: Die Realität sieht ganz anders aus.

Zwischen den riesigen Betongebäuden in Sihanoukville
und dem unbeschwerten Hippieleben in Otres Village existieren unzählige Schicksale wie das dieser Familie. Ein
Leben am Existenzminimum. Menschen, die nicht vom
Tourismus profitieren und versuchen, irgendwie über die

Runden zu kommen. Für uns war das ein Moment, den wir nicht so schnell vergessen werden, denn wieder einmal platzte unsere Bubble und wir realisierten, dass dort, wo wir Urlaub machen, andere Menschen auch heute noch um ihre Existenz bangen müssen.

Laut der Bundeszentrale für politische Bildung war 2015 weltweit jeder zehnte Mensch von Armut betroffen.[6] In Zahlen sind das 700 Millionen Menschen. Ostasien zählt zu den am stärksten von Armut betroffenen Regionen der Welt. Auch wenn man in seiner eigenen Bubble gerne davon ausgehen mag, dass man mit dem Reisen in ferne Länder automatisch das ganze Land unterstützt, entspricht das leider nicht der Wahrheit. Denn die Tourismus-Profiteure sind oft vor allem ausländische Investoren. Wie immer lohnt es sich also, einen Blick hinter die Kulissen zu werfen.

Für einen zukunftsfähigen Tourismus braucht es vor allem Menschenrechte und die Möglichkeit zur Selbstbestimmung für die Menschen vor Ort, eine gerechte Verteilung von wirtschaftlichen und sozialen Vorteilen und insgesamt eine verbesserte Lebensqualität für die Einheimischen. Erst, wenn der Tourismus sowohl für Reisende als auch für Gastgeber eine bereichernde Erfahrung darstellt, kann wirklich von zukunftsfähigem Reisen gesprochen werden. Bis es so weit ist, bleibt es jedoch noch ein langer Weg.

WOHIN MIT DEM MÜLL?

Uns allen ist bewusst, wie wir zu Hause den Müll richtig trennen: Verpackungsmüll wie Zahnpastatuben und Suppentüten gehören in den gelben Sack, Geschenkpapier kommt in die Papiertonne, defekte Glühbirnen in den Restmüll und Essensreste auf den Kompost. Laut Verbraucherzentrale soll das am 1. Januar 2019 erlassene Verpackungsgesetz dazu beitragen, dass mehr Kunststoffverpackungen recycelt werden.[7] Bis heute sind sich Experten noch nicht einig, ob dadurch tatsächlich weniger Verpackungsmüll anfällt.

Hand aufs Herz – so sehr wir uns auch bemühen, weniger Plastikmüll zu produzieren, ganz ohne geht es weder zu Hause noch unterwegs. Auch wenn wir den kleinen Hofladen bevorzugen, unseren eigenen Einkaufskorb mitbringen und auf die Brottüte gerne verzichten, produzieren wir täglich Müll, ob wir wollen oder nicht.

Gerade auf Reisen zählt die Müllvermeidung nach wie vor zu unseren größten Herausforderungen. Denn nicht immer kann die Trinkflasche aufgefüllt oder im Flugzeug auf das Plastikbesteck verzichtet werden.

Abgesehen von der dringenden Notwendigkeit, Müll im Alltag zu vermeiden, wo es geht, ist in diesem Zusammenhang auch die Frage wichtig: Wohin eigentlich mit dem ganzen Müll?

Wir brauchen uns nichts vorzumachen – der Müll ist da und zwar überall. Während wir Europäer unseren Müll gerne nach dem Prinzip „aus den Augen, aus dem Sinn" verstecken, gehen die Menschen anderer Länder vergleichsweise ehrlich damit um und zeigen sozusagen, was sie haben.

Wenn wir einen Ort wählen müssten, an dem wir uns gut vorstellen könnten, mehrere Monate am Stück zu verbringen, fiele unsere Entscheidung wahrscheinlich auf Bali. Diese Insel ist das Paradies für all diejenigen, die den digitalen Austausch, vegane Cafés und Restaurants, unendliche Gastfreundschaft oder einfach ein Stück Heimat am anderen

Ende der Welt suchen. Reisende kommen aus den verschiedensten Gründen nach Bali, aber sicher nicht zum reinen Badeurlaub, denn die Strände an den Touristen-Hotspots der beliebten indonesischen Insel sind alles andere als einladend. Obwohl jeden Tag frühmorgens in Canggu, einem unserer Lieblingsorte, Clean-ups am Strand stattfinden, also eine Gruppe Freiwilliger mit Handschuhen, Müllsäcken und Greifzange ausgestattet den Strand aufräumt, ist dieser bis zum Abend erneut voll mit Joghurtbechern, Zahnbürsten, Plastiktüten und allem, was sonst noch im Laufe des Tages angespült wird. Es ist wie eine Endlosschleife, die kurzzeitig zwar Erfolge erkennen, langfristig jedoch alle Beteiligten verzweifeln lässt. Eine echte Sisyphusarbeit.

Um sich über eine Lösung Gedanken zu machen, ist es wichtig, zuerst die Ursache zu verstehen. Wusstet ihr, dass ein Großteil unseres Plastikmülls um die ganze Welt geht? Als wir von dieser Tatsache das erste Mal von einem Geschäftsmann am Strand von Bali erfuhren, hätten wir uns beinahe an unserem Eis verschluckt. Laut dem Naturschutzbund Deutschland werden Plastikabfälle aus Deutschland nämlich nicht nur innerhalb des Landes entsorgt und verwertet, sondern zudem nach Südostasien exportiert, denn wenn der deutsche Kunststoffmüll nachweislich in zertifizierten Anlagen im Ausland recycelt wird, wirkt sich dies positiv auf unsere Recyclingquoten aus.[8] Das Problem hierbei ist bloß, dass der Müll zum einen um die halbe Welt befördert wird und zum anderen lediglich ein gewisser Anteil der Abfälle durch qualitativ schlechtere Recyclinganlagen in den Zielländern tatsächlich recycelt werden kann. Dies führt dazu, dass der Kunststoffmüll oft verbrannt oder für unbestimmte Zeit gelagert wird, wodurch wiederum

Schadstoffe in Natur und Gewässer gelangen. Beides hat Folgen für die Umwelt, und die lokale Bevölkerung trägt dafür die Konsequenzen auf Kosten ihrer eigenen Gesundheit und der ihrer Kinder.

In diesem Zusammenhang möchten wir euch auf einen gedanklichen Exkurs nach Indien entführen.

Wir denken noch oft an unsere Zeit im Norden Indiens zurück. Insgesamt reisten wir einen Monat mit Zug und Bus durch das Land, in dem fast 1,4 Milliarden Menschen leben und die Kuh als heilig gilt. Noch nie zuvor hatte ein Land so viele ambivalente Emotionen in uns hervorgerufen wie Indien. Das Land, in dem das Kastensystem zwar offiziell abgeschafft ist, aber gerade in ländlicheren Regionen noch seine Auswirkungen zeigt, ist laut, hektisch, voll, heiß, dreckig und gleichzeitig so leise, harmonisch, beruhigend, heilend und liebevoll.

Angekommen in Delhi, entschieden wir uns dafür, die Gegend ein wenig zu Fuß zu erkunden. Im Nachhinein war das wahrscheinlich nicht die beste Idee, denn es war brütend heiß und nach Fußgängerwegen suchten wir vergeblich. Bei dem Verkehr also nicht unbedingt die besten Voraussetzungen für einen Spaziergang. Zufällig und völlig unerwartet standen wir plötzlich vor einer riesigen Mülldeponie, und das mitten in der Stadt. Der Müll stank so sehr, dass uns die Augen brannten. Trotzdem standen wir dort wie versteinert und sahen ein paar Kindern dabei zu, wie sie fröhlich in den Müllbergen umhersprangen und miteinander spielten. Ein Anblick, der uns vermutlich für immer im Gedächtnis bleiben wird.

Relativ zeitnah nach unserer Ankunft entschieden wir uns, die Hauptstadt zu verlassen und weiter Richtung

Norden zu reisen. Mit dem Bus fuhren wir nachts nach Rishikesh – ein spiritueller Pilgerort, an dem wir erst mal zur Ruhe kommen wollten. Zu diesem Zeitpunkt ahnten wir noch nicht, dass wir die ersten Tage nur im Bett verbringen würden, denn wir hatten uns mit einem Spinatgericht den Magen verdorben.

Schon bei unserer Ankunft fiel uns eins ganz deutlich auf: Am Straßenrand standen überall Kühe, die vor allem eins taten, nämlich fressen. Die traurige Wahrheit ist nur, dass die Kühe nicht auf der Suche nach Gras, sondern nach Müll waren. Wir konnten dabei zusehen, wie sich die Tiere alte Essensreste samt Verpackung zusammensuchten, die ihnen als Nahrungsquelle dienten.

Indien schockte uns während unserer Reise durch das Land so oft, aber mindestens genauso häufig rüttelte es uns wach und regte uns zum Nachdenken an.

Aber es geht auch anders. Während an manchen Orten der Welt noch deutlich Aufklärungsbedarf besteht, was die Mülldebatte anbelangt, sind andere Länder schon fünf Schritte weiter. So zum Beispiel Belize, ein kleines Land in Mittelamerika, welches wir 2018 im Rahmen einer organisierten Pressereise für zehn Tage besuchen durften. Übrigens war unsere Zeit in Belize nicht nur deshalb so besonders, weil wir die Möglichkeit hatten, das Great Blue Hole, eine runde unterseeische Sinkhöhle mitten in der Karibik, zu sehen, sondern auch, weil wir im Rahmen dieser Reise noch mal weitere Erfahrungen zum verantwortungsvollen Tourismus sammelten. Belize zählt nämlich zu den globalen Vorreitern, wenn es um nachhaltigen Tourismus geht. Die belizische Regierung hat 2019 beispielsweise durchgesetzt, Einmalplastik und Styroporprodukte im ganzen Land zu verbieten, und nahm diesbezüglich eine Pionierrolle in Mittelamerika ein. Außerdem wurden Ölförderungen vor der Küste von Belize dauerhaft eingestellt, um damit das größte Korallenriff der westlichen Hemisphäre zu schützen, das Belize Barrier Reef. An diesen beiden Beispielen wird deutlich, dass es durchaus zukunftsweisende Ansätze gibt und diese in der Summe einen großen Unterschied machen können.

KEINE MACHT DEM PLASTIK!

Seitdem wir persönliche Eindrücke aus unserem Leben mit der Öffentlichkeit teilen, werden wir immer wieder mal kritisiert. Subjektiv betrachtet haben wir aber eine ziemlich nette Community, die unseren Weg mitverfolgt, und wenn wir auf ein vermeintliches Fehlverhalten aufmerksam gemacht werden, dann meist konstruktiv. Es geht aber auch anders, denn oftmals erleben wir, wie Kollegen und Kolleginnen im Rahmen ihrer Arbeit für jede Plastikverpackung verurteilt und angegriffen werden.

Wir alle sind Menschen mit echten Gefühlen, und wenn bestimmte Gefühle zu oft getriggert werden, gehen wir gerne in eine Art Abwehrhaltung. Bei manchen Kollegen und Kolleginnen führte es sogar so weit, dass sie bestimmte Beiträge lieber nicht veröffentlichen, aus Angst vor destruktiver Kritik. Dabei vergessen wir oft, dass wir alle im gleichen Boot sitzen. Wir sind der Meinung, wenn jeder vor seiner eigenen Türe kehrt, wäre die Welt viel sauberer – sowohl im übertragenen als auch im wahrsten Sinn des Wortes. Auch auf Reisen tragen wir bis zu einem gewissen

Grad dazu bei, die Umwelt zu verschmutzen, aber wir behaupten: Es geht auch anders, und mit ein paar Tipps ist verantwortungsvolles Reisen möglich. So klein manche Veränderungen auch manchmal erscheinen mögen, wenn es darum geht, die Welt etwas grüner zu machen, zählt jeder einzelne Schritt.

HOLZBESTECK VERSUS KUNSTSTOFF

Besteck aus Plastik hat sich in den letzten Jahrzehnten bei Outdoor-Veranstaltungen absolut durchgesetzt. Besonders praktisch vor allem bei Take-away-Gerichten oder Essensbestellungen. Fatal ist, dass es sich hierbei meist um Einmalplastik handelt, welches nach einmaligem Gebrauch also sofort im Müll landet. Dies ist natürlich alles andere als nachhaltig. Es gibt aber eine tolle und einfache Lösung: Nehmt euer eigenes Besteck auf Reisen mit. Sogenanntes Campingbesteck passt in jeden Rucksack. Das Gleiche gilt übrigens auch für Trinkhalme. Wir konnten schon unzählige Trinkhalme aus Plastik für die Kokosnuss am Strand vermeiden, indem wir vorab ganz höflich den Trinkhalm abbestellten und unsere eigenen aus Bambus verwendeten.

ZAHNPFLEGE

Über alltägliche Dinge denken wir meist am wenigsten nach, denn warum sollten wir etwas anders machen, was seit Jahren gut funktioniert? Genau das war lange Zeit unser Gedanke beim Thema Zahnpflege. Plastikzahnbürsten sind immer noch die meistverkauften – unnötigerweise, denn es gibt mittlerweile so viel bessere und nachhaltigere Alternativen. Auf unseren Reisen nehmen wir häufig zwei verschiedene Zahnbürsten mit – eine aus Bambus und eine weitere aus Zuckerrohr. Beide sind in allen geläufigen Drogeriemärkten erhältlich. Auch wenn es wie ein sehr kleiner Schritt aussehen mag, auf Reisen (und zu Hause) nicht mehr auf die Plastikzahnbürste zurückzugreifen, macht es doch in der Summe ganz schön viel aus, wenn wir bedenken, wie viele Menschen zweimal täglich ihrer Zahnreinigung nachgehen.

BYE-BYE, PLASTIKFLASCHE!

Wenn es etwas gibt, was uns auf Reisen nervt, ist es die Schwierigkeit, Plastikflaschen zu vermeiden. Wir wollen ganz ehrlich mit euch sein: Das ist nicht nur aus Umweltgründen so, wir mögen es einfach nicht, aus Plastikflaschen zu trinken. Zu Hause trinken wir gerne Quellwasser in Glasflaschen abgefüllt, oder Leitungswasser, welches wir zuvor durch unseren Wasserfilter laufen lassen. Auf Reisen bemühen wir uns, Glasflaschen zu besorgen, da diese wiederverwendet werden können. Im Übrigen existieren weltweit verschiedene Pfandsysteme. Nicht nur wir Deutschen sind fleißig am Pfandflaschensammeln, sondern auch unsere europäischen Nachbarn wie beispielsweise Schweden, Kroatien, Norwegen, Estland und Dänemark. Selbstverständlich ist dies aber nicht, denn tatsächlich besitzen auch viele Länder leider überhaupt kein Pfandsystem. Die meisten Länder Europas haben das Privileg, trinkbares

Leitungswasser zur Verfügung stellen zu können. Trinkwasser ist in Deutschland sogar das am strengsten kontrollierte Lebensmittel. In diesem Fall nutzen wir gerne unsere mitgebrachten Trinkflaschen, die wir immer wieder auffüllen. Wir mögen das supergern – es ist nicht nur umweltfreundlich, sondern auch praktisch und günstig. Wenn wir einen anderen Kontinent als Europa bereisen und länger in einer Unterkunft bleiben, holen wir uns oft einen Wasserkanister – diese können nämlich auch immer wieder zurückgebracht und ausgetauscht werden, sobald sie leer sind. Freunde haben uns im Rahmen unserer letzten Asienreise auf Trinkwasserspender am Straßenrand aufmerksam gemacht, allerdings haben wir diese bisher noch nicht probiert. Grundsätzlich lohnt es sich aber auf jeden Fall, immer eine Trinkflasche mitzunehmen, denn falls ein Wasserspender vorhanden ist, kann problemlos immer wieder aufgefüllt und dabei Einmalplastik vermieden werden.

FESTES SHAMPOO UND SEIFE

Unterwegs gibt es vermutlich nichts Nervigeres als auslaufende Shampooflaschen. Vor einiger Zeit sind wir aus praktischen Gründen auf feste Seifen umgestiegen. Insgesamt verwenden wir im täglichen Gebrauch drei Stück davon – eine fürs Gesicht, eine für den Körper und eine weitere für die Haare. Generell sind Seifen super, denn sie verursachen weniger Abfall und können außerdem komplett aufgebraucht werden. Qualitativ hochwertige Seifen für den ganzen Körper findet ihr in jeder Drogerie und mittlerweile sogar im Supermarkt. Wenn ihr wie wir Wert auf

Naturkosmetik legt, ist auch der Bioladen immer eine tolle Adresse hierfür. Was wir auch für uns entdeckt haben, ist natürliches Shampoo aus Roggenmehl. Die Herstellung ist total einfach. Ihr braucht hierfür lediglich vier Esslöffel Vollkorn-Roggenmehl und 250 ml lauwarmes Wasser miteinander zu vermengen. Zu Hause eignet sich dafür der Schneebesen gut, auf Reisen tut es aber auch eine Gabel. Anschließend auf das nasse oder angefeuchtete Haar auftragen, einreiben, ausspülen und fertig. Die Haare werden fettfrei und der Geldbeutel freut sich über diese kostengünstige Methode.

FAIR GEREIST AUF EINEN BLICK:

- Overtourism, Instagram- und Tiertourismus können schädlich für alle Beteiligten sein. Wer fair reisen will, sollte entsprechenden Angeboten und Verlockungen widerstehen.

- Durch Tourismus verursachte Probleme sind oft globaler Natur. Indem ihr auch zu Hause regelmäßig an gemeinnützige Organisationen, Umwelt- und Tierschutzvereine spendet, könnt ihr die Welt nachhaltig verbessern.

- Themen wie Umweltverschmutzung durch Plastik, lassen sich auch gut im Kleinen angehen: Engagiert euch zum Beispiel auch im Urlaub bei Clean-Ups, oder nutzt unsere Tipps für weniger Plastik im Alltag!

KAPITEL 4

DER KLIMAWANDEL UND SEINE FOLGEN

Wir Menschen neigen dazu, uns lieber mit Nachsorge als mit Vorsorge zu beschäftigen und alarmierenden Thesen erst Beachtung zu schenken, wenn uns die Realität bereits eingeholt hat. Die meisten von uns sind Meister im Verdrängen, und das in den verschiedensten Bereichen ihres Lebens. Verständlich, denn in erster Linie wollen wir die wenige Freizeit, die uns neben Beruf und lästigen To-do-Listen bleibt, mit Dingen füllen, die uns Spaß bringen, und nicht permanent an potenzielle Zukunfts-Horrorszenarien denken.

Doch schon jetzt macht sich der Klimawandel in unserem Alltag bemerkbar, ist längst mehr als nur bedrohliche Zukunftsmusik. Die Wintersaison 2019/2020 ist ein gutes Beispiel dafür. Das erste Mal, seit wir uns erinnern können, gab es keinen Schnee in Bayern – zumindest keinen, der nennenswert wäre. Keine weiße Weihnacht, keine Schneeschuhwanderung in der Heimat, kein Schlittenfahren. Auch unseren Großeltern ist ein Winter wie dieser völlig fremd. Unsere Welt, wie wir sie kennen, verändert sich, und die Auswirkungen spüren wir langsam, aber sicher auch hier bei uns.

Immer wieder unfreiwillig und ungefragt mit der Realität konfrontiert zu werden macht uns Angst, frustriert und nervt manchmal. Trotzdem sind wir alle mittlerweile mittendrin statt nur dabei. Wir sind zusammen in diese Misere geschlittert und müssen nun versuchen, zusammen da wieder rauszufinden, denn wie es das afrikanische Sprichwort besagt: Wenn viele kleine Menschen an vielen kleinen Orten viele kleine Dinge tun, können sie das Gesicht der Welt verändern.

Ein anderer Begriff für den Klimawandel ist die Erderwärmung. Doch woher wissen wir eigentlich, dass die Erde wärmer geworden ist? Wissenschaftler weltweit sind sich einig: Die globale Durchschnittstemperatur wird noch in diesem Jahrhundert um zwei bis vier Grad Celsius ansteigen, wenn nicht zeitnah ein globales Umdenken stattfindet. Auf der Weltklimakonferenz in Kopenhagen wurde bekannt gegeben, dass der Anstieg der Durchschnittstemperatur um zwei Grad Celsius nicht überschritten werden darf. Laut dem Deutschen Naturschutzbund halten sich jedoch nur wenige Staaten an die Regelung, denn die Vorschläge, ihre eigenen Treibhausgasemissionen zu reduzieren, führen nicht zum vereinbarten Zwei-Grad-Ziel.[9] In der Theorie klingen zwei oder drei Grad nicht viel, aber in der Praxis verursachen diese einen deutlichen Unterschied. Hier ein Auszug aus dem Bericht des Umweltbundesamtes.

Temperaturerhöhung bleibt unter 2 °C	· 1,7 Milliarden Menschen sind von Wasserknappheit bedroht · Mehr Schäden durch Überschwemmungen und Stürme · Gesundheitliche Beeinträchtigungen durch Hitzestress, Unterernährung und Infektionskrankheiten
Temperatur erhöht sich zwischen 2 °C und 4 °C	· 2 Milliarden Menschen sind von Wasserknappheit betroffen · 3 Millionen Menschen sind durch Überflutungen an Küstenregionen gefährdet · 20 % – 30 % der Arten sterben aus · Beginn eines unumkehrbaren Abschmelzprozesses der Eisschilde Grönlands und der westlichen Antarktis
Temperatur erhöht sich um mehr als 4 °C	· 3,2 Milliarden Menschen sind von Wasserknappheit betroffen · 15 Millionen Menschen sind durch Überflutungen an Küstenregionen gefährdet · Weltweites Artensterben

Die globale Erderwärmung hat nicht nur zur Folge, dass Gletscher schmelzen, Arten sterben und wir mit Wasserknappheit rechnen müssen, sondern uns auch

Naturkatastrophen bevorstehen. Inselstaaten wie den Malediven oder Städten wie Venedig wird prophezeit, dass sie irgendwann vollständig unter der Wasseroberfläche verschwinden werden, wodurch viele Menschen ihre Heimat verlassen müssten. Darüber hinaus würden große Teile der weltweiten Korallenriffe zerstört werden. Mit steigenden Temperaturen wird es auch für viele Tierarten immer schwieriger, Nahrung zu finden, was dazu führt, dass diese nach und nach ihren Lebensraum verlieren und früher oder später ganz von der Bildfläche verschwinden könnten.

Im Juli 2019 verbrachten Lisa und ich drei Wochen getrennt voneinander. Während ich an einer selbst organisierten dreiwöchigen Rundreise durch Pakistan teilnahm, flog Lisa mit ihrer Mutter auf die kanarische Insel La Palma.

Während Lisa auf La Palma einen intensiven Mutter-Tochter-Urlaub erlebte, reiste ich vom Süden Pakistans in den Norden des Landes. Dort gibt es nicht nur eine der atemberaubendsten Landschaften, die ich bisher gesehen habe, sondern zudem ein paar der höchsten Berge der Welt. Dazu zählen unter anderem der Nanga Parbat mit 8125 Metern und der Rakaposhi mit 7788 Metern Höhe. Diese Berge sind von dicken Eiswänden überzogen und bieten eine wunderschöne Fotokulisse.

Vom Hunzatal aus wanderten wir mehrere Stunden bis zum Rakaposhi-Basecamp. Auf einer Höhe von 3400 Metern erstreckte sich vor mir ein riesiger, regelmäßig laut knackender Gletscher. Neugierig fragte ich unseren Guide Asif, der uns bis zum Basecamp begleitete, warum der mächtige Gletscher so laute Geräusche mache. Asif ist Pakistani und leitete Touren wie diese schon seit einigen Jahren. Er erzählte mir, dass sich innerhalb der letzten Jahre viel verändert habe. Dass Gletscher knacken und sich dabei immer wieder Eisbrocken lösen, sei normal. Aber heute würden die Gletscher regelrecht dahinschmelzen, erzählte mir Asif sichtlich betrübt.

Einige Tage später wanderten wir wieder über einen weißen Gletscher, diesmal trugen wir spezielle Schuhe, die besonders warm halten und speziellen Halt auf dem Eis bieten. Hierbei mussten wir extrem vorsichtig sein, da eine Wanderung über einen solchen weißen Riesen alles andere als ungefährlich ist. Durch den auf dem Gletscher liegenden Schnee kann man als Laie das Gelände nur schwer abschätzen und im schlimmsten Fall in eine Gletscherspalte rutschen. Diese können bis zu 100 Meter tief sein und sich zu einer echten Todesfalle entwickeln.

Während der Wanderung sprach Asif immer wieder von den Gletschern und davon, wie diese sich gerade in den letzten Jahren verändert hätten und nach und nach komplett verschwinden würden. Das Eis schmilzt rekordverdächtig schnell, und diese Schmelze war noch nie zuvor so intensiv wie 2019 – dem Jahr, als ich Pakistan das erste und bisher einzige Mal besuchte.

Das Schwinden der Gletscher ist aber nicht ein Ereignis, das man nur in Pakistan beobachten kann, sondern weltweite Realität. Sogar in Deutschland auf der Zugspitze. *Planet Wissen* berichtete davon, dass einst die Zugspitze einen 300 Hektar großen Gletscher beherbergte und heute nur noch 50 Hektar davon übrig seien.[10] Dieser Rückgang ist enorm und hängt nachweislich mit dem Klimawandel zusammen. Durch das Gletscherschmelzen kann es schnell zu einer Wasserknappheit kommen, da unsere Süßwasserreserven nicht nur in Seen und Flüssen zu finden sind, sondern größtenteils aus Eis und Schnee bestehen. „Die Eisdicke der beobachteten Gletscher nimmt derzeit jedes Jahr zwischen einem halben und einem ganzen Meter ab. Das ist zwei- bis dreimal mehr als der entsprechende Durchschnitt im 20. Jahrhundert."[11] Diese Info teilte Michael Zemp, der Direktor des World Glacier Monitoring Service (Welt-Gletscher-Überwachungsdienst) der Öffentlichkeit mit. Laut Zemp seien im europäischen Raum vor allem die Alpen betroffen. Der Aletschgletscher beispielsweise, der größte Gletscher der Schweiz, reduziert sich jedes Jahr um eine Fläche von 50 Metern, und auch die Gletscher in Bayern schrumpfen Jahr für Jahr immer mehr. Schuld am Verschwinden der Alpengletscher sei unter anderem die Industrialisierung.[12] Seit 1850 haben die Gletscher laut Greenpeace etwa ein Drittel ihrer Gesamtfläche verloren. Verursacht wird die Schmelze vor allem durch Treibhausgasemissionen. Experten zufolge werden die Gletscher noch in diesem Jahrhundert komplett wegschmelzen. Insgesamt gibt es in den Alpen 5000 Gletscher, die unter anderem als natürlicher Trinkwasserspeicher dienen. Europäische Flüsse wie beispielsweise der Rhein entspringen in Gletschergebieten und mit dem Schmelzen dieser Gletscher gehen auch wichtige Trinkwasserreservoire für immer verloren.

Die Gletscherschmelze birgt noch eine weitere Gefahr, zu deren Veranschaulichung ich noch mal eben gedanklich nach Pakistan springe. Das Land befindet sich in der Himalaja-Region und unsere Tour führte uns vorbei an meterhohem Eis, welches stetig in Bewegung war. Ich kann mich noch daran erinnern, wie oft ich zwischendurch Tränen in den Augen hatte, weil mich dieses Naturschauspiel unendlich berührte. Der fade Beigeschmack, dass der menschengemachte Klimawandel für Szenarien wie diese mitverantwortlich ist, ließ mich während der Wochen vieles, was wir tun, infrage stellen. Dieser Anblick, wie sich die riesigen Felsen durch die Bewegung des Eises vom Gipfel ins Tal hinunterbewegten, wird mir vermutlich noch lange im Gedächtnis bleiben.

Experten von Greenpeace gehen davon aus, dass das Gletscherschmelzen gerade für die Himalaja-Region katastrophal enden könnte. Denn wenn das Schmelzwasser absickert, steigt der Wasserpegel der Gletscherseen an. Dazu kommt, dass der Wasserdruck die Ränder zerstören und somit eine Überschwemmung der Täler in unvorstellbarem Ausmaß folgen könnte. Insgesamt stellen 44 der im Himalaja befindlichen Gletscherseen auf diese Art eine enorme Bedrohung für die einheimische Bevölkerung dar, die auch nach einer Flut durch akuten Wassermangel und daraus resultierender Dürren fortbestehen würde.

Oft denke ich an meine Zeit in Pakistan zurück und frage mich, wie sich wohl alles in den nächsten Jahrzehnten entwickeln wird. Ich hoffe sehr, dass sich das Ruder noch rechtzeitig herumreißen lässt.

Die Inseln der Malediven sind traumhaft schön und für viele der Inbegriff von Paradies. Wenn das Wort Flitterwochen im Raum steht, denken Verliebte gerne an die Malediven: weißer Sandstrand, türkisblaues Wasser, in dem zahlreiche bunte Fische schwimmen. Wunderschöne Resorts, die keine Wünsche offen lassen, und natürlich leckere, frische Kokosnüsse. So stellen wir uns die Malediven vor, oder?

Seit einigen Jahren jedoch gibt es eine Insel, die zwar zu den Malediven gehört, jedoch alles andere als traumhaft ist. Die künstliche Insel Thilafushi wurde von der maledivischen Regierung in den Neunzigerjahren als Müllinsel geplant. Über die Jahre hinweg wurden Tonnen von Abfall, der überwiegend vom Tourismus auf den paradiesischen Inseln erzeugt wurde, dort abgelagert, und jeden Tag kommt weiterer Abfall hinzu. Plastikflaschen, Plastiktüten, Autoreifen und endloser Verpackungsmüll lassen sich auf Thilafushi finden. Frachtschiffe sammeln den Müll der rund 200 Inseln ein und bringen ihn auf die Müllinsel. Mithilfe von LKWs wird dieser dann abgeladen. Der Großteil des Mülls, darunter auch Elektroschrott und asbesthaltiger Bauschutt, wird umsortiert und anschließend verbrannt. Dadurch entsteht dieser weiße, beißende und stinkende Rauch, den die Mitarbeiter der Insel oft ohne Schutzkleidung täglich viele Stunden ertragen müssen. Wenige Kilometer von der Müllinsel entfernt bekommt man von dem Gestank nichts mit. Die anreisenden Touristen freuen sich über saubere Zimmer und das vermeintliche Paradies vor der Balkontür.

Mittlerweile gibt es auf den vielen kleinen Inseln allerdings auch vereinzelt Resorts, die nachhaltiger und grüner werden möchten. Die Resorts vor Ort wirtschaften unter anderem mit Solarstrom, nutzen sogenannte Wasserentsalzungsanlagen für den Pool, und mit den Speiseresten, die in der Hotelanlage anfallen, werden Komposthaufen für die Gärten erstellt. Vereinzelt versuchen Hotels auch dem Plastikmüll entgegenzuwirken, allerdings ist dies gar nicht so einfach. Vieles wird nämlich von den Touristen überhaupt erst auf die Inseln gebracht, wie beispielsweise Sonnencremeflaschen, das eigene Shampoo oder auch Schwimmreifen, die nach dem Urlaub zurückgelassen werden. Der Müll, der täglich von den Touristen produziert wird, muss ja auch irgendwohin entsorgt werden, und unter anderem dafür wurde die größte Müllinsel der Welt geschaffen.

Auf Thilafushi versucht eine Vielzahl an Arbeitern, die übrigens vorrangig aus Bangladesch stammen, dem Müll Herr zu werden. Ein Recyclingsystem wie bei uns sucht man dort jedoch vergeblich. Der Müll wird angeliefert, monatelang gelagert und nur das Wertvollste wie Metall und Glas aussortiert und verkauft. Die Mitarbeiter werden lediglich mit rund 250 Euro pro Monat entlohnt und müssen damit ihre Familien ernähren. Außerdem entzündet sich der Müll durch die Hitze oftmals von selbst, was die Arbeiten zusätzlich gefährlich macht.

Die Malediven liegen im Durchschnitt nur einen Meter über dem Meeresspiegel, aber der höchste Punkt der Inselgruppe befindet sich auf der Insel Thilafushi und ist ein Müllberg, der eine Höhe von über zwölf Metern hat. Da ein nachhaltiges Konzept immer noch fehlt, wird einfach immer weiter und höher gestapelt. Die Touristen bekommen natürlich nichts von der Umweltkatastrophe mit, und das sollen sie auch nicht. Der weiße Sandstrand und das kristallklare Wasser, die die Malediven in unserer Vorstellung ausmachen, und von denen jeder träumt, sobald er an Urlaub denkt, sollen in den Köpfen der Touristen bestehen bleiben.

Als wir das erste Mal von der Tragödie der Malediven erfuhren, konnten wir es fast nicht glauben. Es ist wichtig, dass wir uns nicht alles allzu sehr zu Herzen nehmen, sonst entsteht manchmal schnell ein unerträglicher Weltschmerz. Allerdings sollten wir uns bewusst machen, dass die Probleme real sind und auch wir uns schuldig machen, wenn wir nicht bereit sind, unsere Augen rechtzeitig dafür zu öffnen. Schließlich kann sich nur durch Aufklärung langfristig etwas ändern.

KAPITEL 5

SEI KEIN TOURIST, SEI EIN REISENDER!

Vor nicht allzu langer Zeit saßen wir eines Abends bei einem Glas Wein zusammen und stellten uns die Frage: Ist nachhaltiges Reisen eigentlich Selbstbetrug? Machen wir uns und der Welt etwas vor, wenn wir von verantwortungsbewusstem Reisen sprechen, aber selbst weit davon entfernt sind, das perfekt umzusetzen? Wir haben vieles in unserem Leben angepasst und optimiert, aber scheitern dennoch an manchen Stellen, machen Fehler.

Ohne jeden Zweifel wäre die nachhaltigste Variante, einfach daheimzubleiben, da müssen auch wir der Wahrheit ins Auge blicken. Aber wie realistisch ist dies für die breite Masse, und wäre es nicht auch sehr schade, wenn wir all den wunderbaren Dingen, Kulturen und Menschen nur mehr virtuell begegnen und sie nicht mehr selbst erleben könnten?

Wir sind überzeugt: Reisen kann auch verantwortungsvoll und fair geschehen – vorausgesetzt, man akzeptiert gewisse Unzulänglichkeiten und strebt nicht nach Perfektionismus, denn diesen zu erreichen ist schier unmöglich.

Früher dachten wir oft, wer reist, ist glücklich. Mittlerweile wissen wir, das persönliche Glück steht und fällt gewiss nicht mit einer Reise, aber eine Reise hilft einem möglicherweise dabei herauszufinden, welches Leben man leben möchte.

Jeder Mensch reist anders. Ob man nur am Strand entspannen oder die Kultur eines Landes kennenlernen möchte, um seinen Horizont zu erweitern – eins steht jedenfalls fest: Reisen ist so viel mehr als nur Urlaub. Eine Reise ist meist ein Abenteuer, jeder Tag ist anders und voller neuer Erfahrungen. Es ist ganz egal, ob mit dem Boot, dem Flugzeug, dem Auto oder dem Zug verreist wird, eine Reise wird Herz und Verstand immer guttun. Reiseerinnerungen möchte man gerne wiederholen und sie prägen unsere Persönlichkeit. Wir lieben es, am Pool zu liegen und ein spannendes Buch zu lesen, aber wir fahren auch gern mit dem Tuk-Tuk durch Bangkok und lassen uns einfach von der schieren Größe und Lebendigkeit einhüllen. Für uns ist auf Reisen beides wichtig – Entspannung und ein unvergessliches Abenteuer.

Eine der ersten Handlungen zu Beginn einer Reise ist das Ablegen unserer Uhren. Um die Zeit auszublenden und jeden Moment noch mehr wahrzunehmen. Ohne Zeitdruck in eine fremde Kultur eintauchen und neue Gerüche, Geräusche und Menschen kennenlernen, das wollen wir. Reisen bedeutet für uns, die Schönheit der Welt zu entdecken und uns einfach treiben zu lassen. Das erste Mal frei lebende Elefanten in Sri Lanka gesehen, in Neu-Dehli einen kompletten Kulturschock bekommen, in Kambodscha ein Yoga-Retreat besucht, in Indonesien bei Dunkelheit einen

Vulkan bestiegen oder in Belize mit Haien und Stachelrochen getaucht – unser Herz springt alleine bei dem Gedanken an die schönen Erinnerungen im Dreieck. Durch unsere vielen kleinen oder großen Abenteuer haben wir schon etliche Male unsere Komfortzone verlassen müssen und über den Tellerrand hinausblicken können. Einfach mal die individuellen Grenzen austesten und Erfahrungen sammeln, die die Persönlichkeit stärken – genau das bedeutet Reisen für uns.

Urlaub kann aber auch eine Flucht aus dem Alltag sein. Eine Möglichkeit, seine Probleme und sein eintöniges Leben zurückzulassen, denn mit Meeresrauschen im Ohr und Sand unter den Füßen sieht die Welt gleich ganz anders aus. Gedanklich tauscht man plötzlich Sorgen wie „Hab ich noch genügend Kaffee zu Hause?" oder „Mein Chef möchte, dass ich Überstunden mache" in „Welche Freizeit- aktivität könnte ich morgen probieren?" oder „Welchen schönen Ort besuche ich als Nächstes?".

Reisen ist ein Gewinn für alle Bereiche des Lebens und bietet Gesprächsstoff, der über den gewöhnlichen Alltagstrott hinausgeht. Wir sind der Meinung, die Welt ist ein wunderbarer Ort, den man unbedingt erkunden sollte. Viele kleine Abenteuer erwarten dich, geheime Strände auf thailändischen Inseln, Straßenküchen, die nichts für empfindliche Mägen sind, Einheimische, die einen zum Essen nach Hause einladen, oder hohe Berge, die bestiegen werden wollen. Danach werdet ihr reicher sein als je zuvor – nicht an Geld, an Erfahrungen. Eure Kamera wird glühen von all den Bildern der Sehenswürdigkeiten, die später eure Wände zieren werden, und euer Adressbuch wird mit Kontakten von vielen tollen und spannenden Menschen gefüllt sein.

Reisen ist so viel mehr als Urlaub, weil wir außerdem die Dinge, die wir zu Hause als selbstverständlich verstanden haben, wieder lernen, wertzuschätzen. Dinge wie das eigene Bett, Trinkwasser aus der Leitung und Zeit mit Familie und Freunden.

Erinnerungen, die auf Reisen gesammelt werden, halten für die Ewigkeit, und man denkt noch Jahre später an den schönsten Sonnenuntergang zurück oder lacht über die witzigsten Momente.

Was ist der Unterschied zwischen einem Touristen und einem Reisenden? Eine Frage, die sich wahrscheinlich die wenigsten Menschen stellen. Vielleicht lässt sich ein Tourist so definieren: jemand, der auf Reisen das Gleiche sucht, was er auch zu Hause finden kann – die gleichen Gerichte, die gleiche Sauberkeit und den gleichen Komfort. Ein Reisender und ein Tourist haben nur eins gemeinsam, und zwar, dass sie an einem Ort sind, den sie nicht ihr Zuhause nennen. Bei dem Wort Tourist haben viele, auch wir, schnell die klassischen Klischees vor Augen: Liegen vor dem Pool werden bereits frühmorgens mit hoteleigenen Badetüchern reserviert, die Bauchtasche ist stets dabei, der Sonnenbrand meist inklusive, und wenn es sich ergibt, wird das Hotel während des gesamten Aufenthalts maximal zweimal verlassen, um sich mit den anderen Touristen im Rahmen einer Tagestour die nähere Umgebung anzusehen. Gerne wird sich auch über das langweilige Frühstück beschwert und die Hausmannskost vermisst. Natürlich sind das alles Klischees, aber sagt man Klischees nicht oft nach, dass sie vor allem deshalb so gemein sind, weil sie meist der Wahrheit entsprechen?

Aber wie erkennt man jetzt einen Reisenden? Ist es ein Rucksackreisender, der nur wenige Tage an einem Ort bleibt, um viel von Land und Leuten zu sehen? Oder jemand, der nur abseits der regulären Urlaubsorte unterwegs ist und Strände, die nicht menschenleer sind, meidet? Ist es vielleicht jemand, der im Jahr zwei Reisepässe braucht, weil er nonstop Länderstempel sammelt? Wir glauben, ein Reisender ist jemand, der sich wirklich auf ein Land einlässt, jemand, der die Kultur eines Landes entdecken und verstehen möchte, jemand, der keine Erwartungen an einen Ort hat, sondern lieber unvoreingenommen das Abenteuer auf sich zukommen lässt. Ein Reisender interessiert sich für die lokale Wirtschaft und versucht im besten Fall, einen unterstützenden Beitrag zu leisten. Reiseführer und Reiseblogs sind für ihn wichtig, aber die richtig guten Tipps erhält er von Einheimischen oder anderen Reisenden. Planen ist manchmal zwar sinnvoll, aber letztendlich lässt sich ein Reisender wahrscheinlich eher treiben und lebt den Moment. Wir möchten damit nicht sagen, dass jeder als Reisender durch die Welt ziehen muss, mit Rucksack bepackt, und das einzig Wahre die unbekannten Ecken sind. Vielmehr geht es um die Einstellung als um solche äußerlichen Merkmale. Wenn wir ehrlich sind und unseren Ist-Zustand realistisch betrachten, sehen wir uns selbst irgendwo zwischen Reisender und Tourist. Wir lieben es, ein Teil des Landes zu werden und Neues zu lernen, freuen uns aber auch über einen Kaffee mit Hafermilch und ein Vollkornbrot mit Avocado.

Wir als Reiseblogger stellen uns oft die Frage: Sind ein nachhaltiges Leben und die Freude am Reisen eigentlich noch vereinbar? Können wir mit unseren Reiseberichten in den sozialen Medien und auf unserem Blog die Menschen überhaupt sinnvoll inspirieren, ohne dabei ein schlechtes Gewissen zu haben? Oder sollten wir uns endlich eingestehen, dass Reisen nicht klimafreundlich sein kann und wir darum nicht andere noch dazu auffordern oder motivieren sollten, selbst zu reisen?

Wir haben uns damals dazu entschieden, das hier hauptberuflich zu machen und unser Leben dem Reisen zu widmen. Wir könnten natürlich auch sagen: Viele fahren mit dem Auto jeden Tag zur Arbeit, fliegen vielleicht sogar zu Meetings von München nach Berlin oder Hamburg, da brauchen wir als Reiseblogger kein schlechtes Gewissen haben. Aber der Versuch, sein Leben nachhaltiger zu gestalten, ist kein Wettbewerb. Es gibt am Ende keinen Gewinner oder Verlierer. Wir möchten nicht sagen, dass wir nicht mehr in ein Flugzeug steigen, aber wir wollen zeigen, dass es auch Wege gibt, wie sich beispielsweise ein Flug vermeiden lässt. Wenn wir Menschen eins nur sehr schwer können, ist es verzichten. Wir können es nicht leiden, wenn uns jemand mit erhobenem Zeigefinger begegnet und uns sagt, was wir zu tun und zu lassen haben, sondern vielmehr wollen wir lieber einen Wegbegleiter, der uns sanft an der Hand nimmt, wenn uns danach ist. Man muss nicht auf das Reisen oder das Entdecken neuer Kulturen verzichten, wir sollten es nur gemeinsam bewusster gestalten. Wir möchten mit unserem Lebensstil Menschen inspirieren und ihnen zeigen, dass es nicht darauf ankommt, alles perfekt machen zu müssen, sondern jeder kleine Schritt in die richtige Richtung wichtig ist.

Das Fliegen ist dabei ein großes Thema. Wir verzichten bewusst auf Inlandsflüge, weil wir darin einfach keinen Sinn sehen. Es kam auch schon mal vor, dass wir Pressereisen absagten, da wir die Anreise mit unserem Gewissen nicht vereinbaren konnten. 2019 wurden wir beispielsweise für eine bezahlte Reise nach Schweden eingeladen. Insgesamt waren vier Tage für diesen Trip angesetzt. Anreisen hätten wir mit dem Flugzeug sollen. Es war gut bezahlt und Schweden ein Land, welches sowieso schon seit längerer Zeit auf unserer Wunschliste stand. Doch letztlich entschieden wir uns dagegen. Es erschien uns irrsinnig, einen Ort in Schweden zu besuchen und die Nachhaltigkeitskriterien vor Ort hervorzuheben, aber für 96 Stunden Aufenthalt mit dem Flugzeug hin- und herzufliegen. Wir sind uns sicher, wir werden noch eine Reise nach Schweden unternehmen – allerdings unter anderen Bedingungen. In Europa ist das Reisen ohne Flugzeug möglich – zumindest, wenn Zeit vorhanden ist und auch mal der Weg das Ziel sein darf. Natürlich dauert das Ganze deutlich länger. Wenn man mit dem Zug nach Paris fahren möchte, ist man schon einige Stunden unterwegs, aber sieht dafür auch wunderschöne Landschaften und entdeckt Orte, die man vom Flugzeug aus nicht sehen würde.

Manchmal entscheiden wir jedoch auch intuitiv aus dem Bauch heraus und sind nicht so konsequent wie bei diesem Schweden-Beispiel. Dann hören wir auf unser Abenteuerherz und sagen Ja. Umweltfreundlicheres Reisen bedeutet für uns nicht, immer jede Entscheidung richtig zu treffen, sondern insgesamt überwiegend verantwortungsvoll zu handeln und bewusster zu reisen – auch wenn es bedeutet, manchmal eine Reise abzusagen oder aber sich mit seinem schlechten Gewissen rumplagen zu müssen.

Kurzurlaube erfreuen sich immer größerer Beliebtheit. Einfach mal spontan dem Alltagsstress entfliehen und ein kleines Abenteuer erleben. Wir sind auch ohne jeden Zweifel riesige Fans von Kurzurlauben und spontanen Abenteuern. Diese müssen aber nicht immer Tausende Kilometer entfernt von uns sein, denn Abenteuer warten auch direkt vor unserer Haustür. Auch Deutschland beispielsweise hat so einiges zu bieten – denken wir nur an das Allgäu, hippe Großstädte oder die Nordsee. Die Frage, die wir uns stellen sollten, könnte wie folgt lauten: Ist es mir persönlich wichtiger, möglichst viele Länderstempel im Reisepass zu sammeln und dabei von A nach B zu fliegen, oder könnte ich das, was ich suche, vielleicht auch schon ganz in meiner Nähe finden und dabei noch die Umwelt entlasten?

Es ist eine Tatsache, dass die Politik in Sachen Umweltschutz immer noch viel zu wenig aktiv handelt. Es liegt also vor allem an uns, kollektiv bewusster und achtsamer mit unserem Planeten umzugehen und mit etwas Verzicht eine signifikante Veränderung herbeizuführen. Das bedeutet nicht, dass wir aufhören müssen zu reisen, wir würden sogar so weit gehen zu behaupten, dass Reisen nicht nur bildet, sondern auch wichtig ist, um das große Ganze zu verstehen. Uns jedenfalls wurden in den letzten Jahren die Augen geöffnet, und das nicht nur einmal. Wären wir zu Hause geblieben, hätten wir unser Mindset von heute womöglich nicht erreicht und würden mit hoher Wahrscheinlichkeit nicht dieses Buch schreiben und unsere Erfahrungen mit anderen Menschen teilen können. Wichtig sind kleine, bewusste Schritte im Alltag und unterwegs. Wir dürfen nicht vergessen, welche positiven Langzeitfolgen das Reisen für die persönliche Entwicklung haben kann und dass es uns lehrt, komplexe Zusammenhänge zu verstehen. Zusammenhänge, die man eben nicht in der Schule beigebracht bekommt.

Wir sind uns sicher: Wenn jeder sein Reiseverhalten etwas anpassen würde, gäbe es weniger Grund für ein schlechtes Gewissen. Ähnlich verhält es sich mit der kommerziellen Landwirtschaft. Wären mehr Menschen dazu bereit, nur einmal pro Woche Fleisch und tierische Produkte zu essen (und auch die Wurstsemmel zwischendurch wegzulassen), hätte die Massentierhaltung nicht ein solches Ausmaß angenommen, wie sie es heute hat. Wir hätten nicht das Problem, dass Regenwälder in Brasilien im Sekundentakt abgeholzt werden, als gäbe es kein Morgen mehr, wenn sich kollektiv für einen bewussteren Konsum entschieden würde. Und ganz sicher gäbe es weniger Tierleid. Übrigens fing bei uns das Umdenken und die Sicht auf das große Ganze vor allem mit der Ernährungsumstellung an, aber dazu später noch mehr. Was wir mit diesem kleinen Exkurs klarmachen wollen, ist, dass es beim Reisen viele Möglichkeiten gibt, dieses bewusster zu gestalten. Natürlich ist es sinnvoll, hierbei zu differenzieren, denn auch wenn es vielleicht dem einen oder anderen Spaß bringen mag: Wir sprechen nicht von Partyurlauben auf Mallorca oder Ibiza, denn ob und wie man diese nachhaltiger gestalten könnte, ist fraglich. Es geht uns viel mehr um ein bewussteres Reisen von Anfang an. Wer sich für den Ballermann entscheidet, wird auch beim Hotel, der Anreise und dem Konsumverhalten vor Ort wenig Interesse am Nachhaltigkeitsaspekt haben. Unser Ziel ist es, öko modern zu machen. Eine Mode, die nicht aus der Mode kommt und zum neuen Standard wird. Das wäre schön. Unser Wunsch ist es, dass Menschen sich vor ihrer Reise ganz automatisch Gedanken über ein verantwortungsvolleres Handeln auf dem Weg dorthin, vor Ort und danach machen. Also so, als gehöre es zur Reiseplanung ganz automatisch mit dazu. Wir sehen uns in der Pflicht, als Reise-Influencer zu vermitteln, dass kopfloses Reisen auf Dauer nicht gut geht. Es bedarf einer Umorientierung in der Gesellschaft. Und wenn wir nicht zu streng mit uns selbst sind und uns realistische Ziele setzen, kann das auch klappen.

Wir alle machen Fehler und niemand ist perfekt. Wissen ist Macht, weshalb es am besten ist, sich stets zu informieren und auf dem neuesten Stand zu bleiben. Wir haben auf Reisen schon viele schlimme Dinge gesehen. Erst letztes Jahr in Vietnam haben wir zwei Fische, die eigentlich zum Tode im Kochtopf verurteilt waren, aus Plastikwannen am Straßenrand freigekauft und vor allen Menschen am Strand freigelassen. Die Menschen jubelten und Kinder sind ganz aufgeregt auf uns zugekommen und freuten sich mit uns. Einer der Fische war schon sehr schwach und wir dachten, er würde es nicht überleben. Doch er überlebte und schwamm in das offene Meer hinaus. Das war wirklich ein sehr emotionaler und schöner Moment, der zeigte, wie viel Kraft ein noch so kleiner Schritt haben kann.

Eine gute Planung ist beim nachhaltigen Reisen sehr wichtig. Wir informieren uns im Vorfeld über das Land, die Kultur und die Gegebenheiten vor Ort. Da wir beide eine pflanzliche Ernährung verfolgen, entlasten wir dadurch nicht nur das Klima, sondern unterstützen auch das vegane Angebot an Cafés und Restaurants vor Ort. Wir machen die klimafreundlichste Ernährungsform durch unseren Content auf Instagram zur Normalität und zeigen, dass sich diese auch unterwegs verfolgen und umsetzen lässt. Dies ist aber längst nicht alles, was wir beachten.

Die Planung fängt mit der Wahl des richtigen Reiselands an. Wir überlegen, welches Land wir bereisen und was wir dort erleben wollen. Wenn wir tatsächlich nur am Strand entspannen wollen, fliegen wir nicht um die halbe Welt, sondern suchen uns ein nahe gelegenes Reiseland in Europa aus, welches wir gegebenenfalls mit dem Zug erreichen können. Wenn wir eine Kultur entdecken möchten, überlegen wir im Vorfeld, was uns die Reise bringen kann und wie wir sie am besten und klimafreundlichsten gestalten können. Viele wunderschöne Orte sind ganz einfach auch ohne Flugzeug zu erreichen. Generell verzichten wir auf Flugreisen innerhalb Deutschlands und Europas und nehmen stattdessen die Bahn oder andere öffentliche Verkehrsmittel. Sollten wir doch mal fliegen, versuchen wir mindestens vier Wochen an einem Ort zu bleiben und unseren dadurch entstandenen CO_2-Ausstoß mit einem der zahlreichen Anbieter zu kompensieren. Auch Unternehmen können Flüge für ihre Mitarbeiter ausgleichen, aber was bringt die Kompensation und wie funktioniert diese? Es ist kein Geheimnis, dass ein Flug von allen Transportmöglichkeiten den größten ökologischen Fußabdruck hinterlässt. Ein Slogan eines Kompensationsunternehmens und auch unsere Devise lautet: vermeiden, vermindern, kompensieren. Auch dazu später mehr.

Bei der Frage, wie sich Reisen und Nachhaltigkeit verbinden lassen, ist unser erster Gedanke meist an die Entfernung gekoppelt. Dieses Jahr waren wir vor allem viel in Europa unterwegs. Auch ist es für uns mittlerweile eine Selbstverständlichkeit, unterwegs bewusst einzukaufen und zu konsumieren. Wir bevorzugen es sowohl zu Hause als auch im Ausland, regional und saisonal in Bioläden einzukaufen, Mülltrennung zu beachten und Verpackungsmüll möglichst gering zu halten. Wir unterstützen keine Fast-Fashion-Konzerne, sondern besuchen auch auf Reisen lieber Secondhandläden oder faire Läden, wenn wir neue Kleidung kaufen möchten. Auch Tiertourismus, All-inclusive-Urlaube und klimaunfreundliche Aktivitäten wie Skifahren oder das Besuchen touristischer Sehenswürdigkeiten mit Massenansammlungen und daraus resultierender Zerstörung der Region lehnen wir ab. Nachhaltigkeit auf Reisen ist zwar umfassend, aber leichter umzusetzen, als man denkt.

KAPITEL 6

MOBILITÄT UND REISEN

Mittlerweile lässt sich innerhalb Europas so ziemlich jedes Ziel sowohl mit Flugzeug oder Auto als auch mit Bahn und Bus erreichen. Während für manche Touristen die Fahrtkosten ausschlaggebend sind, entscheidet bei anderen die Fahrtzeit. Mit dem Fahrrad lassen sich kurze Strecken superschnell zurücklegen, aber man kommt damit nur schwer nach Kapstadt. Während in der Bahn Zeit zum Lesen und Arbeiten bleibt, vorausgesetzt es gibt eine Steckdose für den Laptop, muss man sich hierbei an Fahrpläne halten. Zwar ist man mit wohl kaum einem Verkehrsmittel so flexibel wie mit dem eigenen Auto, aber die Parkplatzsuche und potenzielle Staus können die Anreise schnell zu einer nervlichen Zerreißprobe werden lassen.

Es hängt vermutlich nicht nur von der persönlichen Präferenz ab, für welches Fortbewegungsmittel man sich entscheidet, sondern auch vom Anlass. Laut der Forschungsgemeinschaft Urlaub und Reisen legen mehr als die Hälfte der deutschen Reisenden Wert auf verantwortungsbewussten Urlaub und möchten aktiv einen Beitrag dazu leisten.[13] Allerdings steigt auch die Anzahl der Kurztrips, was vermuten lässt, dass die guten Vorsätze eventuell schnell verfliegen, wenn es darum geht, konkret in Aktion zu treten. Die Form des Reisens kann also sehr unterschiedlich sein. Während die einen aus zeitlichen Gründen das Flugzeug bevorzugen, genießen es andere regelrecht, mit dem Zug zu verreisen und damit mehrere Stunden mit sich selbst alleine zu sein.

Auf den folgenden Seiten widmen wir uns dem Verkehrsmittelvergleich und beleuchten, welches Fortbewegungsmittel die Umwelt am stärksten belastet, die meiste Zeit spart und am kostengünstigen ist. Außerdem wollen wir wissen, welche Rollen Flugreisen, Kreuzfahrtschiffe und Campingurlaub für die Deutschen spielen.

BUS, BAHN UND AUTO IM DIREKTEN VERGLEICH

Jedes dieser drei Verkehrsmittel hat spezifische Vor- und Nachteile. In erster Linie ist es wichtig, den Auslastungsgrad bei einem Vergleich einzubeziehen, wenn es um die Umweltfrage geht. Denn mit zunehmender Besetzung des Fahrzeugs verbessert sich die Klimabilanz pro Person. Während pro Autofahrt durchschnittlich 1,5 Personen im Wagen sitzen und somit nur etwa 30 Prozent ausgelastet sind, schneidet die Bahn diesbezüglich mit 42 Prozent Auslastung besser ab. Diese Tatsache führt sogar dazu, dass der Reisebus im Umweltvergleich noch besser abschneidet als der Zugverkehr, denn Fernreisebusse sind meist bis auf den letzten Platz ausgebucht. Im Umkehrschluss bedeutet diese Berechnung allerdings auch, dass ein Auto durchaus klimafreundlicher sein kann als die Bahn, nämlich dann, wenn das Auto voll besetzt ist und die Bahn die jeweilige Strecke mit vielen freien Sitzplätzen fährt. Nachdem öffentliche Verkehrsmittel allerdings sowieso fahren, da diese an einen Fahrplan gekoppelt sind, wäre es natürlich nachhaltiger, Bus oder Bahn für die An- und Abreise in Erwägung zu ziehen, anstatt zusätzlich das Auto in Bewegung zu setzen.

Wenn es um das Thema Auto geht, lässt sich lange und hitzig diskutieren. In großen Städten ist es sehr einfach, ohne Auto von A nach B zu kommen. Aber in ländlicheren Gegenden, in denen nur einmal am Tag ein Bus fährt, ist man auf das Auto schon verstärkter angewiesen. Wir haben schon oft in Biohotels übernachtet, die sehr abseits lagen und von wo aus man das Zentrum oder den Strand nur mit Auto oder Roller erreichen konnte. Bei einer Städtereise ist es ganz einfach, denn hierbei kann man die öffentlichen Verkehrsmittel nutzen und somit auf einen Leihwagen verzichten. Das spart nicht nur Geld, sondern ist auch deutlich nachhaltiger.

Die Bahn hat in ihrer Klimabilanz insgesamt trotzdem die Nase vorn, denn diese ist nicht nur fähig, viele Passagiere zu befördern, sondern wird im Fernverkehr mittlerweile vollständig elektrisch betrieben. Nachdem die Bahn den Strom auch immer mehr aus erneuerbaren Energien bezieht, stehen die Chancen gut, dass dieses Verkehrsmittel von der bewusst nachhaltig reisenden Gesellschaft auch weiterhin gerne genutzt wird.

Damit öffentliche Verkehrsmittel stärker genutzt werden und ein generelles Umdenken stattfindet, soll die CO_2-Steuer Abhilfe schaffen. Denn wer CO_2 produziert, soll laut Bundesregierung im Rahmen dieser Steuer auch dafür bezahlen. Demnach soll es ab 2021 eine Abgabe auf den CO_2-Ausstoß im Verkehrs- und Gebäudesektor geben, dabei wird pro Tonne erzeugtes Kohlenstoffdioxid eine festgelegte Summe eingefordert. Geplant sind zunächst zehn Euro pro Tonne CO_2, bis 2025 soll die Abgabe auf 35 Euro steigen. Laut Experten müsste die Steuer so hoch sein, dass es für Verbraucher attraktiv ist, zu einer nachhaltigeren Alternative zu wechseln. Gleichzeitig sollte diese aber auch nicht zu hoch sein, um Privatpersonen und Unternehmen nicht zu überfordern. In Norwegen, der Schweiz und in Liechtenstein wird die CO_2-Emission schon seit mehreren Jahren besteuert. Tatsächlich gibt es in der EU bereits ein ähnliches Instrument, um die Treibhausgasemissionen zu reduzieren, und zwar den Europäischen Emissionshandel. Hierbei können Unternehmen aus der Energiewirtschaft Emissionszertifikate kaufen und zahlen somit einen Ausgleich. Dieser wird meist an den Verbraucher weitergegeben, indem der Preis wie beispielsweise bei Flügen zum Ticket addiert wird. Allerdings hat der Europäische Emissionshandel in der Summe wenig bewirkt, da die Preise angeblich zu niedrig angesetzt waren. Ob eine CO_2-Steuer dem Klimaziel von Deutschland entgegenkommt, wird sich zeigen. Ein guter Ansatz ist es unserer Meinung nach definitiv.

Reisen ist auch immer eine Kostenfrage. Das günstigste Verkehrsmittel sind immer noch die eigenen Füße. Hier benötigt man nur Zeit, aber kein Geld. Wir lieben es, einfach mal zu Fuß oder per Fahrrad die Umgebung zu entdecken, denn so erlebt man meistens mehr als mit Bus, Zug oder Auto. Viele Dinge ziehen dann eben nicht einfach nur an einem vorbei, sondern man ist mehr oder weniger mittendrin. Im Urlaub leihen wir uns gerne ein Fahrrad im jeweiligen Hotel aus und fahren spontan drauflos. Oft lassen sich dadurch Orte entdecken, die man sonst wahrscheinlich nie gefunden hätte. Außerdem erübrigt sich mit dem Fahrrad die Parkplatzsuche.

Für weitere Strecken braucht es oft natürlich schon mehr als ein Fahrrad oder gesunde Füße. Dank Sparpreisen bei Bus und Bahn verreist es sich damit meist günstiger als mit dem Auto, denn steigende Benzinpreise spielen diesem auch nicht unbedingt in die Karten. Mit Ermäßigungen und Dauer-Angeboten lässt sich mit der Bahn beispielsweise schon ab 29 Euro durch ganz Deutschland fahren. Autofahren ist viel teurer, als die meisten denken, denn ein gefahrener Kilometer kostet zwischen 30 und 60 Cent, wenn von den Vollkosten ausgegangen wird. Hinzu kommen bei einem eigenen Fahrzeug auch noch Kosten für Steuern und Versicherung sowie Wartungs- und Reparaturkosten. Pauschal ist es aber trotzdem schwer, die preisgünstigste Variante zu benennen, denn auch hier gilt wieder: Wer das Auto auslastet und sich die Benzinkosten teilt, spart Geld und verringert seinen ökologischen Fußabdruck. Tickets für Bus und Zug sind manchmal auch richtiger Wucher und können ein großes Loch in die Reisekasse reißen, wenn man nicht rechtzeitig bucht oder Glück hat. Umweltfreundliches Reisen ist aber nicht per se teurer, sondern benötigt manchmal einfach nur mehr Vorbereitungszeit und Planung.

Den meisten Reisenden ist es nicht nur wichtig, Geld, sondern auch Zeit zu sparen. Während man mit dem

Fahrrad zum Beispiel eine einfache Strecke von fünf Kilometern locker meistern kann, braucht man hierfür mit den Öffentlichen oder dem Auto oft eine halbe Ewigkeit. Als wir noch in München gewohnt haben, sind wir oftmals lieber auf das Fahrrad gestiegen und ein paar Kilometer gefahren, um unsere Freunde zu besuchen, anstatt den Bus zu nehmen, denn mit dem enormen Verkehr hätten wir für die gleiche Strecke etwa doppelt so lange gebraucht. Wenn man dieses Beispiel auf den Fernverkehr überträgt, waren in der Vergangenheit unserer Erfahrung nach das Auto und der Zug etwa gleich auf. Vor allem mit dem ICE kommt man heutzutage unglaublich schnell von Stadt zu Stadt. In weniger als fünf Stunden fährt man mittlerweile von München nach Berlin. Mit dem Auto spart man sich das Warten am Bahngleis und entgeht potenziellen Zugverspätungen. Dafür besteht das Risiko, im Stau zu stehen und stundenlang nicht vorwärtszukommen. Schneller ist meistens wahrscheinlich der Zug.

Und was den Zeitfaktor betrifft, sollten wir uns ohnehin öfter vor Augen halten, dass vor allem auf Reisen der Weg das Ziel ist.

FLUGREISEN

Für ein Wochenende nach Mallorca oder zum Shoppen nach New York – Dumpingpreise für Flüge machen genau das möglich, durch Billigflieger ist das Verreisen so günstig wie nie zuvor. Allerdings vergessen viele dabei gerne, wie schädlich ein einziger Flug für die Umwelt ist. Tatsächlich ist ein kurzer Flug von zwei Stunden nämlich genauso emissionsreich, wie ein ganzes Jahr mit dem Auto zu fahren.[14] Auch wir sind in unserem Leben und gerade zu Beginn unserer Reisegeschichte viel zu viel geflogen, und das, ohne uns großartig Gedanken darüber zu machen, wie sehr wir damit die Umwelt belasten. Aber heute gehören Inlandsflüge, Kurzurlaube oder das Reisen in Europa mit dem Flugzeug für uns nicht mehr zur Normalität und wir greifen lieber zu Alternativen.

Viele bekannte Urlaubsorte werden mittlerweile von Fluggesellschaften direkt ohne Zwischenlandung angesteuert. Beim Start produziert der Flugverkehr nämlich am meisten CO_2. Dies bedeutet, Direktflüge sind umweltfreundlicher. Auch Ziele wie Bangkok werden heutzutage schon direkt angeflogen. Wer also bewusst und mit Plan verreist, der kann Klimaschäden zumindest minimieren.

Eine Flugreise ist im Nachhaltigkeitsbereich dennoch das wahrscheinlich schlimmste ökologische Verbrechen, das eine einzelne Person begehen kann. Die dadurch entstandenen Emissionen erwärmen die Erde und die Folgen für Ökosysteme und Artenvielfalt sind fatal. Fluglärm belastet Menschen und Tiere gleichermaßen. Dazu kommt, dass ein Großteil der Menschheit noch nie geflogen ist. Die privilegierte Minderheit, zu der auch wir gehören, fliegt auf Kosten der Umwelt, die uns allen gehört. Obwohl wir alle die Fakten kennen, fliegen wir ungeniert weiter in den Urlaub. Möglich machen dies vor allem Billig-Airlines. Zum Teil lässt sich heutzutage schon billiger auf die Kanaren fliegen als mit dem Taxi zum Flughafen fahren.

Mittlerweile wird sogar über Stehplätze im Flugzeug diskutiert, damit noch mehr und noch günstiger geflogen werden kann. Der Flugverkehr wird seit Jahren staatlich gefördert und bei Auslandsflügen entfällt sogar die Mehrwertsteuer. Wäre es nicht wichtiger, die Bahn, eines der klimafreundlichsten Verkehrsmittel unserer Zeit, verstärkt zu subventionieren, um Tickets günstiger anbieten zu können und somit das Reisen mit dem Zug attraktiver zu machen?

Dass es sich extrem aufwendig gestaltet, mit dem Zug nach Südostasien zu kommen, ist klar. Allerdings behaupten wir, dass in vielen Fällen das Flugzeug einfach und günstig durch Alternativen ersetzt werden kann. Wir lehnen uns hiermit aus dem Fenster und sagen: Inlandsflüge und Flüge in Europa sind überflüssig. Wir glauben, dass es für die meisten von uns absolut machbar ist, Kurzstrecken wie diese mit dem Flugzeug zu vermeiden, denn wir haben es selbst getestet. Ob mit dem Wohnmobil nach Spanien, mit dem Auto nach Dänemark oder mit dem Zug nach Paris – all das ist mittlerweile relativ bequem möglich.

Beim Blick in andere Länder fällt oft auf, dass uns diese beim Thema Mobilität weit voraus sind. In Japan beispielsweise gehören Schnellzüge zur Infrastruktur dazu wie die Tasse zur Teekanne. Japans Shinkansen-Züge sind extrem schnell und immer zuverlässig. Die aktuelle Generation dieser Züge fährt von Großstadt zu Großstadt mit 320 km/h. Weitere Generationen sollen in Zukunft sogar die 400-km/h-Marke knacken.

Um auch unseren Kindern noch eine Welt, wie wir sie kennen, hinterlassen zu können, sollten wir uns jetzt über Alternativen zum Reisen mit dem Flugzeug ernsthaft Gedanken machen.

Wir sind außerdem der Meinung, dass man lieber länger am Stück verreisen sollte, als öfter für kürzere Zeit, gerade in Bezug aufs Fliegen. Denn nichts ist so kostspielig wie ein Kurztrip übers Wochenende. Wer nicht nur das Klima schützen möchte, sondern auch noch seinen Geldbeutel, der verreist am besten einmal im Jahr für ein paar Wochen und verzichtet auf viele Kurztrips. Zugegeben funktioniert dies in der Theorie meist besser als in der Praxis. Auch wir verreisen gerne mal für ein paar Tage, wenn wir mal einen Tapetenwechsel brauchen. Dagegen spricht im Hinblick auf die Nachhaltigkeit auch nichts, wenn man dafür nicht ständig in ein Flugzeug steigt. Es ist jedoch bewiesen, dass unsere Psyche und unser Wohlbefinden eher davon profitieren, wenn wir uns länger an einem Ort aufhalten, anstatt viele kleine Reisen mit Unterbrechungen zu erleben. Der Tiefenerholungseffekt tritt tatsächlich erst nach zwölf Tagen ein. Kein Wunder, denn auch Körper und Geist brauchen eine gewisse Zeit, um sich an neue Gegebenheiten wie das Wetter und die lokale Küche anzupassen. Erfahrungsgemäß dauert es bei uns je nach Reiseziel mindestens zwei Tage, bis wir richtig realisieren, wo wir gelandet sind, und bis wir uns auf die neue Umgebung einlassen können.

Mittlerweile ist es nahezu zum Trend geworden, mehrere Monate in warmen Ländern zu überwintern. Wer Zeit und Geld hat, verabschiedet sich gerne für ein paar Monate von Deutschland und füllt seine Vitamin-D-Reserven auf. Für einen mehrwöchigen Urlaub braucht es allerdings nicht nur Zeit und Geld, sondern auch einen verständnisvollen Arbeitgeber. Doch durch die Digitalisierung und flexiblere Arbeitsverhältnisse ist es inzwischen oft möglich, seine Arbeit dorthin mitzunehmen, wo andere Urlaub machen. Uns selbst drückt die wochenlange graue Winterzeit massiv auf die Stimmung, wir neigen zu Winterdepression und versuchen daher, einmal im Jahr für mindestens vier Wochen der Sonne hinterherzureisen. Meist zieht es uns dafür nach Bali oder Thailand. Auch wenn wir den Flug kompensieren und vor Ort versuchen, einen sozialökonomischen Beitrag zu leisten, plagt uns manchmal doch unser Gewissen, egoistisch gehandelt zu haben. Wir würden lügen, wenn wir behaupteten, dass wir jedes Mal ohne schlechtes Gewissen dem Winter entfliehen. Allerdings geht es uns in den letzten Jahren vor allem mehr um das eigene Bewusstsein dafür. Wir alle sollten uns vor jeder Reise die entscheidende Frage stellen, ob die zurückgelegte Entfernung im Verhältnis zur Aufenthaltsdauer steht. Bei Fernreisen muss für uns die Reisedauer stimmen. Für zwei Wochen würden wir nicht nach Bali oder Thailand reisen, denn das erscheint uns schlichtweg absurd. Wir verstehen aber auch, wenn es Leute tun. Gerade dann, wenn man dem Winter entfliehen möchte, aber nicht mehr als zwei Wochen am Stück von der Arbeit freigestellt wird. Es gibt unzählige verschiedene Situationen und wenn wir in den letzten Jahren eins gelernt haben, dann, dass wir alle mit einem Perspektivenwechsel viel mehr Akzeptanz aufbringen können. Wir sprechen von unseren Erfahrungen und Meinungen. Allerdings bedeutet das nicht, dass wir Menschen nicht verstehen, die für vierzehn Tage nach Bali reisen. Wir sagen nur, für uns käme es nicht infrage. Jeder entscheidet für sich, und das nach bestem Wissen und Gewissen. Generell sollten wir niemanden für seine Entscheidungen auf- oder abwerten, denn am Ende lebt jeder sein eigenes Leben. Vielleicht können wir es aber schaffen, bedachter mit dem Thema Fernreisen umzugehen und uns vor jeder konkreten Reiseplanung selbst die Frage zu stellen: Muss das sein, oder gäbe es auch eine umweltfreundlichere Alternative in der Nähe? Definitiv gilt: Je weniger Fliegen, desto besser!

Wer das Fliegen nicht vermeiden oder vermindern kann, dem legen wir ans Herz, einen Ausgleich zu zahlen und damit die Flugreise zu kompensieren. Für ein besseres Gewissen und klimaneutrales Reisen. Die Idee dahinter ist, die beim Flug verursachten CO_2-Emissionen an anderer Stelle zu entlasten. In den letzten Jahren sind zahlreiche Klimaschutzplattformen entstanden, mit denen Flugpassagiere ihre verursachten Emissionen berechnen und ausgleichen können. Wir nutzen für unsere Kompensation die Plattformen Mindfulflights oder Atmosfair. Das System ist einfach: Nachdem der Flug gebucht wurde, gibt man Abflug- und Ankunftsort bei der jeweiligen Webseite ein, und diese berechnet anschließend automatisch die dadurch entstandenen Emissionen. Für einen einfachen Flug von München nach London werden beispielsweise 0,33 Tonnen CO_2 ausgestoßen. Hin und zurück ergibt das eine Summe von einer guten halben Tonne. Der Ausgleich kostet den Passagier in diesem Fall etwa 13 Euro. Mit der Ausgleichszahlung werden verschiedenste soziale und ökologische Projekte weltweit unterstützt. Das sind zum Beispiel zertifizierte Projekte zum Schutz des Amazonas-Regenwaldes, zur Entwicklung erneuerbarer Energien in Indien oder zur Gewährleistung der Trinkwasserversorgung in Bangladesch. In Zahlen sind das 160 Quadratmeter Amazonas-Regenwald, die bei einem Flug von München nach London geschützt werden können. Mit einer Kompensationszahlung bei einer anderen

99

Plattform unterstützt man beispielsweise Windkraftanlagen in Taiwan, Kleinwasserkraftwerke in Honduras, Biogasanlagen in Nepal oder den Bau von Biomassekraftwerken in Indien. Dort beliefern Tausende Kleinbauern die Biomassekraftwerke mit Ernteresten aus dem Senfanbau und erzeugen dadurch Strom. Wir finden, wenn sich ein Flug nicht vermeiden lässt, ist es durchaus eine sinnvolle Idee, diesen zu kompensieren. Es hat auch unserer Meinung nach wenig mit Heuchelei zu tun, denn Reisende, die sich dazu entschieden, einen Ausgleich zu zahlen, haben sich zumindest mit der Thematik beschäftigt und gehen bewusst mit dem Fliegen um. Und das ist doch etwas sehr Positives.

GESCHÄFTSREISEN

Etwa 70 Prozent aller Geschäftsreisen, die Deutsche unternehmen, sind innerdeutsche Reisen.[15] Auch bei vielen Unternehmen ist die Klimadebatte mittlerweile angekommen. Auf Geschäftsreisen zu verzichten ist nicht in allen Bereichen möglich, aber durch die richtige Planung können vielleicht einige geschäftliche Reisen vermieden oder besser genutzt werden. Durch eine gute Koordination können möglichst viele Termine während einer Reise wahrgenommen werden, ohne ständig hin- und herfliegen zu müssen. Auch Fahrgemeinschaften sind eine tolle Option, wenn mehrere Mitarbeiter eine Reise mit ähnlichem Ziel vor sich haben.

Obwohl das Thema Nachhaltigkeit vielen Unternehmen am Herzen liegt, wird in der Summe noch zu wenig darauf geachtet. Laut dem Deutschen Zentrum für Luft- und Raumfahrt sind etwa 15 Prozent der Flugzeugpassagiere in

Deutschland im Rahmen einer Geschäftsreise unterwegs.[16] Nach wie vor kommen viele Branchen vermeintlich nicht ohne internationale Meetings aus, sodass morgens von Hamburg nach Madrid geflogen wird und abends wieder zurück. Das ist aber kein rein internationales Phänomen, besonders innerhalb Deutschlands wird oft lieber geflogen als mit der Bahn gefahren, denn das spart Zeit und manchmal auch Geld. Gerade bei Last-Minute-Buchungen ist die Bahn, die mit dem ICE vor allem zwischen den Großstädten für eine Zeitersparnis sorgt, oft für ihre Wucherpreise bekannt.

Bei Kurzstreckenflügen ist der CO_2-Ausstoß pro 100 Kilometer besonders hoch, denn Start und Landung verbrauchen mitunter am meisten Energie und fallen bei Kurzstrecken noch mehr ins Gewicht. Auch unsere Politiker fliegen gerne, vor allem von Berlin in die ehemalige Hauptstadt und zweiten Standort Bonn. Zumindest geht die Politik mit gutem Beispiel voran, wenn es um die Ausgleichszahlung geht. Alle Emissionen werden bei dienstlichen Reisen nämlich von der Regierung kompensiert. Seit 2020 halbiert zudem das Bundesumweltministerium die Zahl der Flüge zwischen Berlin und Bonn und hält Mitarbeiter von Ministerien an, die Bahn zu nutzen.

Größere Städte bieten mittlerweile Leihräder an. Diese sparen Zeit, um sich vor Ort fortzubewegen, da nicht ständig nach einem Parkplatz gesucht werden muss. Trotzdem wird auch bei Dienstreisen der Mietwagen bevorzugt. Auch die Frage, ob ein Vor-Ort-Termin immer nötig ist oder ob nicht auch eine Videokonferenz ausreicht, sollten sich Unternehmen unbedingt noch öfter stellen. In Zeiten der Digitalisierung müsste diese unserer Meinung nach noch viel häufiger das Mittel der Wahl sein. Gerade die

Corona-Pandemie 2020 hat gezeigt, dass vieles plötzlich geht, wenn es muss. Homeoffice und Videokonferenzen waren plötzlich die Norm. Zwar ist es nicht immer die bessere Alternative, aber an manchen Stellen wäre die Konferenz auf dem Bildschirm sicher realisierbar und alltagstauglich. Bei einer Geschäftsreise steht die Kosteneffizienz meist im Mittelpunkt. Angestellte sollen die Geschäftsreise mit geringen Kosten und in kurzer Zeit absolvieren. Manche Unternehmen glauben, Nachhaltigkeit sei mit größerem Aufwand und Kosten verbunden. Aber so ist es eben nicht, denn eine effizientere Planung kann helfen, die Reisekosten deutlich zu reduzieren. Auch Kunden finden einen umweltfreundlicheren Einsatz toll. Das ist gut fürs Image und kann zu einem Wettbewerbsvorteil werden. Vorausgesetzt, man baut Nachhaltigkeit in die Firmenphilosophie ein und vermittelt diese auch seinen Mitarbeitern, damit alle an einem Strang ziehen können. Eine umweltbewusste Geschäftsreise mitsamt Unterbringung in einem nachhaltig wirtschaftenden Hotel wird dann zum Standard im Unternehmen.

Nach wie vor verspüren viele Reisende den Wunsch, mindestens einmal in ihrem Leben eine Kreuzfahrt zu unternehmen. Das Angebot ist riesig, und die Preise sind erschwinglich. Wer schon mal am Hafen von Barcelona entlangspaziert ist, konnte die Ozeanriesen aus nächster Nähe beobachten. Von so einem Luxusliner auf das Meer inklusive romantischem Sonnenuntergang blicken zu können empfinden viele Menschen als Entspannungsurlaub auf höchstem Niveau. Kein Wunder, denn an Bord gibt es

nichts, was es nicht gibt. Vom Schwimmbad über Konzert-
bühnen mit Liveauftritten von bekannten Musikern bis hin
zum Hochseilgarten – eine Reise mit dem Kreuzfahrtschiff
lässt vermeintlich keine Wünsche offen. Vereinzelt bieten
Kreuzfahrtunternehmen auch Mottofahrten an. Diese sind
beim Publikum besonders beliebt. Freigetränke und Kon-
zert mit dem Lieblingssänger inklusive.

Wir Deutschen sind Kreuzfahrtweltmeister. In kaum einem
anderen Land erfreut sich diese Branche so hohem Zuspruch.
Die Anzahl der deutschen Passagiere hat sich in den letzten
zehn Jahren sogar verdreifacht. Auch wir haben schon mal
an einer Schiffsreise teilgenommen. Genauer gesagt an einer Flusskreuzfahrt auf der Rhône nach Südfrankreich. Im
Rahmen eines Wettbewerbs wurden wir zusammen mit vier
weiteren Bloggern auf das Schiff eingeladen, um die Flusskreuzfahrt zu testen. Da wir gerne Dinge ausprobieren, von
denen wir keine Ahnung haben, und man diese ja eigentlich
erst beurteilen kann, wenn man sie ausprobiert, sagten wir
zu. Wir wollten uns ein eigenes Bild machen. Im Nachhinein
können wir sagen, dass wir sehr gut nachvollziehen können,
warum diese Art zu reisen für viele so attraktiv ist: Man hat
sein Hotel immer dabei, braucht nicht jedes Mal den Koffer
neu zu packen, um einen anderen Ort zu sehen, und während
man im Bett liegt, kann man die vorbeiziehende Landschaft
bestaunen. Doch einiges war definitiv verbesserungswürdig:
Permanent liefen die Motoren, und der vorgesehene Landstrom wurde nicht verwendet. Auch das sehr üppige Buffet
und die damit einhergehende Nahrungsmittelverschwen-
dung waren uns ein Dorn im Auge, denn es blieb jeden
Tag superviel Essen übrig. Für das einstige Abwasser-Pro-
blem wiederum wurde für moderne Schiffe mittlerweile eine

Lösung gefunden, denn diese verfügen meist über eigens integrierte Kläranlagen an Bord.

Was aber definitiv eine weitere, wenn nicht sogar die schlimmste Problematik ist, die mit dem Kreuzfahrttourismus einhergeht, ist das Schweröl, mit dem die Ozeanriesen nämlich meist fahren. Laut der Wasserschutzpolizei von Kiel ist Schweröl gerade deshalb so gefährlich, weil das Rückstandsöl, welches im Übrigen zäh wie Straßenbelag ist, hochgiftige Stoffe enthält und somit als riesiger Klimakiller gilt.[17] Es wird verwendet, weil es billig und weltweit einfach zu beschaffen ist. Um die immer strenger werdenden Umweltschutzvorschriften einhalten zu können, werden sogenannte Scrubber eingesetzt. Das ist nichts anderes als ein Abgasfilter. Die Kreuzfahrtschiffe wären tatsächlich in der Lage, mit Marinediesel zu fahren, der deutlich weniger Schadstoffe freisetzt, aber dieser ist schlichtweg für die großen Unternehmen mit einem jährlichen Gewinnzuwachs in Millionenhöhe zu teuer. Freiwillig würden Unternehmen wie TUI, AIDA oder MSC bestimmt nicht auf den teuren Marinediesel umsteigen. Langfristig muss aber unbedingt ein anderer Weg eingeschlagen werden. Es gibt bereits einige Alternativen, wie Flüssiggas oder Brennstoffzellen, die ein Kreuzfahrtschiff antreiben könnten.

Die Branche wirbt oft mit der Aussage, dass eine Kreuzfahrt umweltfreundlicher sei als Fliegen. Dabei wird aber gerne die Information unterschlagen, dass die Passagiere meist auf die Kanaren, nach Dubai oder in die Karibik fliegen, bevor sie dann dort ihr Schiff besteigen und ihre Rundreise beginnen. Der Naturschutzbund Deutschland berichtet, dass ein Kreuzfahrtschiff am Tag so viel Feinstaub verursacht wie eine Million Autos.[18]

Natürlich kann man nicht sagen, dass Kreuzfahrtschiffe das größte Problem unserer Meere seien. Aktuell sind über 90 000 Schiffe weltweit unterwegs, aber der Großteil davon sind Frachtschiffe.[19] Fakt ist trotzdem, wenn man lediglich die 5000 Kreuzfahrtschiffe berücksichtigt, kommen erhebliche Schadstoffwerte zusammen.

Es gibt aber auch positive Nachrichten in Sachen Kreuzfahrt und Umweltschutz, denn hier tut sich immer mehr. AIDA hat vor wenigen Jahren ein Schiff vorgestellt, welches vollständig mit flüssigem Erdgas betrieben werden kann. Das Schiff wurde sogar mit dem Umweltsiegel Blauer Engel ausgezeichnet. In Zukunft möchte das Unternehmen ein noch grüneres Kreuzfahren ermöglichen, hierfür wird an synthetischen Treibstoffen und Brennstoffzellen an Bord geforscht.

Auch andere große Kreuzfahrtunternehmen arbeiten mittlerweile an einem nachhaltigen und umweltbewussten Konzept, um in Zukunft einen Urlaub auf offener See grüner zu gestalten. Manche von ihnen engagieren sich zum Beispiel für die Vermeidung von Mikroplastik an Bord, welches von dort aus direkt ins Meer gelangen würde. Dennoch, viele Länder und Städte protestieren gegen die Kreuzfahrten durch ihre Gewässer. So geschehen 2019 in Venedig, wo sich Demonstranten mit kleinen Booten gegen die Kreuzfahrtschiffe stellten und sie nicht passieren ließen. Viele kleine Altstädte werden bei einem Landgang regelrecht überrannt, wenn plötzlich 4000 Menschen auf einmal die Stadt erkunden wollen. Diese Situation wird vor allem dann problematisch, wenn mehrere Schiffe zur gleichen Zeit anlegen. Dazu kommt, dass Schiffsreisende oft nur einen geringen positiven Beitrag gegenüber der lokalen Bevölkerung

105

leisten. Denn das Essen ist bei der Reise inkludiert, sodass kein Anlass besteht, ein Restaurant vor Ort zu besuchen. Das Geld für die Ausflüge geht an die Reedereien. Ein weiteres Problem, das wir an dieser Stelle unbedingt ansprechen möchten, sind die Arbeitsbedingungen. Beschäftigte an Bord arbeiten unter hohem Druck und für einen geringen Lohn meist acht bis zehn Monate im Jahr, täglich zwischen zehn und zwölf Stunden, und das sechs bis sieben Tage die Woche. Um das Ganze möglich zu machen und um Steuern zu sparen, fahren viele Reedereien nicht unter deutscher Flagge. Denn sobald das Schiff den Hafen verlässt, gilt das Recht der Flagge, die dieses trägt. AIDA beispielsweise fährt unter italienischer Flagge und MSC unter der Flagge von Malta. Das Resultat ist, dass Beschäftigte weniger Ansprüche auf geregelte Arbeitsbedingungen haben, als sie nach deutschem Recht hätten.

Letztlich bestimmt wie immer die Nachfrage das Angebot, und wir als Verbraucher haben es in der Hand: Wenn wir mehr Wert auf das Thema Nachhaltigkeit legen, werden es auch die Reedereien tun. Die großen Schiffsunternehmen veröffentlichen in regelmäßigen Abständen Umweltschutz- und Nachhaltigkeitsberichte. Diese dienen dem Vergleich und helfen denjenigen bei der Entscheidungsfindung, die trotz Umweltbewusstsein auf den Urlaub mit dem Kreuzfahrtschiff nicht verzichten möchte. Wir würden uns wünschen, dass die Schiffe technisch auf den neuesten Stand gebracht werden und eine gesetzliche Regelung in Kraft tritt, diese nach dem Anlegen an Landstrom anzuschließen. Wenn Kreuzfahrt, dann bitte mit Verantwortung.

Kaum eine andere Art des Verreisens ist flexibler und näher an der Natur als Camping. Als wir im Herbst 2019 eine Tour mit dem Wohnmobil unternahmen, waren wir von dem Freiheitsgefühl total angefixt. Wir fuhren zum Königssee und von dort aus weiter nach Südtirol und übernachteten einfach dort, wo es uns gefiel. Über eine Serpentinenstraße sind wir hoch auf das Stilfser Joch, bestellten uns unterwegs eine Pizza Marinara zum Mitnehmen und ließen sie uns dann auf 2757 Meter zusammen mit einer einzigartigen Aussicht schmecken. Perfekt!

Unsere erste Campingerfahrung vor dieser insgesamt sechswöchigen Reise durch Europa hatten wir zwei Jahr zuvor an der Ostküste von Australien gemacht. Das Gefährt damals war deutlich kleiner, und das Bett bestand aus einer Sitzecke, welche jeden Abend umfunktioniert werden musste. Schon in Australien hatten uns die Unabhängigkeit und die damit verbundene Freiheit gereizt. Mit unserem Camper konnten wir die schönsten Ecken Australiens zu unserem Schlafplatz machen, schliefen im Wald oder direkt am Strand – mehr Freiheitsgefühl geht nicht.

Auf Nachhaltigkeit beim Campen zu achten ist nicht nur gut für die Umwelt, es profitiert auch der Geldbeutel. Denn sanfter Tourismus ist meistens günstiger als der konventionelle Urlaub. Auf einigen Campingplätzen gibt es Feuerstellen, die man zum Grillen nutzen kann, damit kann einiges an Gas oder Strom gespart werden. Außerdem sollte man die Klimaanlage oder die Heizung wirklich nur im Notfall nutzen. Es ist natürlich erst einmal sehr wichtig, dass man die Natur exakt so verlässt, wie man sie vorgefunden hat. Auf Reisen fällt einiges an Müll an, den man auch beim Campen ordnungsgemäß entsorgen sollte. Eine nachhaltige Packliste, die ihr auch in diesem Buch findet, kann hier schon einiges an Plastik sparen. Und beim Wandern nehmen wir unseren Müll immer mit und nutzen die ausgeschilderten Wege, logo.

Wir versuchen, auch beim Campen auf lokalen Märkten einzukaufen, um die Einheimischen zu unterstützen, und natürlich auch, um die kulinarischen Spezialitäten der jeweiligen Region kennenzulernen. Ein leckeres, frisch gebackenes Baguette aus Frankreich, hausgemachte Pasta aus Italien oder ein schmackhafter Apfelsaft aus Südtirol – was gibt es Besseres?

FAIR GEREIST AUF EINEN BLICK:

- Gute Auslastung verbessert die Ökobilanz von Verkehrsmitteln. Auch wenn die Bahn hier generell die Nase vorn hat, könnt ihr zum Beispiel Fahrgemeinschaften bilden, wenn es doch einmal nicht ohne Auto geht.

- Je weniger ihr fliegt, desto besser! Nutzt das Flugzeug nur für längere Strecken und nur, wenn es keine sinnvollen Alternativen, wie zum Beispiel Zug oder Bus, gibt.

- Ist ein Flug doch einmal unumgänglich, nehmt Direktverbindungen, plant längere Aufenthalte und kompensiert CO_2-Emissionen auf Plattformen wie Mindfulflights.com oder Atmosfair.de.

KAPITEL 7

UMWELT-FREUNDLICHER UNTERWEGS

Die schönste Zeit im Jahr ist doch wirklich die Urlaubszeit, oder etwa nicht? Für Umwelt und Klima ist allerdings genau diese Zeit oft eine starke Belastung. Wie ist es konkret machbar, fair und trotzdem mit Vergnügen zu reisen? Wie können wir beim Reisen auf das Klima achten und gleichzeitig einen tollen Urlaub verbringen?

Wer erinnert sich nicht mehr an die Zeit, als man das Reisebüro mit dicken Angebotskatalogen verließ, um anschließend zu Hause stundenlang darin zu blättern, bis man sich am Ende für eine Pauschalreise entschied? Die Zeiten sind längst vorbei. Während es einem vor wenigen Jahren noch schwerer gemacht wurde, die Urlaubsreise eigens zusammenzustellen, bastelt man sich heute mit wenigen Klicks im Internet seinen individuellen Traumurlaub zusammen.

Einige Unternehmen, Veranstalter und ganze Regionen haben es sich dabei zur Aufgabe gemacht, den Erhalt der Erde und das Wohlergehen der Einheimischen als wichtigsten

Indikator für ihre Angebote miteinzubeziehen. Auch jeder Einzelne von uns kann mit einfachen Möglichkeiten den Urlaub nachhaltig gestalten und nicht nur die Welt sehen, sondern diese dabei sogar noch ein bisschen besser machen.

TIPP 1: SEID REGIONAL UNTERWEGS!

Ein Urlaub vor der eigenen Haustür ist sinnvoll und erlebenswert, und so wird das regionale Reisen in Deutschland auch immer beliebter. Doch was bedeutet regional eigentlich im Reise-Kontext? Wir kennen den Begriff ja eigentlich eher von Lebensmitteln, die Supermärkte gerne für werbliche Zwecke als regional deklarieren. Nachdem der Begriff bisher nicht gesetzlich geschützt ist, ordnet ihn jeder ein wenig anders ein. Ähnlich verhält es sich mit dem Reisen. Während für manche Urlauber regional an den Bundesgrenzen aufhört, versteht sich für andere auch noch Südfrankreich als regionales Ziel. Ob nun der Großraum um den eigenen Wohnort unter Region verstanden wird oder auch unsere Nachbarländer, darf jeder für sich selbst definieren. Für uns ist regional, was sich mit einer humanen Fahrtzeit erreichen lässt und wofür man in kein Flugzeug steigen muss.

Nur wenige andere Länder bieten eine so hohe landschaftliche Diversität wie Deutschland. Egal ob Berge, Meer oder pulsierende Großstadt, die Reisemöglichkeiten innerhalb Deutschlands sind vielfältig. Spätestens auf unserer Deutschlandreise im Sommer 2018 stellten wir selbst fest, dass die Bundesrepublik einige wunderschöne Ziele zu bieten hat.

Von unserer Heimatstadt aus fuhren wir damals zuerst nach Regensburg, die viertgrößte Stadt Bayerns mit ihrer wunderschönen Altstadt. Obwohl wir schon sehr oft in Regensburg gewesen waren, wollten wir auch während unserer Deutschlandreise hier übernachten. Auf dem Weg von Deggendorf nach Regensburg besuchten wir zunächst die Walhalla, eine beeindruckende Gedenkstätte, erbaut im Auftrag König Ludwigs I. Von dort aus hat man nämlich einen unbeschreiblichen Ausblick über die Donau und die Umgebung. In Regensburg angekommen, entschieden wir uns für einen geführten Stadtrundgang. Wir wollten mehr über die Geschichte von Regensburg erfahren, die Partyszene kannten wir ja bereits aus unserer Vergangenheit. 90 Minuten wurden wir durch die Altstadt geführt, das war echt spannend. Aufgrund der Tatsache, dass während des Zweiten Weltkriegs bloß sieben Prozent der Stadt zerstört wurden, sind viele der alten Gebäude immer noch gut erhalten. Deshalb ist Regensburg für historisch interessierte Besucher besonders lohnenswert. Wir persönlich können einen Besuch in Regensburg nur jedem Menschen ans Herz legen – eine gemütliche Stadt, weder zu groß noch zu klein, mit zahlreichen alternativen Bars, Cafés und Restaurants, Nähe zur Natur und ganz viel bayerischem Charme kombiniert mit großer Herzlichkeit.

Nach einer Nacht fuhren wir weiter nach Nürnberg. Die fränkische Stadt hat uns vor allem wegen ihrem veganen Eis und ihrem Märchencharme begeistert, an gefühlt jeder Ecke der Altstadt könnte man eine Geschichte erzählen, die mit „Es war einmal ...“ beginnt.

Obwohl im Zweiten Weltkrieg mindestens 90 Prozent der Stadt zerstört wurden, hat Nürnberg seinen Charakter nicht verloren. Nürnberg ist bekannt für die wahrscheinlich leckersten Lebkuchen der Welt, romantische kleine

Brücken und eine Burg, welche die ganze Altstadt umgibt. Insgesamt waren wir zwei Nächte hier, die wir tatsächlich in einem Burgturm verbringen konnten, von wo aus wir einen unglaublich schönen Ausblick über die Stadt hatten. Die Jugendherberge Kaiserstallung ist vor ein paar Jahren neu renoviert worden. Die Zimmer sind klein, aber gemütlich. Schön fanden wir vor allem, dass hier neben Urlaubern auch Schulklassen (schließlich ist es ja auch eine Jugendherberge), Familien und Paare übernachteten. Die Stadt ist so vielfältig und lebendig, sodass sicherlich für jeden Besucher etwas Passendes dabei ist. Sobald wir irgendwo neu ankommen, lieben wir es erst mal, den Ort auf uns wirken zu lassen, und das kann man unserer Meinung nach am besten, wenn man die neue Umgebung einfach zu Fuß erkundet. Da unsere Unterkunft sehr zentral gelegen war, konnten wir problemlos alle interessanten Spots zu Fuß erreichen. Wir fühlten uns während unserem Aufenthalt dort geradezu wie in eine andere Zeit zurückversetzt. Noch heute denken wir gerne daran zurück.

Unsere Reise ging weiter nach Sachsen mit den Zielen Leipzig und Dresden. Zuvor war uns wiederholt versichert worden, wie gut uns die beiden Großstädte aufgrund ihrer alternativen und modernen Lebensweise gefallen würden. Unsere Erwartungen an Dresden und an Leipzig, die Stadt, die auch gerne mal liebevoll „kleines Berlin" genannt wird, waren also recht hoch. Im Nachhinein können wir sagen, dass diese sogar noch übertroffen wurden, denn so schnell so wohl haben wir uns zuvor selten in einer Großstadt gefühlt. Toll war zum Beispiel unsere Kanutour in Leipzig. Für neun Euro die Stunde leisteten wir uns ein Kanu und paddelten die Elster entlang. Der Mann vom Bootsverleih fuhr total auf unseren Dialekt ab und erzählte uns von seinen schönsten Urlaubsmomenten in Bayern.

Anschließend ging es nach Dresden. Was wir dort dank unserer Instagram-Community erlebten, davon erzählen wir euch später mehr.

Von Dresden aus besuchten wir die Sächsische Schweiz, den deutschen Teil des Elbsandsteingebirges. Bizarre Felsformationen prägen diese einzigartige Landschaft. Völlig fasziniert standen wir davor und konnten kaum glauben, dass es sowas in Deutschland, ein paar Hundert Kilometer entfernt von unserer Heimatstadt tatsächlich zu entdecken gibt.

Der fünfte Stopp war Hamburg. Schon lange im Voraus hatten wir uns auf unsere Reise nach Hamburg gefreut und konnten es kaum noch erwarten. Nicht nur, dass es für uns der erste Besuch der Hansestadt war, wir hatten auch fast 115 nur Positives gehört. Warum fast? Viele hatten uns vorgewarnt, dass es ziemlich kalt und regnerisch werden könne. Aber offensichtlich hatten wir Glück, denn wir erwischten den angeblich schönsten Sommer seit sechs Jahren. Wir konnten eine Hafenrundfahrt machen und die Leichtigkeit und der trockene Humor der Hamburger gefielen uns sehr.

Von Hamburg aus ging die Reise weiter in den Schwarzwald, wo wir in Gengenbach landeten, einer Stadt, die schon allein wegen ihrer alten Fachwerkhäuser eine traumhafte Fotokulisse bietet. Und natürlich auch wieder viel Geschichte. Irgendwann kommen wir bestimmt wieder zur traditionellen Fastnacht, die dort Fasend genannt wird und ein Schauspiel für sich ist.

Zu guter Letzt besuchten wir noch Ulm und Neu-Ulm, zwei Städte, die irgendwie zusammengehören, irgendwie aber auch nicht. Die beiden Städte wurden nämlich nach einem Beschluss Napoleons durch die Donau getrennt und gehören heute unterschiedlichen Bundesländern an. Ulm befindet sich in Baden-Württemberg, während Neu-Ulm schon zu Bayern gehört. Diese besonderen Städte mussten wir einfach gesehen haben. Wir hatten das Glück, dass wir während des Internationalen Donaufests dort waren und somit die viel gepriesene Gastfreundschaft und Herzlichkeit live miterleben durften. Das Internationale Donaufest fand bereits zum elften Mal statt und wird sowohl von Bewohnern als auch Besuchern sehr gut angenommen. Hier begegnen sich die an der Donau liegenden Länder und zelebrieren ein kulturelles Miteinander, Frieden und Freiheit ohne Grenzen. Neben dem Donaufest gibt es in Ulm aber noch mehr zu entdecken, wie beispielsweise die höchste Kirche der Welt – das Ulmer Münster. Über 768 Stufen muss man erklimmen, wenn man ganz nach oben will. Belohnt wird man dann nicht nur mit einem tollen Ausblick über Ulm, Neu-Ulm und Umgebung, sondern auch mit einem fetten Muskelkater.

In diesen Wochen während unserer Reise durch Deutschland haben wir viel erlebt und mindestens genauso viel gelernt. Natürlich gab es noch viele weitere Städte und Regionen, die wir gerne besucht hätten, doch dafür fehlte uns schlicht die Zeit.

Und natürlich ist nicht nur Deutschland wunderschön, auch jedes unserer Nachbarländer ist es wert, mit Bahn, Bus oder Auto erkundet zu werden.

TIPP 2: SEID MINIMALISTISCH!

Wer nachhaltig reisen möchte, sollte definitiv weniger mitnehmen. Das Stichwort lautet: minimalistisch packen. Und das geht sogar einfacher, als vielleicht gedacht. Weniger, kleiner und leichter. Marie Kondo nimmt in ihrem Buch *Magic Cleaning* den Leser an die Hand, das eigene Glück durch Aufräumen zu vergrößern. Mit dem Reisegepäck ist es ähnlich, denn viel Gepäck heißt mehr Stress und mehr Schleppen. Wie wäre es, wenn man einfach einen kleineren Koffer oder Rucksack nimmt und nur das Notwendigste einpackt? Um ehrlich zu sein, sind wir keine Profis, wenn es um minimalistisches Packen geht, aber haben doch gerade im letzten Jahr diesbezüglich viel dazulernen können. Auch wenn wir für einen Monat oder länger verreisen, nehmen wir Kleidung für lediglich eine Woche mit. Egal ob Sokken, Unterwäsche, T-Shirts oder Hosen. Wäsche waschen ist nämlich weltweit möglich. Dies kann man entweder in kleinen Waschsalons mithilfe der von der Unterkunft bereitgestellten Waschmaschine oder zur Not auch im Waschbecken des Hotelzimmers tun. Viele Unterkünfte bieten auch einen Außer-Haus-Service an. Auch Marie Kondos Tipp mit dem Einrollen der Kleidung hat sich langfristig bewährt. Dies spart nämlich viel Platz und die Lücken im Koffer oder Rucksack werden sinnvoll genutzt. Sehr praktisch an diesem System ist außerdem, dass die Kleidung dadurch einigermaßen knitterfrei bleibt. Auch bei Kosmetika kann einiges an Platz gespart werden. Besonders praktisch sind Pflegeprodukte, die sich für mehrere Körperpartien gleichermaßen eignen, wie Arganöl, das zugleich trockene Haustellen versorgt und vom Meerwasser spröde gewordene Haare pflegt. Außerdem kann ein Blick in die Reiseapotheke helfen: Man kann sich nicht für alles wappnen, und Ärzte und Krankenhäuser gibt es überall. Ein kleines Erste-Hilfe-Set und gegebenenfalls Kohletabletten reichen meist aus, die Just-in-Case-Utensilien sollten zu Hause bleiben. Reisende, die noch etwas unerfahrener sind, nehmen oft viel zu viele Medikamente mit. Dabei sollte man nicht vergessen, dass weniger in diesem Fall mehr ist und dass es Medikamente und Verbandsmaterial auch im Ausland gibt, für den Fall, dass doch mal etwas passiert. Es ist nicht notwendig, den privaten Medikamentenschrank mitzunehmen – es sei denn, bestimmte Medikamente werden im alltäglichen Leben benötigt, klar. Und natürlich vorausgesetzt, man reist nicht in menschenleere Dschungelregionen.

Bevor ihr letztendlich euren Koffer oder Rucksack packt, breitet erstmal alles auf dem Bett aus und fragt euch bei jedem Teil, ob ihr es wirklich während der Reise benötigt, oder ob es auch getrost zu Hause bleiben kann. Beim Packen selbst orientieren wir uns meist an dem Gewicht der Gegenstände. Gerade bei der Rucksackreise verstauen wir schwere Sachen immer ganz unten. Technik wie Laptop, Smartphone und Kamera bringen wir im Handgepäck unter, somit haben wir Wertgegenstände stets bei uns. Auch Snacks und eine wiederverwendbare Wasserflasche dürfen bei uns im Handgepäck nicht fehlen. Reisepässe, Dokumente und Portemonnaie packen wir meist in die Bauchtasche, die einer von uns während der Reise – im besten Fall unter dem Shirt – trägt.

Bei manchen Dingen macht es Sinn, diese direkt vor Ort zu erwerben. Beispielsweise Mückenschutz. Diesen kaufen wir gerade im asiatischen Raum lieber im jeweiligen Land. Das hat sich bewährt, denn das Anti-Mückenspray, welches es in Deutschland zu kaufen gibt, ist meist nicht effektiv genug gegen Moskitos im Ausland. Auch hierbei achten wir auf eine nicht zu chemische Zusammensetzung und versuchen, ein natürliches Mittel zu besorgen. Um das Risiko zu minimieren, an Dengue-Fieber zu erkranken, sollte man sich auch tagsüber vor Mücken schützen.

Vorbereitung ist also gut, aber bitte nicht übertreiben. Generell lassen wir gerne etwas Platz im Gepäckstück für Souvenirs oder neue Kleidung. Anfangs kann es ein komisches Gefühl sein, nicht auf jeden unwahrscheinlichen Fall vorbereitet zu sein. Man fühlt sich sicherer, wenn man alles vermeintlich Notwendige einpackt. Aber das zieht am Ende den Rucksack und somit auch die Stimmung runter. Habt Vertrauen, denn das gehört auf Reisen auch dazu. Minimalistisch packen bedeutet auch, Mut zur Lücke zu zeigen und sich auf das Wesentliche zu konzentrieren. Ganz bestimmt werdet ihr für euch den richtigen Weg finden, wenn ihr verschiedene Varianten ausprobiert.

Fest steht, sobald man sich auf minimalistisches Packen eingelassen hat, wird die Reise viel einfacher. Unsere minimalistische Packliste für die nächste Reise findet ihr übrigens in der hinteren Buchklappe. Denkt aber daran, die Liste der Klimazone in die ihr reist, anzupassen.

TIPP 3: NOT ALL INCLUSIVE!

Inzwischen habt ihr mit Sicherheit eine leise Ahnung, wie wir zu All-inclusive-Reisen stehen. Richtig, wir persönlich sind keine großen Fans von dieser Art zu reisen. Nicht, weil wir nicht verstehen können, was Reisende daran attraktiv finden, sondern weil es leider eine der Reiseformen ist, die am wenigsten umwelt- und sozialverträglich sind. In diesem Buch wollen wir hinter die Kulissen blicken und

Missverständnisse ans Licht bringen. Selbst, wenn die Wahrheit manchmal unangenehm ist.

Wer sich einen All-inclusive-Urlaub bucht, erwartet in der Regel einen entspannten und unbeschwerten Urlaub. Alles ist organisiert. Man muss sich um kaum etwas kümmern. Das reichhaltige Frühstücksbuffet und der leckere Kuchen am Nachmittag sind im Preis enthalten. Gegessen und getrunken werden kann so viel, wie reinpasst. Zugegeben, das Klischee von All-inclusive-Urlaubern hält sich hartnäckig, und Stereotype wie diese sind vor allem für Einheimische oft sehr nervig. Ob Familien, Senioren oder Pärchen, die sich nach Entspannung rund um die Uhr sehnen – Zielgruppen wie diese machen statistisch gesehen am häufigsten von All-inclusive-Angeboten Gebrauch. Acht Tage am Pool liegen und sich ab und an zum Meer bewegen. Wer besonders motiviert ist, schafft es vielleicht noch, einen hotelorganisierten Ausflug einzuplanen. Die Einheimischen profitieren davon meist nicht. Im Gegenteil.

Ich erinnere mich an eine Urlaubserfahrung meiner Oma, die sie Maximilian und mir vor einigen Jahren erzählte. Gebucht waren sieben Tage all-inclusive in einem Vier-Sterne-Hotel in der Türkei. Rückblickend steht sie diesem Urlaub sehr zwiespältig gegenüber. Einerseits war das Hotel sehr schön und das Essen herrlich. Es wurde sich stets um das Wohl der Gäste bemüht. Andererseits befand sich das Hotel in einer eigens errichteten Hotellandschaft. Hotel an Hotel, jedes davon mit Privatstrand und mit Stacheldraht umzäunt. Mit Einheimischen kam man nicht in Kontakt, außer vereinzelt mit Kindern, die an den Zaun kamen und nach Geld und Essen fragten. Drinnen Luxus, draußen Armut. Ein Erlebnis, das meine Oma sehr zum Nachdenken bewegte. Sie hatte nicht ahnen können, wie es sein würde, denn es war ihre erste Flugreise in die Türkei. Heute weiß sie es besser. Damals machte die Situation sie sehr traurig und fühlte sich falsch an. Auf der einen Seite des Zauns, auf der Sonnenseite, badeten die Gäste sprichwörtlich im Luxus, auf der anderen Seite bettelten Kinder, die nicht einmal genug zu essen hatten. Ein All-inclusive-Urlaub mag aus der Ich-Perspektive ein wahrer Traumurlaub sein, aber hinter den Kulissen gibt es Schicksale, die erschrecken. Wir kommen in ein anderes Land, nutzen die Vorteile, die dieses bereithält, aber geben letztlich kaum etwas an die lokale Bevölkerung zurück. Von der jeweiligen Kultur bekommt man ebenso kaum etwas mit, denn oft liegen die großen Hotelanlagen weit außerhalb eines Ortes. Schließlich ist in der Hotelanlage so weit für alles gesorgt, warum diese also verlassen?

Abgesehen von der Kultur-Problematik stellt diese Form des Reisens leider auch eine ziemliche Klimasünde dar. Das Buffet ist morgens, mittags und abends reichlich gefüllt. Dies führt dazu, dass oft mehr auf den Teller geladen wird, als überhaupt gegessen werden kann. Lebensmittel werden verschwendet und weggeschmissen, und dieses Spektakel wiederholt sich Tag für Tag. Um einen guten Eindruck zu hinterlassen und eine hervorragende Bewertung auf allen Plattformen zu erzielen, muss das Buffet möglichst üppig sein. Dadurch entsteht so etwas wie eine Buffet-Mentalität. Das bedeutet: Ich hab dafür bezahlt, also esse ich auch, bis nichts mehr reinpasst. Eine große Auswahl an verschiedenen Gerichten sucht man oft vergeblich und ein abwechslungsreiches Buffet ist für die meisten Hotelküchen eine nicht zu bewältigende Herausforderung. Das führt meistens dazu, dass einfache Gerichte angeboten werden, die schnell zubereitet sind und oft nicht schmecken. Kataloge, Prospekte und diverse Internetseiten versprechen so einiges bei der Buchung. Hier empfiehlt es sich definitiv, vorab die Hotelbewertungen zu recherchieren, damit es im Nachhinein nicht zu unangenehmen Überraschungen kommt. Die Qualität der Speisen zum Beispiel kann nämlich je nach Anbieter sehr stark variieren.

Für die lokale Gastronomie ist es natürlich auch eine Katastrophe, wenn Reisende nur im Hotel essen, anstatt auswärts Restaurants oder Cafés zu besuchen. Dazu kommt, dass das Budget meist nicht in die lokale Bevölkerung, sondern in die Taschen reicher Investoren fließt. Dazu aber später mehr.

Ein All-inclusive-Urlaub hat auch Vorteile, aber vor allem, wenn es um die finanzielle Frage geht. Große Discounter bieten vermehrt zusammengestellte Reisen zu geringen Preisen an. Einen Urlaub, der bezahlbar ist. Vor allem für Familien attraktiv, die die Kosten im Vorfeld kalkulieren wollen. Wer den All-inclusive-Urlaub für sich als Urlaubsvariante wählt, dem legen wir ans Herz, diesen zumindest selbstbestimmt etwas aufzuwerten. Dies kann in Form von auswärts essen geschehen, indem man mit dem Fahrrad die Umgebung erkundet oder Aktivitäten bei Einheimischen bucht. Außerdem sollten wir uns trotz All-you-can-eat-Manier auch stets vor Augen halten, dass der Teller nicht übermäßig beladen werden muss, nur weil nicht zusätzlich dafür bezahlt wird.

TIPP 4: DIGITAL!

Mittlerweile neigen viele Hersteller dazu, ihre Reiseführer vor allem in digitalisierter Form anzubieten. Somit wird aus einem schweren, dicken Reisebuch ein schlanker Helfer, der in der Hosentasche Platz findet. Wie praktisch, den digitalen Reiseführer unterwegs einfach auf dem Smartphone abzurufen, wenn man spontan eine Information nachschlagen möchte. Dies spart nicht nur Platz, sondern auch Papier. Keine Frage, es ist auch schön, ein Buch in den Händen zu halten. Aber gerade auf Reisen greifen wir aus praktischen Gründen total gerne auf die digitale Variante zurück. Generell ist unserer Meinung nach ein Reiseführer auch heutzutage noch nicht überholt, sondern unabdingbar, wenn es um hilfreiche Tipps und den ersten Eindruck vom Zielort geht. In einem Reiseführer lassen sich Tipps für Sehenswürdigkeiten, Restaurants, kleine Läden, Events, Bars und sogar Unterkünfte finden. Zwar suchen auch wir vermehrt danach im World Wide Web, aber Reiseführer haben definitiv auch ihre Daseinsberechtigung und sind für uns auf Reisen nicht wegzudenken. Es ist komfortabel, Insider-Tipps in einer kompakten Sammlung bei sich zu haben. Bei der digitalisierten Form kommt aber noch dazu, dass Links in den Text eingefügt werden können. Der Leser hat somit die Möglichkeit, durch einen Klick den genauen Standort einer Unterkunft oder Veranstaltung zu finden und sich selbst mithilfe von interaktiven Karten dorthin zu lotsen. Der digitale Reiseführer wirkt also wie ein gedrucktes Buch, kann aber mehr. Es lassen sich zum Beispiel innerhalb weniger Sekunden unkompliziert Stichwörter nachschlagen und persönliche Textmarkierungen setzen. Mit farbigen Lesezeichen lassen sich wichtige Stellen im Buch wiederfinden. Auf den jeweiligen Endgeräten ist es zudem möglich, die Schriftgröße beliebig zu verändern. Digitale Reiseführer sind außerdem oft günstiger, weil sie nicht gedruckt werden müssen.

Neben klassischen Reiseführern gibt es auch tolle Apps, die helfen können, eine Reise zu gestalten. Während man beispielsweise vor dem Eiffelturm steht und das Smartphone darauf richtet, erhält man Infos zum Erbauer, zum Entstehungsprozess und weitere nützliche Hintergründe. Viele der kleinen Helfer bieten sogar die Suche nach Cafés und Restaurants an sowie Audio-Städtetouren. Es gibt also quasi nichts, was es nicht gibt. Eine tolle App ist die von Lonely Planet. Diese App bietet nämlich unter anderem die Option, Inhalte offline zu nutzen. Somit können die Infos auch ohne Wi-Fi abgerufen werden, immer und überall. Auch TripAdvisor hat eine hilfreiche App kreiert, die wir unterwegs gerne verwenden. Hier lassen sich unter anderem sogar persönliche Tipps und Empfehlungen von Reisebloggern finden. Auch wir teilen dort auf unserem verifizierten Profil viele Informationen rund um das Thema Reisen. Die App bietet auch die Möglichkeit, nach Hotels, Restaurants, Touren und Sehenswürdigkeiten zu suchen. Auch eine Suchoption für vegane und vegetarische Restaurants ist integriert. Eine weitere sehr nützliche Reise-App ist die von Lauschtour. Die App ist ein Audioguide, der dich mit GPS zu interessanten Orten lenkt und gleichzeitig jede Menge Wissen vermittelt. Die App ist darauf ausgelegt, Informationen unterhaltsam zu transportieren, ob beim Spazierengehen, auf einer Wandertour oder als Stadtführung. Regionale Experten geben dabei ihr Wissen weiter. Wer in einer fremden Stadt unterwegs ist und die Öffentlichen nutzen möchte, dem empfehlen wir die App Qixxit. Hierbei lassen sich alle Verbindungen in der jeweiligen Region benutzerfreundlich abrufen. Diese App zeigt alle möglichen Verbindungen via Zug, Bus, Bahn und sogar

Flugzeug an. Außerdem werden einem auch die Preise aufgeführt, was uns schon oft geholfen hat. Wer auf wirkliche Geheimtipps setzt, dem empfehlen wir, sich die App Field Trip anzuschauen. Dieser elektronische Reiseführer führt dich zu interessanten Locations und bereichert im Vorfeld mit Bildern und ausführlichen Artikeln. Irgendwie ein tolles Gefühl sich selbst durch ein fremdes Land mit kleinen Helfern wie diesen zu navigieren.

TIPP 5: KONVENTIONELLE SONNEN-CREME? NEIN, DANKE!

Wir halten uns nicht nur gern in der Sonne auf, sondern reisen ihr regelrecht hinterher. Das ist kein Zufall, denn die Sonne ist an der körpereigenen Produktion von Vitamin D beteiligt, welches für den Knochenaufbau benötigt wird und sich ja bekanntlich auch auf eine positive Grundstimmung auswirkt. Um ehrlich zu sein, genießen wir es sehr, in der Sonne zu baden, und bleiben gerne mal länger liegen als wahrscheinlich empfohlen. Im Urlaub tragen wir darum auch mehrmals pro Tag Sonnencreme auf. Vor allem in Strandregionen nimmt die Sonnencremeflasche ganz selbstverständlich einen festen Platz am Liegestuhl ein. Doch was viele nicht wissen: In konventionellen Sonnencremes sind oft Wirkstoffe enthalten, die nachweislich dem Meer schaden und zudem auch weitere Folgen für die Natur und den eigenen Körper haben können. Wer auf der sicheren Seite sein möchte, achtet beim Kauf am besten darauf, Cremes ohne Octinoxat und Oxybenzon zu erwerben. Denn diese Stoffe stehen laut internationalen Studien nicht nur unter

Verdacht, das Krebsrisiko zu erhöhen, sondern verstärken auch das Korallensterben. Hier kann Naturkosmetik wieder eine gute Anlaufstelle sein, aber auch herkömmliche Anbieter achten vereinzelt immer mehr auf eine natürlichere Zusammensetzung. Außerdem ist in vielen Kosmetika Mikroplastik enthalten. Auch in Sonnencremes. Dies landet ebenfalls in den Meeren, und dort gehört es einfach nicht hin. Abhilfe schaffen kann hierbei ein mineralischer Sonnenschutz. Während mineralische Sonnencremes eine reflektierende Schicht auf der Haut bilden, dringen chemische UV-Filter in die Haut ein und wandeln die UV-Strahlung in Wärme um. Nicht alle, aber viele der natürlicheren Sonnencremes hinterlassen einen ungeliebten weißen Film auf der Haut. Wir nehmen diesen allerdings gerne in Kauf, wenn wir der Umwelt und unserer Haut mit einer weniger chemischen Zusammensetzung etwas Gutes tun können. Wenn es doch mal passieren sollte und man sich auf Reisen einen Sonnenbrand zuzieht, dann empfehlen wir die Heilpflanze Aloe vera. Häufig werden die einzelnen Aloe-vera-Blätter auch schon in gut sortierten Supermärkten verkauft. Die ursprünglich aus Arabien stammende Pflanze mit ihren dicken, fleischigen Blättern spendet der Haut nicht nur enorm viel Feuchtigkeit, sondern ist die After-Sun-Lotion bei Sonnenbrand schlechthin, denn ein Gel mit Aloe vera wirkt kühlend und entzündungshemmend. Das Gel einfach pur auf die verbrannten Stellen auftragen, das ist unendlich wohltuend und heilend für die beschädigte Haut. In manchen Regionen im südostasiatischen Raum gehören Aloe-vera-Massagen schon längst als festes Programm dazu, denn nicht selten suchen Touristen nach einem zu langen Strandtag Hilfe für ihre verbrannte Haut. Die kühlende Wirkung lindert den Schmerz und die enthaltenen Vitamine und Mineralstoffe sorgen für eine schnelle Regeneration. Wir persönlich sind sehr große Fans der Aloe vera, sie ist auf Reisen bei Verbrennungen immer das Mittel unserer Wahl. Vorsorge ist natürlich immer besser als Nachsorge. Aber für den Fall, dass es doch mal passiert, wollten wir diesen Tipp unbedingt mit euch teilen.

TIPP 6: TRENNT! EUREN! MÜLL!

Zu Hause den Müll zu trennen gehört mittlerweile schon zum guten Ton und ist beinahe selbstverständlich für uns Deutschen, die Weltmeister der Mülltrennung. Wir machen das, weil wir denken, dass wir damit der Umwelt einen Gefallen tun. Und so ist es auch. Kaum fahren wir dann in den Urlaub, ist das Recyclingsystem oft ganz schnell ganz weit weg. Aus den Augen, aus dem Sinn. Im Hotelzimmer oder im Apartment im Ausland wird plötzlich nicht mehr so ordentlich getrennt, sondern der Müll lediglich in einem einzigen Eimer entsorgt. Da wird sich schon jemand anderes drum kümmern. Die sonst so wichtige Verantwortung wird im Urlaub bei solchen Themen wie Mülltrennung plötzlich gerne mal abgegeben. Doch auch auf Reisen ist Recycling möglich und wichtig. Viele Menschen sind der Meinung, dass aus einem Joghurtbecher oder einer Pfandflasche wieder ein Joghurtbecher oder eine Pfandflasche wird. Stattdessen entsteht meistens etwas ganz anderes. Aus vielen unserer Kunststoffabfälle werden beispielsweise Blumenkübel, Parkbänke oder andere nützliche oder weniger nützliche Dinge.

Auf Campingplätzen gestaltet sich die Mülltrennung oftmals einfacher, denn hier werden meist Tonnen aufgestellt. Zumindest innerhalb Europas. Im Hotel sieht das schon etwas anders aus. Wenn wir in einem Hotel übernachten, versuchen wir auch zu trennen. Dafür verwenden wir den zur Verfügung gestellten Mülleimer für den Restmüll, an einem anderen Platz sammeln wir das Papier und in einer Tüte verstauen wir Bioabfälle und hoffen einfach, dass die Abfälle nach der Zimmerreinigung entsprechend entsorgt werden. Der Wille zählt. Da viele Hotels eine eigene Mülltrennung haben, erleichtert man als Hotelgast etwas die Arbeit.

Natürlich ist die einfachste Lösung, den Müll erst gar nicht zu produzieren. Wer keinen Müll produziert, muss diesen im Anschluss auch nicht entsorgen. Klingt so einfach. Ist es in der Realität aber nicht. Generell fiel es uns auf Reisen mal leichter, mal schwerer, auf Plastik zu verzichten. Gerade in Ländern, die noch sehr ursprünglich sind wie Marokko oder auch auf La Palma ist es einfacher, ein Zero-Waste-Leben zu führen. Obst, Gemüse, Nüsse, Trockenfrüchte, Brot- und Backwaren lassen sich hier noch häufig unverpackt an Ständen oder in kleinen Läden besorgen. Industrialisierte Länder hingegen schwimmen meist in Verpackungen. Aber auch hierbei gibt es Wege, den eigenen Plastikverbrauch zu reduzieren. Sei es in Form eines mitgebrachten Korbs oder Jutebeutels beim Einkaufen oder der wiederverwendbaren Trinkflasche. So banal das klingt, eine mitgebrachte Trinkflasche reduziert den Plastikmüll während einer Reise enorm, wenn man bedenkt, wie viel Plastik ansonsten bei einer empfohlenen Trinkmenge von zwei bis drei Litern Wasser täglich zusammenkommt.

Bild oben: *Eine entspannte Bootstour in der Küstenstadt Hội An in Vietnam. Die bunten Laternen sind in der ganzen Stadt verteilt.*

Bild rechts: *Warten auf ein Tuk Tuk, das uns nach einem langen Trip durch Bangkok zurück zum Hotel bringt.*

Bild unten: *Der feine puderzuckerartige Sandstrand auf Koh Pha-ngan in Thailand erinnert an ein Paradies.*

Bild links:
Definitiv eines unserer Camping-Highlights in Kalifornien: Die unberührte Natur im Grand Canyon.

Bild rechts:
Fernab der Zivilisation in den Bergen Pakistans: Vor uns der 7788 Meter hohe Rakaposhi, einer der höchsten Berge der Welt.

Bild rechts:
Ein Spazier-
gang zwischen
Grachten und
Giebelhäusern –
Amsterdam
ist sehenswert
und ganz
bequem per
Zug zu
erreichen.

Bild links:
Paris ist nicht
nur die Stadt
der Liebe,
sondern auch
die der
Kunst und
Architektur.
Anregungen
für deine
Parisreise
findest du
auf Seite 171.

Bild links: *Auf der Terasse des Biohotels Grafenast in Tirol. Die hier servierten Tees, stammen aus dem haus- eigenen Kräutergarten.*

Bilder oben und links: *Ob Schneeschuhwanderung oder Schlittenfahren – Abenteuer warten manchmal direkt vor der eigenen Haustüre.*

Bild oben: *Unser erster Trip mit dem Wohnmobil. Im Hintergrund die traumhafte Kulisse, des Stilfser Jochs in Norditalien.*

Bild rechts: *Eine Liebe die bleibt: Reisen und vegane Snacks. Auch an fernen Orten, wie hier auf Bali, ist die Auswahl groß und lecker.*

Bild links: *„Make the world green again" für uns, unsere Kinder und Kindeskinder.*

Bild oben: *Heimat ist dort, wo das Herz ist. Und weil wir im Herzen wohl immer Landkinder bleiben, fühlen wir uns auch im idyllischen Weimarer Land pudelwohl.*

Ein weiterer problematischer Punkt ist der Plastikmüll im Flugzeug. Wir sind jedes Mal wieder überrascht, wie viel Plastikmüll bei einem Flug entsteht. Teller aus Kunststoff, Gläser aus Kunststoff, Einwegkopfhörer oder in Plastik eingeschweißte Decken. Lange Kleidung ist bei uns im Flugzeug ein Muss, denn wir frieren schnell. Somit sparen wir uns die Decke und gemütlicher ist es auch noch. Auch hier gilt, vermeiden und ersetzen ist besser als im Nachhinein entsorgen. Auch Boarding-Tickets werden mittlerweile als PDF-Datei akzeptiert und müssen somit nicht extra auf Papier gedruckt werden. Was auch hilft, um ein allgemeines Umdenken bei den Airlines zu bewirken, ist hin und wieder schriftliches Feedback beim Kundenservice zu hinterlassen. Denn wo kein Kläger, da kein Richter. Generell sollten wir unserer Meinung nach sowieso alle viel mehr den Mund aufmachen, wenn Dinge offensichtlich falsch laufen.

TIPP 7: SEID VORBILDER!

Ein Umdenken und weitreichende Veränderungen können erst stattfinden, wenn wir kollektiv mit gutem Beispiel vorangehen. Ein gutes Vorbild zu sein beinhaltet eine Veränderung alter und überholter Gewohnheiten und Einstellungen. Denn wie können wir von jemandem erwarten, aus der eigenen Komfortzone herauszutreten, wenn wir uns selbst nicht in Bewegung setzen? Veränderung beginnt bei jedem Einzelnen. Wie können wir von unseren Mitmenschen einen respektvollen Umgang mit der Natur erwarten, wenn wir selbst nichts tun? Inspirieren statt missionieren, das ist unser Weg. Wir sind davon überzeugt: Wer mit gutem Beispiel vorangeht, wird andere positiv beeinflussen und selbst aktiv werden lassen. Das funktioniert auch ohne Finger-Pointing. Ganz bestimmt. Verbote oder der Verzicht von geliebten Dingen sind für jeden von uns schlimm. Aber wenn wir es schaffen, nachhaltiges Reisen mit mehr Bewusstsein und Verstand anzugehen, dann glauben wir, können wir auch nach wie vor ohne schlechtes Gewissen unseren Urlaub genießen, und es wird sich schnell nicht mehr nach Verzicht anfühlen, sondern einfach nur gut und richtig.

Wir glauben daran, dass man Respekt und Verständnis auch für andere Sichtweisen an den Tag legen und akzeptieren sollte, dass niemand ohne Fehler und jeder auf seinem ganz eigenen Weg ist. Dabei das eigene Wissen und die eigenen Gewohnheiten zu teilen, authentisch und auch mal kritikfähig zu sein, das ist es, was in unseren Augen ein gutes Vorbild ausmacht.

TIPP 8: SEID NACHHALTIG AKTIV!

Ein sanfter Tourismus schließt auch nachhaltige Aktivitäten vor Ort ein. Wir alle sehnen uns nach diesem ganz speziellen Urlaubsfeeling. Dieses entsteht vor allem durch das Kreieren von besonderen Momenten, von denen wir noch unseren Urenkeln gerne erzählen. Dabei spielt es keine Rolle, ob wir die Reise selbst planen oder planen lassen. Wir sehnen uns nach unvergesslichen Erlebnissen. Auch Urlaubsaktivitäten tragen einen Teil zur persönlichen Klimabilanz bei. Zwar sind die Aktivitäten vor Ort nur ein kleiner Teil der gesamten Reise, aber auch hier kann man ohne großen Aufwand CO_2 einsparen. Es gibt aber auch wirklich unnötige Freizeitgestaltungen, wie Skifahren in der Wüste oder Golfspielen in trockenen Gebieten. Da fragt man sich schon, muss das sein? Müssen wir wirklich Unmengen an Ressourcen aufbrauchen, damit alles überall und immer möglich ist? Der Urlaub soll Spaß machen, aber da gibt es in unseren Augen definitiv Grenzen.

Umweltfreundlichere Aktivitäten, die echt Spaß machen, sind beispielsweise Kanufahren oder mit dem Schlauchboot einen wilden Fluss hinunterfahren, da haben wir selbst schon einige unvergessliche Touren hinter uns. Als wir vor dreieinhalb Jahren durch Indien reisten, sind wir mit einem Schlauchboot den Ganges entlanggefahren und wurden mit einer traumhaft schönen Landschaft und ganz viel Action belohnt.

131

Wandern oder einfach spazieren gehen, den Ort, an dem man ist, zu Fuß erkunden – das geht immer! Man muss nichts bezahlen und der Körper freut sich über die sportliche Betätigung. Wer wie wir gerne wandert, sollte sich aber nur auf ausgewiesenen Wanderpfaden bewegen und natürlich einen Mindestabstand zu Wildtieren halten. Ist doch klar, denkt ihr jetzt vielleicht, aber für viele Leute ist das nicht selbstverständlich. Wir sehen es auch immer wieder, dass Wanderwege zugemüllt werden und Touristen unschöne Spuren hinterlassen. Das muss nicht sein.

Bei Ausflügen geht es nicht immer darum, das spektakulärste Abenteuer zu erleben, sondern vielmehr darum, den Moment zu genießen und die Welt um uns herum zu entdecken. Auch Fahrradtouren eignen sich super für einen Tagesausflug. Und für diejenigen, die es beherrschen, ist auch Klettern eine tolle Urlaubsaktivität. Wir hatten das

Vergnügen in Australien. Dort befand sich in der Nähe unserer Wohnung in Brisbane eine Kletterwand. Mit unseren Mitbewohnern gingen wir manchmal gemeinsam am Nachmittag dorthin und hatten immer sauviel Spaß. Klettern ist eine Aktivität, die nicht nur sehr nachhaltig ist, sondern auch gut für Geist und Körper. Diese Erfahrung, wenn man endlich ganz oben angekommen ist und sich dann in die Seile hängt, um wieder runterzukommen, ist einmalig. Sich einfach fallen lassen und seinem Partner, der einen sichert, vertrauen. Ein prägender Moment und eine klare Empfehlung für alle, die nicht unbedingt an Höhenangst leiden.

Aber nicht nur in der Natur kann man besondere Momente erleben, die nicht auf Kosten der Umwelt gehen, auch bei Städtereisen ist es ganz einfach, sich nachhaltige Aktivitäten zu suchen. Ein Stadtrundgang geführt von einem Einheimischen, eine Bootstour auf dem Fluss oder der Besuch des botanischen Gartens sind wunderbare Ziele. Fast jedes Jahr sind wir mindestens einmal in Amsterdam, denn wir haben uns bei unserem ersten Besuch sofort in diese Künstlerstadt mit ihren verwinkelten Gassen verknallt. Wir lieben die roten Backsteinhäuser, die das Stadtbild prägen. Außerdem lieben wir die riesige Auswahl an Restaurants, die veganes Essen anbieten, die uns jedes Mal wieder ins Food-Koma befördern. Amsterdam ist außerdem bekannt für seine Fahrradkultur. Dort sieht man mehr Fahrräder als Autos durch die Straßen fahren. Die bekannten Hollandräder sind nicht nur wunderschön anzuschauen, sie bringen einen auch schnell und nachhaltig von A nach B.

So ziemlich überall, egal ob auf dem Land oder in der Stadt, kann man nachhaltig eine tolle Zeit haben. Vorausgesetzt, man lässt sich darauf ein.

TIPP 9: SECONDHAND UND FAIRE MODE AUCH UNTERWEGS!

Wir müssen gestehen, unser erster Kontakt mit einem Vintage-Laden war eher weniger zufriedenstellend. Zu voll, zu eng, zu modrig. Zum Glück gaben wir Secondhandmode noch eine zweite Chance, sonst wären uns viele schöne Erfahrungen und Teile verwehrt geblieben. Mittlerweile lieben wir die Kombination aus neuen, fairen Teilen und gebrauchten Unikaten. Bei Städtereisen ist es für uns mittlerweile Tradition, die lokalen Secondhandläden zu besuchen, und wir sind jedes Mal erneut gespannt, was wir finden werden. Aber auch einfach nur zu schauen ist schon eine Freude, es muss ja nicht immer direkt etwas gekauft werden. Wir mögen den Used Look und die oft tolle Qualität von Vintage-Mode. Die Teile bekommen eine zweite, dritte oder vierte Chance und machen somit immer wieder anderen Menschen eine Freude. Und es ergibt einfach Sinn, Dinge zu nutzen, die bereits existieren.

Als wir 2019 in Kalifornien mit dem Camper unterwegs waren, fanden wir richtig viele Secondhandläden. Dort gab es gebrauchte Levi's-Jeans und klassische Holzfällerhemden zu Schnäppchenpreisen. Secondhand ist modern und hip und ein absolut guter Trend. Auf Reisen findet man oft die tollsten Kleidungsstücke und irgendwie ist das auch ein supercooles Gefühl, etwas zu tragen, was bereits in Amerika oder Spanien war und seine eigene Geschichte hat. Los Angeles hat uns mit seiner Auswahl besonders begeistert. Von Hüten, Hosen, Hemden, Schuhen, Sonnenbrillen über Jacken und Mäntel gab es alles. Es gab nichts, was es nicht gibt. Ganze Outfits haben wir uns so für wenig Geld zusammengestellt und dabei völlig neue Looks kreiert.

Bis jetzt waren wir noch in keinem Land, wo es nicht einen Secondhandladen gegeben hätte. Manchmal muss man zwar etwas danach suchen, aber wer fragt oder ein wenig im Internet stöbert, wird am Ende sicher eine gute Adresse finden. Es gibt bereits so viel Kleidung, die bloß darauf wartet getragen zu werden. Bei jedem Kauf eines Vintage-Teils entscheidet man sich bewusst gegen die Wegwerfgesellschaft. Man braucht nur mal überlegen, wie viele Kleidungsstücke jeder von uns im Schrank hängen hat, die nicht mehr angezogen werden. Mittlerweile kann man sich bei diversen Plattformen auch online Kleidung leihen, anstatt diese zu kaufen. Man bezahlt lediglich einen bestimmten Betrag und ist dann für ein paar Monate im Besitz einer Hose. Anschließend gibt man diese wieder zurück. Fast so, als würde man ein Auto leasen. Nur billiger.

Klamotten billig kaufen und schnell entsorgen ist langfristig eine echte Umweltsünde. Die Produktion einer einzigen Jeans verbraucht rund 7000 Liter Wasser. Dabei werden krebserregende Stoffe eingesetzt, um die Kleidung bunt zu färben. Die Modeindustrie verursacht jährlich etwa 1,2 Milliarden Tonnen CO_2. Das sind mehr Emissionen als alle internationalen Flüge und die Schifffahrt zusammen. Die Modeindustrie ist weltweit eine der schmutzigsten Industrien. Wenn man sich die Fabriken in den Schwellenländern anschaut, in denen die großen Fast-Fashion-Konzerne ihre Kleidungsstücke produzieren lassen, wird schnell klar, dass es sich hierbei um alles andere als um faire Arbeitsbedingungen handelt. Aber es geht auch anders. Es gibt Alternativen. Neben der Möglichkeit, Kleidung zu tauschen, zu mieten und gebraucht zu kaufen, kann man diese nämlich auch fair und nachhaltig erstehen. Das heißt vor allem, Ressourcen werden bei der Produktion gespart, die Umwelt möglichst wenig belastet und Mitarbeiter fair bezahlt. Spätestens nach dem Einsturz des Rana Plaza, einer Bekleidungsfabrik für Fast Fashion in Bangladesch, bei dem über tausend Menschen ums Leben kamen, ist es höchste Zeit umzudenken. Wir alle sitzen im gleichen Boot. Wir alle können nur gemeinsam einen Unterschied machen. Gleichberechtigung, faire Arbeitsbedingungen und Empathie sind sicherlich Werte, für die wir alle stehen. Umso wichtiger ist es zu verstehen, wie essenziell jede Kaufentscheidung ist, die wir tagtäglich treffen. Wenn ein neues Shirt für fünf Euro angeboten werden kann, bezahlt jemand anderes dafür den Preis. Mittlerweile gibt es weltweit nicht nur viele Secondhand-Optionen, sowohl offline als auch online, sondern auch Labels, die faire Mode produzieren. In jedem Land lassen sich immer mehr Stores finden, die nur ökologisch vertretbare und nachhaltige Marken verkaufen. Finden kann man diese ganz einfach, indem man online nach „nachhaltigen Stores" sucht.

Darauf zu achten, mehr nachhaltige Teile in seinen Kleiderschrank einziehen zu lassen, oder besser noch, auf bereits produzierte Kleidung zurückzugreifen, ist ein ganz wichtiger Schritt, ob zu Hause oder auf Reisen.

Falls ihr euch mehr zum Thema Textilindustrie und deren Auswirkungen auf die Umwelt informieren möchtet, können wir euch sehr das Buch von den *Fashion Changers* ans Herz legen. Auf 255 Seiten erklären Jana, Nina und Vreni, wie wir mit fairer Mode die Welt verändern können.

KAPITEL 8

KLIMAFREUNDLICH UNTERKOMMEN

Immer mehr Reisenden ist bei der Buchung ein integriertes Nachhaltigkeitskonzept des Anbieters wichtig. Dabei können die Ansätze der Unterkünfte komplett individuell sein. Die einen achten auf Lebensmittel in Bioqualität, andere beziehen ihren Strom ausschließlich aus Wasserkraft und Sonnenenergie. Es gibt aber auch Hotels, die vollständig aus nachhaltigen Materialien und Rohstoffen gebaut wurden.

Heutzutage achten viele Reisende eher auf die Nachhaltigkeitsqualitäten der Unterkunft als auf die klassische Hotelsterne-Vergabe. Vor allem in unserer Nachhaltigkeitsblase haben wir oft das Gefühl, dass die Gesellschaft von Tag zu Tag grüner wird. Es scheint aber auch insgesamt so zu sein, dass vielen Deutschen ein klimafreundlicher Urlaub wichtiger geworden ist. Die Klimadebatte der letzten Jahre hat mit Sicherheit einen Anteil an dieser Entwicklung.

Auch bei der Frage der Unterkunft ist Nachhaltigkeit kein Wettbewerb. Vielmehr geht es darum, dass Hotellerie und Hotelgäste ein größeres allgemeines Verständnis für umweltfreundlicheres Übernachten aufbringen und auch motiviert sind, diesbezüglich etwas zu verbessern.

Wir mögen vor allem Hotels mit einem besonderen Charme. Luxus brauchen wir nicht, aber gemütlich und sauber sollte es sein. Wir beobachten, dass der Motto-Trend immer mehr zunimmt – besonders soll es sein, damit die Gäste gerne wiederkommen. Eins unserer liebsten Hotels in Berlin, das 25hours hotel, steht zum Beispiel unter dem Motto Dschungel. Mittlerweile gibt es mehrere Häuser des Unternehmens in verschiedenen Großstädten. Die Hotelzimmer sind sehr gemütlich und von Hotel zu Hotel unterschiedlich. Jedes dieser Hotels verfügt über ein eigenes Motto. Das Hotel in Berlin beispielsweise liegt direkt am Zoo und erlaubt einem beim Frühstücken in der obersten Etage einen Blick über die Zoolandschaft.

Es ist nicht nur wichtig, dass Hotels technisch auf den neuesten Stand gebracht werden, auch Mitarbeiter müssen entsprechend geschult werden, damit eine nachhaltige Veränderung herbeigeführt werden kann. Es fängt bei kleinen Maßnahmen an, wie dem täglichen Wechseln von Handtüchern und Bettwäsche, das völlig überflüssig ist. Und auch wer Strom und Wasser spart, schläft umweltfreundlicher. In einem Hotel in Köln wurde ein Wasserzähler direkt am Duschkopf befestigt, und man konnte während des Duschens sehen, wie viel Wasser gerade verbraucht wurde. Allein zu realisieren, wie lange und ausgiebig man tatsächlich duscht, kann ein ressourcenorientiertes Umdenken herbeiführen. Denn über den eigenen Wasserverbrauch macht man sich als Gast normalerweise keine großen Gedanken, oder? Bei einem Rundgang durch ein renommiertes Klimahotel in Südtirol wurden wir darüber aufgeklärt, wie viel Wasser ein Hotelgast in etwa verbraucht. Es sind rund 300 Liter – täglich. Für die Nutzung des Pools, der Dusche, der Toilettenspülung, des Wasserhahns, der Wäscherei, des Geschirrs, der Gartenanlage ... Die Liste könnte noch problemlos weitergeführt werden.

Wir haben in der Vergangenheit bereits einige nachhaltige Hotels weltweit besucht. Oftmals waren wir überrascht, dass die Preise nicht nennenswert höher angesetzt waren als bei Unterkünften derselben Kategorie mit ähnlichem Komfortstandard. Es ist aber nicht immer ganz so einfach, nachhaltige Unterkünfte zu finden. Dafür gibt es schon seit Jahren entsprechende Siegel, die Hotels bewerten und Reisenden dabei helfen, die passende Unterkunft zu finden. Es gibt zwar schon einige Hotels, die viel Wert auf Umweltschutz legen, aber eine große Dichte ist noch lange nicht erreicht.

Auf den nächsten Seiten werden wir euch zeigen, wo ihr nachhaltige Unterkünfte buchen könnt und wann sich ein Klimahotel Klimahotel nennen darf.

Die meisten Hotels sind immer noch weit von Nachhaltigkeit entfernt. Duschsandalen in Plastik eingepackt und kleine Shampoos in Plastikfläschchen gehören immer noch zum Standard. Wir finden, dass es nicht das nachhaltigste Biohotel sein muss, bei dem Lebensmittel und Kosmetika ausschließlich aus biologischer Herstellung stammen. Es reichen schon Kleinigkeiten, die den Unterschied machen. Grundsätzlich sollte man einfach jedes Hotel bevorzugen, das sich an Umweltstandards hält und sich für faire Arbeitsbedingungen der Mitarbeiter einsetzt. Bei nachhaltigen Unterkünften geht es darum, dass sie ihre CO_2-Bilanz mithilfe von einfachen Energiekonzepten und dem Verwenden von Bioprodukten aus der Umgebung verbessern. Wichtig ist es auch, lokal geführte, kleine Unterkünfte zu unterstützen und um riesige Hotelketten, die weder umweltfreundlich noch sozialökonomisch wirtschaften, einen großen Bogen zu machen. Denn am Ende geht es auch darum, dass das Geld in die lokale Wirtschaft fließt und nicht in die Taschen ausländischer Investoren.

Wir als Konsumenten haben es in der Hand, wie Urlaub in den nächsten Jahren aussehen wird. Nutzen wir unsere Macht!

Klimafreundliche Unterkünfte gibt es weltweit. In Europa existiert ein Zusammenschluss von mehr als 80 Biohotels in sechs europäischen Ländern. Diese zertifizierten Hotels müssen eine Reihe von Qualitätsstandards einhalten. Jedes klimafreundliche Hotel ist einzigartig. Ein Hauptmerkmal von Biohotels ist, dass Speisen und Getränke vorrangig aus biologischer Landwirtschaft stammen und so gut es geht aus der Region bezogen werden. Oftmals werden diese sogar im hauseigenen Garten angebaut. Kräuter werden getrocknet und als Tee serviert. Außerdem wird beim Kochen auf Geschmacksverstärker oder Fertigprodukte im großen Stil verzichtet. Weniger ist mehr, lautet die Devise. Gerichte werden in der Regel frisch zubereitet und sind an die jeweilige Saison angepasst. So gibt es beispielsweise im Herbst eine leckere Kürbissuppe und im Sommer ein hausgemachtes Erdbeersorbet. Pflegeprodukte, die im Hotel angeboten werden, ob Shampoo, Cremes oder Seifen, stammen ausschließlich aus zertifizierter Naturkosmetik.

Auch hierbei wird meist auf eine recycelte Verpackung geachtet oder sogar das Produkt komplett verpackungsfrei angeboten. Der Nachhaltigkeitsaspekt wird generell sehr ernst genommen. So dürfen sich Biohotels nur mit dieser Bezeichnung schmücken, wenn sie Ökostrom nutzen. Außerdem wird sehr viel Wert auf ein harmonisches Miteinander unter den Arbeitskollegen gelegt.

Übernachten im Biohotel liegt voll im Trend, egal ob in ländlichen oder urbanen Gegenden. Das lässt sich an zunehmenden Neueröffnungen und dem langjährigen Bestehen von Pionier-Hotels erkennen.

Für Veganer ist es immer schwierig, in Hotels am Frühstücksbuffet etwas zu finden. Meistens gibt es Eier, Milchprodukte, Wurst und Buttergebäck. Die Klassiker eben. Der Cappuccino wird mit Milch zubereitet und nach einer pflanzlichen Alternative sucht man meist vergeblich. Anders ist das in Biohotels. Hier kommen alle auf ihre Kosten, egal ob Omnivore, Ovo-Lacto-Vegetarier oder Veganer. Auch Gästen, die aufgrund diverser Lebensmittelallergien spezielle Kost bevorzugen, wird hier eine breite Auswahl geboten. Wer also Wert auf qualitativ hochwertige Lebensmittel und Zubereitungsformen legt und zudem tierische Produkte nicht mag oder verträgt, ist im Biohotel definitiv richtig.

Biohotels sind eine gute Möglichkeit, das Reisen grüner zu gestalten und somit seinen CO_2-Fußabdruck auch unterwegs klein zu halten, denn es wird auf hohe Standards geachtet. Die Architektur der Gebäude kommt im Idealfall ohne synthetische Baumaterialien aus, die meisten Hotels wurden aus heimischen Hölzern errichtet und der Abfall- und Energiekreislauf wird umweltfreundlich gestaltet. WLAN wird oft ganz bewusst nicht im Zimmer angeboten, sondern nur in einem gesonderten Raum im Hotel. Auch einen Fernseher findet man meist nicht. Die Intention dahinter ist, dass der Schlaf nicht von Elektrosmog beeinflusst werden soll. Bei den meisten Hotels werden die durch die Anreise eines Gastes entstandenen Emissionen ausgerechnet und mit einem Beitrag für eine Umweltorganisation ausgeglichen. Unserer Erfahrung nach sind sogar die öffentlichen Verkehrsmittel für Gäste kostenlos nutzbar, und wer mit dem Zug anreist, wird kostenfrei vom Bahnhof abgeholt.

Wir können uns noch sehr gut an unseren ersten Besuch in einem Biohotel in Meran erinnern. Es war Herbst und wir konnten gefühlt dabei zusehen, wie die Blätter ihre Farben wechselten. Unzählige Apfelplantagen und eine wunderschöne bergige Landschaft prägen das Bild von Meran. Das Biorefugium Theiner's Garten war Merans erstes Biohotel und die erste, aufgrund seiner Energieeffizienz und Nachhaltigkeit, auch als Klimahotel zertifizierte Unterkunft Europas. Die Bettwäsche besteht aus Naturbaumwolle, die Wände sind mit Lehm verputzt, der für das angenehme Raumklima verantwortlich ist. Kabel und Steckdosen sind gegen Elektrosmog abgeschirmt. Es gibt keinen Fernseher im Zimmer und gegessen wird in 100 Prozent Bioqualität. Auf dem Dach des Hotels befindet sich ein Kräutergarten für das hauseigene Restaurant, und das verwendete Holz wird an den Mondphasen orientiert geschlagen. 40 Prozent der Energie wird aus Solar- und Photovoltaikanlagen gewonnen.

Wir haben unser Herz an Meran verloren. Das leckere Essen, das italienische Flair und die wunderschöne Natur. Alles in allem der perfekte Ort zum Erholen. Hierher wollen wir irgendwann definitiv noch mal zurückkommen.

Ein anderes Mal unternahmen wir eine viertägige Winterreise nach Österreich. Wir übernachteten hierbei im Biohotel Grafenast und wurden gleich zu Beginn von der überwältigenden Aussicht überrascht. Das Hotel thront seit 1907 über dem Ort Pill in Tirol. Dadurch, dass sich das Hotel mitten in den Bergen befindet, ist es ein perfekter Ausgangspunkt für eine Schneeschuhwanderung oder um auf der längsten Rodelbahn Tirols den Berg runterzuflitzen. Die hoteleigene Saunalandschaft und die zahlreichen Freizeitangebote machten unseren Winterurlaub perfekt.

Aber nicht nur Europa setzt immer mehr auf Nachhaltigkeit bei seinen Unterkünften. Als wir das letzte Mal nach Thailand reisten, entschieden wir uns bewusst dafür, umweltfreundlich zu übernachten. Angefangen mit dem The Yard, einem liebevoll geführten Hostel im Herzen Bangkoks. Die Unterkunft ist nicht allein durch den wunderschönen Garten sehr grün, sondern auch in jeder anderen Hinsicht. Die Häuschen wurden aus alten Containern zusammengebaut, Trinkwasser kann kostenlos nachgefüllt werden und im Bad befinden sich Naturkosmetika. Das Yard Hostel ist das Projekt einer thailändischen Community, die es sich zur Aufgabe macht, Reisende aus aller Welt nachhaltig und herzlich zu empfangen.

Auf Koh Samui, einer unserer thailändischen Lieblingsinseln, buchten wir uns im Baan Boom Boxes ein, mitten im Dschungel. Jedes Häuschen verfügt über eigene Solarpanels auf dem Dach, die die Unterkunft mit Energie versorgen, zum Frühstück gibt es Früchte aus dem eigenen Garten, und wer mag, kann barfuß auf einem Sinnespfad wandeln.

Auch außerhalb von Europa lassen sich grüne Unterkünfte wie diese finden. Man muss halt nur ein bisschen danach suchen.

Wir Deutschen lieben Qualitätssiegel und Zertifikate. Sie geben uns das gute Gefühl, uns garantiert für das richtige Produkt entschieden zu haben. Es gibt unzählige Siegel, die auf Umweltbewusstsein und Nachhaltigkeit hinweisen und uns nicht verwirren oder überfordern wollen, sondern der Umwelt zugutekommen und dafür sorgen, dass Menschenrechte eingehalten werden. Durch die bewusste Entscheidung für einen nachhaltigen, zertifizierten Anbieter leistet man einen aktiven Beitrag zum Umweltschutz.

Das Reisen ist ein riesiger Wirtschaftszweig und schafft jede Menge Arbeitsplätze, der Tourismus zählt in vielen Regionen zu den größten Einnahmequellen. Aber dieser Boom kann auch das Klima nachhaltig schädigen und die Existenz jedes Lebewesens beeinflussen. Wasserknappheit, jede Menge CO_2 und schlechte Arbeitsbedingungen sind nur einige Gründe, um das Thema Nachhaltigkeit auch im Tourismus voranzubringen. In den nächsten Jahren werden hoffentlich Politik, Reiseveranstalter und Reisende noch mehr den Fokus auf Klimaschutz legen. Eine bewusste Buchung und das Achten auf Umweltsiegel können schon einen großen Unterschied machen.

Wir möchten euch in diesem Zusammenhang Siegel vorstellen, die auf europäischer und auch weltweiter Ebene vergeben wurden. Es gibt noch viele weitere, aber die wichtigsten haben wir hier für euch zusammengetragen.

Weltweit einer der ersten Zertifizierer für nachhaltiges Reisen war Green Globe (GGC). Das kalifornische Unternehmen arbeitet global an einer Zertifizierung von Hotels, Spas, Reiseveranstaltern, Attraktionen, Konferenz- und Veranstaltungszentren. Dabei wird sehr auf ökologische, kulturelle und soziale Nachhaltigkeit geachtet. Mehr als 500 Unternehmen tragen mittlerweile dieses Siegel. Um es zu erhalten, müssen 44 Grundkriterien und mindestens 51 Prozent aus über 380 zusätzlichen Indikatoren für Nachhaltigkeit erreicht werden. Alle zwei Jahre findet eine Vor-Ort-Überprüfung statt.

Travelife ist ein Zertifikat, das international an Unterkünfte und Hotels vergeben wird, die ein Nachhaltigkeitskonzept in ihren Berufsalltag integrieren. Es wird darauf geachtet, dass der Schutz der lokalen Bevölkerung eingehalten und faire Löhne bezahlt werden. Konkret bedeutet das vor allem die Einhaltung von Menschenrechten und Kinderschutz. Das Siegel wird alle zwei bis drei Jahre vergeben und die Standards, denen die Vergabe folgt, sind sehr hoch.

Mit der „TourCert-Zertifizierung" (früher: „CSR-certified") wird nicht nur die Umwelt geschützt, sondern auch auf Sozialverträglichkeit geprüft. Ob die Mitarbeiter fair bezahlt werden und wie viel vom Reisepreis im Reiseland ankommt, sind hierbei die zentralen Fragen. Das Siegel wird von einem unabhängigen Gutachter alle zwei bis drei Jahre ausgestellt.

Viabono möchte den nachhaltigen Urlaub in Deutschland fördern und vergibt sein Siegel an Hotels, Jugendherbergen und Pensionen. Kriterien für die Vergabe sind der Strom- und Wasserverbrauch, aber auch die Abfallwirtschaft und die Lebensmittelnutzung. Derzeit sind 220 Betriebe in Deutschland nach Viabono zertifiziert. Das Siegel gilt zwei Jahre. Danach wird eine erneute Prüfung fällig.

Weitere wichtige Umweltsiegel sind: Biohotels, Blaue Flagge, Certified Green Hotel, Eco Hotels Certified, Ecocamping, GreenSign, QualityCoast, Green Destinations Standard, Green Pearls und Blaue Schwalbe.

Nachhaltig übernachten ist einfach, wenn man weiß, wo man suchen muss. Glücklicherweise wächst die Anzahl der Portale, auf denen sich Informationen über einen nachhaltigen Urlaub finden lassen. Bei bookitgreen.com beispielsweise findet man eine große Auswahl an Biohotels, Biobauernhöfen und Unterkünften, die auf Nachhaltigkeit achten. Die Plattform bewertet die Unterkünfte nach entsprechenden Nachhaltigkeitskriterien. Durch zahlreiche Gästebewertungen kann man sich vor der Reise auch ein gutes Bild von der jeweiligen Unterkunft machen. Hier können Unterkünfte in ganz Europa gefunden und gebucht werden.

Die Plattform, die wir wahrscheinlich am häufigsten für unsere Recherchen und privat nutzen, ist biohotels.info. Die Biohotels-Vereinigung hat mittlerweile europaweit etwa 80 Hotels. Ob Bio-Sauna, Yoga, Möbel aus Naturholz oder ein veganes Frühstücksangebot – die Filterfunktion macht es möglich, ganz easy das individuelle Traumhotel zu finden.

Auch die Webseite goodtravel.de ist eine tolle Anlaufstelle für besondere Unterkünfte. Egal ob Glamping in Schweden oder Übernachten in einem schottischen Schloss – hier findet man viele extravagante Übernachtungsmöglichkeiten.

Auch palitree.de finden wir persönlich sehr spannend. Palitree ist ein privates Übernachtungsnetzwerk, bei dem du individuelle Unterkünfte finden kannst, die sonst nirgendwo anders angeboten werden. Das Ziel ist es, ungenutzte Übernachtungsmöglichkeiten nutzbar zu machen. Bei Palitree übernachtet man sozusagen bei Freunden von Freunden. Eine besonders nachhaltige Variante, denn diese Unterkünfte würden leer stehen, wenn die Wohnungsbesitzer verreisen.

Und wenn ihr gerne an einem Ort übernachten möchtet, an dem das eigentlich gar nicht geht, ist möglicherweise Sleeperoo das Richtige. Das Hotelzimmer besteht aus einem sogenannten Cube, einem komfortablen Würfel, der an einem ungewöhnlichen Ort in der Natur oder an einem aufregenden Kulturspot steht. Übernachten kann man beispielsweise bei sanften Lamas in der Südpfalz oder in den Ausstellungsräumen des Museums Lüneburg. Das Design und die Materialien des Würfels sind nachhaltig, und auch bei der Wahl der Partner und Lieferanten achtet Sleeperoo darauf, dass diese, jeder auf seine Weise, nachhaltig wirtschaften. Bei populären Buchungsplattformen wie booking.com und airbnb.com lassen sich ebenfalls nachhaltige Hotels, Ferienwohnungen und Chalets finden.

Viele Hotels weltweit achten auf die Umwelt, wenn sie Müll vermeiden, Wasser und Strom sparen. Aber auch wir als Gäste können uns aktiv daran beteiligen, und das sogar einfacher als gedacht. Schon wenn wir morgens das Duschhandtuch wieder aufhängen, anstatt direkt ein frisches zu verlangen, ist schon ein kleiner Beitrag geleistet. Wir alle haben bestimmt schon mal das Schild im Badezimmer der Unterkunft gesehen, auf dem steht: *Helfen Sie der Umwelt und uns, indem Sie Ihr Handtuch an den Haken hängen und mehrmals benutzen.* Durch das tägliche Waschen der Handtücher und Bettwäsche verbrauchen Hotels nämlich Unmengen an Wasser. Durch einen sorgsamen Umgang mit dem kostbaren Gut tragen wir einen kleinen Teil dazu bei, das Klima zu schützen. Aber auch der Stromverbrauch spielt eine große Rolle, dabei wäre es so einfach, auch hier einiges einzusparen, wenn wir uns im Urlaub so verhalten, wie wir es auch zu Hause tun. Wir stecken zum Beispiel nachts alle Stromquellen aus, da viele Geräte auch im Stand-by-Betrieb Energie verbrauchen. Nachdem die Klimaanlage nicht nur schlecht für die Umwelt ist, sondern auch für unsere Atemwege, bemühen wir uns, diese nur einzuschalten, wenn es unbedingt sein muss. Wenn wir das Hotelzimmer verlassen, schalten wir selbstverständlich das Licht aus. Wenn es ein Frühstücksbuffet gibt, packen wir unsere Teller nicht randvoll, sondern nehmen uns das, was wir auch wirklich essen können. Auch wenn wir zweimal gehen müssen, wird uns das wahrscheinlich kein Bein ausreißen. Denn alles, was nicht aufgegessen wird, landet im Müll. Nutzt das Nichtstören-Schild, um es an die Tür zu hängen, wenn ihr der Meinung seid, dass das Zimmer nicht täglich gereinigt werden muss. Somit können das Personal entlastet und Ressourcen geschont werden. Die kleinen Duschflaschen im Badezimmer lassen wir unberührt, da wir unsere eigene Seife mitbringen. Auch das spart wieder Verpackungsmüll und Einwegplastik.

Nutzt außerdem das umweltfreundliche Angebot vor Ort, um euch fortzubewegen. Sei es das Fahrrad, der Bus oder die eigenen Beine. In Los Angeles haben wir zum Beispiel den Carsharing-Service in Anspruch genommen. Das Besondere daran war, dass es Elektrofahrzeuge waren. Mit kleinen Elektroflitzern fuhren wir durch die Straßen von L. A. Flitzer ist natürlich etwas übertrieben, denn es handelte sich um einen kleinen Smart. Spaß gemacht hat es trotzdem. An der Debatte, ob Verbrennungsmotor oder Elektromotor generell besser sei, scheiden sich nach wie vor die Geister. Wir persönlich finden den Ansatz der elektronischen Automobilindustrie spannend, aber die Bedingungen müssten langfristig verbessert werden, damit auch Projekte wie diese zukunftsfähig sind. Sowohl bezüglich der Arbeitsbedingungen als auch hinsichtlich der Umwelt.

Insgesamt ist alles, was wir im Alltag zu Hause richtig machen, auch richtig für unseren Urlaub. Dabei sollten wir aufpassen, dass wir hier nicht nachlässig werden, nur weil die Umstände andere sind und vielleicht ein bisschen Kreativität gefragt ist bei Mülltrennung, Fortbewegung und Konsum. Das alles ist machbar. Versprochen.

FAIR GEREIST AUF EINEN BLICK:

- Bio- und Umwelthotels sind nach hohen Standards zertifiziert. Haltet bei der Buchung nach entsprechenden Siegeln Ausschau und ihr unterstützt damit faire Arbeitsbedingungen und eine nachhaltige Wirtschaft.

- Seiten wie bookitgreen.com, biohotels.info, palitree.com oder sleeperoo.de, können euch bei der einfachen Buchung von Unterkünften helfen.

- Auch in regulären Hotels könnt ihr euch umweltbewusst verhalten: Spart ganz einfach Wasser, indem ihr zum Beispiel Handtücher und Bettwäsche wiederverwendet, oder reduziert euren Stromverbrauch und eure Essensabfälle.

KAPITEL 9

EIN HOCH AUF DIE PLANUNG

Es gibt Menschen, die lieben es, ihre Reise komplett durchzuplanen, um auch ja nichts zu verpassen. Es werden lange To-do-Listen erstellt und jedes einzelne Detail durchleuchtet. Viele von uns vergleichen wochenlang Transport- und Hotelpreise. Einige legen sich sogar ihre Sachen schon mehrere Tage vor Reiseantritt auf einen kleinen Stapel, um nichts beim Packen zu vergessen.

Bei uns sieht das anders aus, wir packen einen Tag vorher und planen unsere Reise nur sehr grob. Wir wollen lieber schauen, was passiert, und uns vorab nicht zu viel vornehmen. Wenn es um Zug, Bus oder Flug geht, vergleichen aber auch wir Wochen vorher die Preise, denn das lohnt sich in der Regel auch.

Ein Städtetrip nach Paris oder eine Rundreise durch Kalifornien? Wo soll es hingehen? Das ist für uns der schwierigste Part der Reiseplanung. Es gibt einfach so viele spannende Orte auf diesem Planeten! Aber es kommt auch immer darauf an, welches Budget wir zur Verfügung haben und wie lange wir vorhaben zu bleiben. Wegen einer Woche werden wir nicht nach Kalifornien fliegen oder eine Abenteuerreise durch Schweden planen. Dafür kann man in einer Woche einen wundervollen Städtetrip oder einen Ausflug in die Berge unternehmen. Wir haben eine kleine Faustregel für uns selbst festgelegt: Wenn wir schon fliegen, berechnen wir pro Flugstunde etwa eineinhalb Tage Aufenthalt im jeweiligen Land. Das bedeutet, wenn wir ca. 14 Stunden nach Bangkok fliegen, bleiben wir mindestens drei Wochen in Thailand. Diese eigens aufgestellte Regel macht natürlich nur bei längeren Flügen Sinn und bedeutet nicht, dass wir damit einen Flug für ein Shopping-Wochenende in London rechtfertigen würden.

Bei der Reiseplanung ist uns auch immer wichtig, dass wir auf die richtige Reisezeit achten. Uns ist es nämlich schon passiert, dass wir während der Trockenzeit in Indien waren. Tagsüber konnte man nicht das Haus verlassen, da die Temperaturen bis auf 45 Grad Celsius gestiegen sind. Eine Erkundung der Landschaft und die Entdeckung der aufregenden Kultur waren somit nicht wirklich möglich. Bei einer solchen Hitze durch die Stadt zu laufen oder gar zu wandern ist irrsinnig. Schon morgens um halb neun war es so heiß, dass wir nicht mehr die Unterkunft verlassen konnten. Deshalb standen wir gegen sechs Uhr morgens auf und versuchten, in den wenigen Stunden so viel wie nur möglich zu sehen. Das war nicht besonders klug und wir ärgerten uns sehr über die fehlende Planung.

Oft locken auch preiswerte Angebote, die sehr einladend sein können. Aber wenn man die Reisezeit, die das Angebot umfasst, prüft, weiß man auch, dass der Preis nur deswegen zustande kommt. Grundsätzlich sollte man sich immer vor der Reisebuchung die Klimabedingungen anschauen. In vielen Ländern gibt es Regenzeiten oder sogar Hurrikans, die deinen Urlaub ins Wasser fallen lassen können. Aber auch die Hochsaison sollte gemieden werden, wenn man nicht darauf angewiesen ist. Wer zum Beispiel Schulkinder hat und nur dann verreisen kann, muss damit rechnen, dass Preise dementsprechend höher sind als in der Nebensaison.

Wir sind auch große Fans von Sicherheit. Das Auswärtige Amt ist hier eine nützliche Anlaufstelle. Vor Maximilians Reise nach Pakistan beispielsweise haben wir uns vorher ausführlich über die Reisewarnungen informiert und die Regionen gemieden, die das Auswärtige Amt als gefährlich eingestuft hatte. Es ist wichtig, solche Informationen zu überprüfen, denn was bringt der schönste Strand, wenn man sich an ihm nicht sicher fühlt?

Auch über die Tierwelt sollte man sich informieren, bevor man sein Abenteuer beginnt. Viele fremde Länder haben auch viele giftige Tiere. Wir haben auf Reisen schon einiges hüpfen, krabbeln oder vorbeischwimmen sehen. Man kann auf Bali vom Affen gebissen und in Australien von einer überdimensionalen Fledermaus attackiert werden oder beim Tauchen in eine Feuerqualle schwimmen. Im besten Fall erkundigt man sich vorab, welchen Tieren man im Zielland potenziell begegnen kann und was dann zu tun ist.

Wer sich in exotische Länder begibt, sollte sich zudem vorher vom Arzt checken lassen und gegebenenfalls über spezielle Impfungen nachdenken.

Wenn der Ort feststeht und alle wichtigen Informationen eingeholt worden sind, stellt sich die nächste Frage: Wie komme ich von A nach B? Wenn du mit dem Auto verreist, ist es wichtig, eine gute Route zu finden. Außerdem ist es von Vorteil, sich über mautpflichtige Straßen zu informieren. Jedes Land handhabt das ganz individuell. Zudem gibt es spezifische Sicherheitsregeln des jeweiligen Landes, die man einholen muss, bevor die Reise beginnt. Wie sieht es mit der Geschwindigkeitsbegrenzung aus, wie viele Warnwesten brauche ich, ist mein Auto ausreichend auf eine lange Reise vorbereitet? Informationen wie diese bietet vor allem der ADAC. Bei einer Reise mit Zug, Bus oder Flugzeug lohnt es sich, zeitnah zu buchen und Preise zu vergleichen. Last Minute kostet oft mehr. Zugtickets zum Beispiel bekommt man deutlich günstiger, wenn man früh genug bucht und noch die Sparpreise erwischt.

Wenn wir wissen, wie wir an unseren Zielort kommen, buchen wir die Unterkunft. Wir empfehlen zudem, Unterlagen und wichtige Dokumente wie Reisepass oder Kreditkartennummer vor der Reise digital auf dem Smartphone oder Laptop abzuspeichern. Im Falle eines Diebstahls der Handtasche kann man auf diese Absicherung zurückgreifen.

Tja, und wenn wir dann unsere Siebensachen mithilfe der Packliste aus der hinteren Buchklappe beisammenhaben, geht's los ...

Schon bevor wir das Reisen zu unserem Beruf gemacht haben, bekamen wir oft die Frage gestellt, wie wir uns denn das viele Reisen überhaupt leisten können. Die Antwort ist eigentlich ganz simpel, denn wie so oft im Leben kommt es einfach auf die Prioritäten an.

Wer meint, zu wenig Geld zum Reisen zu haben, der sollte zuallererst einmal eine Übersicht über seine Ein- und

Ausgaben erstellen. Hand aufs Herz: Die meisten von uns besitzen jede Menge (vielleicht auch zu viele) Verträge oder Versicherungen. Doch seien wir ehrlich, was davon benötigen wir wirklich? Wenn wir ans Fitnessstudio denken, kennen wir alle mindestens zwei Freunde, die angemeldet sind, aber nie hingehen. Oder man hat einen sehr teuren Handyvertrag, welcher vielleicht umgewandelt werden kann in eine deutlich günstigere Variante mit beispielsweise einer Prepaid-Karte. Hier regelmäßig Tarife zu vergleichen kann sich wirklich lohnen. Man sagt uns Deutschen ja nach, dass wir alle überversichert seien, und vielleicht macht es tatsächlich Sinn, noch mal einen Blick auf bestehende Verträge und Versicherungen zu werfen und diese eventuell zu kündigen. So lässt sich unter Umständen viel Geld sparen.

Als Nächstes könntet ihr Dinge verkaufen, die ihr einfach nicht mehr benötigt und worüber sich vielleicht ein anderer Mensch freut. Wir leben in einer Wegwerfgesellschaft, in der brauchbare Dinge gerne entsorgt werden, weil sie den neuesten Trend nicht überstanden haben. Wir misten regelmäßig aus, denn so fühlt man sich nicht nur freier, sondern kann auch ganz nebenbei ein bisschen Geld verdienen. Meistens verkaufen wir Dinge, die wir seit Monaten nicht mehr benutzt haben, auf ebay-Kleinanzeigen und sparen dieses Geld dann für unsere Reisen. Ob Klamotten, Elektronik oder irgendwelche Staubfänger – es gibt fast immer jemanden da draußen, der auf der Suche nach genau dem Teil ist, das du nicht mehr brauchst. Wenn man viele Klamotten hat, kann man auch einfach auf den Flohmarkt gehen und dort seine Sachen verkaufen.

Natürlich sind ein sparsameres Leben und ein angepasster Lifestyle auch sehr wichtig. Macht euch Gedanken über euren Lebensstil. Wie oft geht ihr essen oder ins Kino? Wie oft kauft ihr neue Kleidung oder Dinge, die euch nur kurze Zeit Freude bereiten? Weniger und bewusster zu konsumieren hat uns damals geholfen, unsere Sparziele für die Reisen zu erreichen.

Auch Einkaufslisten sind hilfreich. Vorausgesetzt natürlich, man hält sich beim Einkauf auch daran. Das bewahrt vor vielen Spontankäufen. Kauft, kocht und lebt bewusster! Und seid erfinderisch! Statt ins Restaurant oder ins Kino zu gehen, kann man ja auch einfach mal einen Filmabend zu Hause planen oder für Freunde kochen.

Es gibt noch einen weiteren Trick, den wir einsetzen, um jede Menge Geld für unsere Reisen zu sparen. Und zwar den Trick mit der Spardose. Wir haben uns schon vor vielen Jahren eine Spardose besorgt. Hier kommt alles Kleingeld rein, was sich so im Geldbeutel oder in unseren Hosentaschen befindet. Alle Münzen kommen in die Dose. Am besten funktioniert sparen, wenn man sich mit jemandem zusammentut, der dasselbe vorhat wie man selbst. Sucht euch einen Sparfreund. Gemeinsam macht alles mehr Spaß und man kann sich gegenseitig motivieren. Wenn ihr sowieso gemeinsam verreisen wollt, bietet es sich noch mehr an, sich zusammenzutun. Ihr könnt euch gemeinsame Sparziele vornehmen und vielleicht auch einen witzigen Wettbewerb daraus machen. Man könnte sogar einen kleinen Gewinn verlosen, damit der Ansporn noch größer ist. Wichtig ist aber auch, dass man sich realistische Ziele setzt. Wir hatten uns 2016 ein ziemlich großes Ziel vorgenommen: 6000 Euro pro Person benötigten wir, um durch Südostasien zu kommen, um im Anschluss dann in Australien zu arbeiten. Innerhalb von sechs Monaten wollten wir diese

Summe beisammenhaben. Wir wussten, dass es nicht einfach werden würde bei den Münchner Mietpreisen und einem Mittzwanziger-Verdienst. Zuvor hatten wir regelmäßig gefeiert und das Konsumangebot einer Großstadt in vollen Zügen genossen, fingen also bei null an. Aber wir wollten uns den Traum von einer längeren Reise unbedingt erfüllen, also sparten wir, wo es nur möglich war. In dieser Zeit blieben wir viel zu Hause und befeuerten unser Fernweh mit Reisevideos und Dokumentationen. Wir sahen uns schon am Strand unter Palmen liegen. Am Anfang fiel es uns schwer, aber irgendwann verzichteten wir sogar gern, denn wir wussten ja, wofür. Das Ziel hatten wir stets vor Augen. Aber was uns im Nachhinein erst bewusst geworden ist und was viel wichtiger war – wir lernten zu sparen. Und diese Disziplin haben wir uns in vielen Lebensbereichen beibehalten.

Wer sich nicht so leichttut mit dem Sparen, kann sich an Raphael Fellmer orientieren. In seinem Buch *Glücklich um die Welt* erzählt der Autor, wie er ohne Geld, aber mit viel Zeit um die halbe Welt reiste.

Manche würden vielleicht denken, dass Vielreisende auch über besonders viel Glück oder Geld verfügen. Die Wahrheit ist, dass es in den meisten Fällen weder mit dem einen noch mit dem anderen zu tun hat. Es gibt lediglich ein paar Tricks, um sehr günstig zu reisen, und genau diese Möglichkeiten haben wir zu Beginn genutzt, um möglichst viel von der Welt zu sehen, aber trotzdem nicht von einem Ort zum nächsten zu hetzen.

Man kann zum einen Reisen und Arbeiten verbinden. Weil das Geld meistens nicht für immer in der Spardose bleibt, muss man in der Regel irgendwann auch ein wenig arbeiten. Aber warum in Deutschland arbeiten, wenn man doch so gerne reisen und die Welt sehen möchte? Es gibt doch auch andere Länder, in denen wir das tun können. Wir sprechen vom sogenannten „Work and Travel", also „Arbeiten und Reisen". Ein sehr beliebtes Land für ein solches Arbeitsvisum ist Australien. Es gibt aber noch viele weitere Länder wie beispielsweise die USA, Kanada oder aber auch Neuseeland, die diese Form des Reisens möglich machen. Mit einem Work-and-Travel-Visum habt ihr die Möglichkeit, bis zu 40 Stunden die Woche zu arbeiten und euch damit eure weiteren Reisen zu finanzieren oder das Land zu bereisen, in dem ihr arbeitet. Wir haben das auch gemacht und insgesamt acht Monate in Australien gelebt und gearbeitet. Wir hatten dort nicht nur eine unglaublich tolle Zeit, sondern konnten sogar noch eine Menge Geld für unsere Weiterreise sparen. Es besteht auch die Möglichkeit, für Kost und Logis auf Öko-Bauernhöfen zu arbeiten. Die Organisation dahinter heißt WWOOF (WorldWide Opportunities On Organic Farms). Man hilft hierfür lediglich ein paar Stunden am Tag in einem landwirtschaftlichen Betrieb. Hierbei lebt man nicht nur mit Einheimischen zusammen, sondern wird auch in dieses Leben integriert.

Kostenlose Übernachtungsmöglichkeiten findet man immer noch bei der sehr beliebten Couchsurfing-App. Diese ermöglicht es Reisenden jeden Alters, weltweit kostenlos zu übernachten. Es gibt auch jede Menge kostenlose Aktivitäten. Als wir damals in Sydney waren, nahmen wir zum Beispiel an einer kostenlosen Stadtführung teil. Meistens werden Stadtführungen wie diese von Studenten geleitet, die auf etwas Trinkgeld hoffen. Wir haben natürlich im Anschluss einen kleinen Unkostenbeitrag geleistet, da die Führung wirklich sehr interessant war.

Weltweit gibt es spannende kostenlose Angebote, die es einem ermöglichen, auch mit wenig Geld viel rumzukommen. Man muss nur Augen und Ohren offen halten. Und wie heißt es so schön: Die besten Dinge im Leben sind umsonst.

Eine häufig gestellte Frage aus unserer Community ist, ob wir lieber mit Koffer oder Rucksack verreisen. Wir würden sagen, sowohl als auch. Vielreisende entscheiden sich häufig für einen Rucksack. Aber ist der Backpack wirklich das praktischste Reisegepäck? Natürlich, wenn man eine Wanderung von mehreren Tagen beabsichtigt und in Regionen unterwegs ist, die noch nicht zu sehr vom Tourismus erschlossen wurden, ist es definitiv die bessere Wahl. Wer möchte auf holprigen Straßen oder in den Bergen schon einen Koffer hinter sich herziehen müssen? Wenn wir allerdings länger in einer Unterkunft bleiben, bevorzugen wir den Koffer. Der Rücken freut sich jedenfalls. Denn 20 Kilo machen sich auf dem Rücken durchaus bemerkbar – selbst wenn es sich um ein hochwertiges Gepäckstück handelt. Andererseits hat man dafür mit einem Rucksack die Hände frei und muss nicht ständig nach seinem Gepäck schauen. Wenn man allerdings etwas aus seinem Reisegepäck sucht, muss man oft den ganzen Rucksack ausleeren, auch ziemlich nervig. Es gibt aber auch multifunktionale Rucksäcke, bei denen man von vorne mit einem Reißverschluss an das

Innenfach gelangt und nicht erst den ganzen Rucksack entleeren muss. Eine sehr praktische Alternative und vielleicht ein guter Mittelweg zwischen Koffer und Rucksack ist der sogenannte Backpack-Trolley. Ein Rucksack, der sich tragen, aber dank integrierten Rollen auch wie ein Koffer ziehen lässt.

Wer in eine Unterkunft mit vielen Treppen und ohne Fahrstuhl eincheckt, bereut es wahrscheinlich, einen Koffer gewählt zu haben. Hierbei ist der Rucksack wieder klar im Vorteil. Insgesamt bevorzugen wir jedoch mittlerweile in der Regel den Koffer.

Wer schon einmal in heißen Gebieten unterwegs war und einen fetten Rucksack rumschleppen musste, weiß, welche Qual das ist. 2017 waren wir über ein Jahr am Stück nur mit Rucksack unterwegs, einen großen auf dem Rücken und einen kleinen mit der ganzen Technik vorne. Jeder von uns. Wir sahen aus wie übergewichtige Schildkröten, die durchs Land zogen. Jeder Schritt brachte uns mehr zum Schwitzen und unsere Köpfe glühten vor Hitze und Anstrengung. Schweißgebadet schworen wir uns, in Zukunft weniger Gepäck aufzuladen – das klappt bis heute übrigens nur so semi-gut.

Egal ob mit Koffer, Trolley oder Rucksack – ein bisschen Ordnung muss bei uns sein. Es macht uns wahnsinnig, wenn der Inhalt des Gepäcks kreuz und quer durcheinanderfliegt. Die Lösung sind praktische Packwürfel. Diese kleinen Helfer sorgen dafür, dass alles gut verstaut ist, auch wenn man mit dem Rucksack verreist. Wir haben mehrere Packwürfel, die wir unterschiedlich bepacken. Wir packen nach Kategorien und trennen Shirts von Hosen und Unterwäsche. So findet man seine Kleidungsstücke beim Auspacken schnell wieder und alles ist beisammen. Auch kleine Tiere, die gegebenenfalls gerne mal in Rucksack oder Koffern krabbeln, wenn diese offen stehen, werden damit ferngehalten. Gerade in Australien haben wir diese Tatsache noch mal mehr zu schätzen gewusst. Und wie heißt es so schön – Ordnung ist das halbe Leben. Spießig, aber wahr.

Uns ist es immer sehr wichtig, unsere Wertsachen optimal zu schützen. Dabei macht es für uns auch keinen Unterschied, ob wir eine Reise für ein paar Tage unternehmen oder länger unterwegs sind. Ratsam ist natürlich auch hier, seinen gesunden Menschenverstand einzusetzen und teure Technik beispielsweise niemals einfach so rumliegen zu lassen oder offenherzig das gesamte Equipment herzuzeigen Um sich aber nicht nur auf sich selbst verlassen zu müssen, gibt es zum optimalen Schutz tolle Gadgets.

Was wir beim Verreisen immer dabeihaben, ist ein Zahlenschloss, um unsere Wertsachen in der Unterkunft absperren zu können. Gerade Hostels verfügen in den Zimmern über Schränke, die mit einem Vorhängeschloss versperrt werden können. Hat man kein solches Schloss dabei, kann man sich dieses im Hostel kaufen. Allerdings wird dafür ein ordentlicher Aufpreis verlangt. Deswegen empfiehlt es sich, ein eigenes Zahlenschloss mitzubringen. Im Hotel greifen wir gerne auf den Safe zurück.

Ein weiteres Gadget, welches wir in den letzten Jahren sehr zu schätzen gelernt haben, ist ein Pacsafe. Das ist ein tragbarer Safe für Reisende. Ein Pacsafe besteht aus einem robusten Material und wird durch das integrierte

Stahlseilgeflecht diebstahlsicher, denn aufschneiden kann man dieses nicht so einfach. Umgeben wird es in der Regel von einer Baumwollschicht, damit die verstauten Gegenstände auch gut geschützt sind. Der Beutel wird mit einem Stahlseil zugezogen, mit dem Zahlenschloss verschlossen und an einem festen Gegenstand befestigt.

Dokumente empfehlen wir sowohl im Original als auch in Kopie mitzunehmen, für den Fall, dass mal etwas verloren geht. Es gibt noch einen altbewährten Trick, seine Geldscheine zu verstecken, nämlich in Socken oder Unterwäsche. Funktioniert einwandfrei. Auch eine Gürteltasche auf Reisen ist einfach superpraktisch. Ob Ausweis, Kreditkarten, Flugtickets oder Geldbörse: So ziemlich alles kann in dieser Gürteltasche verstaut werden. Außerdem kann man die Tasche unter dem T-Shirt tragen, wodurch diese nahezu unsichtbar wird. Mittlerweile gibt es sogar Betrüger, die mithilfe von Lesegeräten RFID-Funksignale abfangen und so Kreditkarten auslesen können. Hierfür ist in manchen Gürteltaschen ein sogenannter RFID-Schutz hinterlegt, der dies unterbindet.

Wer noch nicht so ganz für sich herausfinden konnte, welcher Reisetyp er ist, dem können die folgenden Seiten vielleicht dabei helfen.

Eine Individualreise ist eine Reise, bei der man sich Flüge, Hotels und Aktivitäten selbst zusammensucht. Meistens bucht man sich einen Flug, und der Rest wird vor Ort spontan entschieden. Natürlich ist so eine Individualreise nicht für jeden Reisenden geeignet. Wer aber gerne Länder auf eigene Faust erkundet, sollte sich eine Individualreise buchen. Vor allem Backpacker sind große Fans von Flexibilität und Individualität, weshalb sie auch auf einen Reiseveranstalter verzichten. Der wichtigste Vorteil ist natürlich die Flexibilität. Bei einer Reise auf eigene Faust kann man spontan sein und sich einfach treiben lassen, selbst das Tempo vorgeben. Außerdem können Pläne kurzfristig geändert werden. Wer sich seine Reise selbst zusammenstellt, kann in der Regel auch Geld sparen, da auf den Service des Reiseveranstalters verzichtet wird. Wer nicht gerne selbst entscheidet und keinen großen Aufwand möchte, für den sind Individualreisen eher nicht das Richtige, denn hier muss man alle organisatorischen Dinge, alle Routen und Aktivitäten selbst planen und regeln. Der Ansprechpartner fällt weg, sodass man wirklich komplett auf sich alleine gestellt ist.

Bei einer Pauschalreise wird eine Reise von einem Veranstalter zusammengestellt und angeboten. Hierbei wird ein Paket aus verschiedenen Leistungen geschnürt, wie beispielsweise aus Flug, Hotel und Transfer. Meistens werden bei einer Pauschalreise die Unterkunft mit Frühstück sowie An- und Abreise vom Reiseveranstalter gebucht. Zusätzlich können weitere Bausteine hinzugefügt werden, wie Tickets für Veranstaltungen oder andere Aktivitäten. Wer eine Pauschalreise bucht, hat den Vorteil, immer auf Nummer sicher zu gehen, wie man so schön sagt. Denn sollte zum Beispiel mal ein Flug ausfallen, kümmert sich der Veranstalter um eine Lösung. Diesen Vorteil hat man als Individualreisender natürlich nicht. Auch wenn ein Hotel Mängel aufweist, kümmert sich der Reiseveranstalter in der Regel zeitnah um eine Alternative. Allerdings ist es auch so, dass umso mehr Bausteine dem Paket hinzugefügt werden, am Ende weniger

Flexibilität bleibt. Manche Dinge kann man jedoch erst vor Ort beurteilen, und so bringt man sich unter Umständen um schöne Erlebnisse. Bestimmte Orte, die ein wenig mehr abseits der Touristenströme liegen, werden oft auch gar nicht erst von Reiseveranstaltern angeboten.

WENN IHR EUCH IN DIESEN PUNKTEN ERKENNT, IST DIE WAHRSCHEINLICHKEIT HOCH, DASS IHR SEHR GUT FÜR EINE INDIVIDUALREISE GEEIGNET SEID:

- Ihr habt keine Lust auf Massentourismus
- Spontan sein macht euch Spaß
- Ihr habt Bock auf Abenteuer
- Ihr wünscht euch mehr Kontakt zu Locals und wollt in deren Kultur eintauchen
- Es macht euch nichts aus, auf etwas Komfort zu verzichten

ODER SAGT EUCH EINE PAUSCHALREISE DOCH MEHR ZU?

- Sicherheit und Hilfe in Notfällen ist euch bei einer Reise wichtig
- Ihr wünscht euch einen Ansprechpartner während eurer Zeit auf Reisen
- Es ist euch wichtig, die Kosten vorab genau planen zu können

- Ihr habt keine Lust, im Urlaub etwas zu planen und zu organisieren
- Ihr wollt im Urlaub einfach entspannen und nichts tun

Sowohl eine Pauschalreise als auch eine Individualreise können spannend und sehr schön sein. Um festzustellen, was einem persönlich besser gefällt, empfehlen wir, beide Reisearten einfach mal auszuprobieren.

KAPITEL 10

SLOW TRAVEL

Langsamer und bewusster reisen – das ist es, was Slow Travel ausmacht. Eine Einstellung zu entwickeln, bei der es weniger um das Abklappern möglichst vieler Sehenswürdigkeiten geht, sondern darum, die kleinen Momente auf Reisen stärker wahrzunehmen. Slow Travel meint exakt das Gegenteil von Massentourismus.

Bei Slow Travel geht es darum, mit allen Sinnen die neue Kultur und die Menschen vor Ort in sich aufzunehmen und auf sich wirken zu lassen. Im Kerngedanken enthalten ist auch die Idee, nachhaltiger und umweltbewusster zu reisen. Wichtig ist außerdem, dass die Entspannung nicht zu kurz kommt und man Zeit einplant, das Erlebte zu verarbeiten. Slow Travel heißt aber nicht, auf Fernreisen zu verzichten, weil man ohne Flugzeug nicht ans Ziel kommt. Sondern länger zu bleiben und die nähere Umgebung mit dem Fahrrad oder zu Fuß zu erkunden und auch mit Einheimischen ins Gespräch zu kommen.

Entstanden ist das Ganze in den Achtzigerjahren in Italien, wo sich die Slow-Movement-Bewegung gegen Fast Food,

Fast Fashion und Fast Travel einsetzte. Die Menschen wollten wieder mehr Wert auf regionale Produkte legen, lange überlieferte Rezepte und die traditionelle Küche schützen und das langsame und bewusste Leben mehr fördern.

Qualität und Genuss beim Essen sind uns unheimlich wichtig. Beim Kochen planen wir auch gerne mal etwas mehr Zeit ein, damit es am Ende auch wirklich gut wird. Beim Reisen ist das ganz ähnlich, man sollte auch hier den Genuss nicht vergessen, und der braucht eben einfach ein bisschen Zeit. Fast Food ist nur für die Nahrungsaufnahme da. In kurzer Zeit werden eine Menge Kalorien verschlungen, die Übelkeit auslösen und das schlechte Gefühl, sich überfressen zu haben. Bauchschmerzen inklusive. Genauso ist es mit dem schnellen Reisen. Man reist nur um des Reisens willen und verschlingt die Sehenswürdigkeiten förmlich so lange, bis keine neuen Eindrücke mehr aufgenommen werden können.

Während die gewöhnlichen Pauschalreisen oft darauf basieren, in einem kleinen Zeitfenster möglichst viel zu erleben, widmet sich Slow Travel genau dem Gegenteil. Das Ziel ist es, ein Teil des Lebens vor Ort zu werden. Gegessen wird vielleicht dort, wo es auch Einheimische tun. Oder es wird auf regionalen Märkten eingekauft und sich selbst bekocht. Man nutzt dabei die öffentlichen Verkehrsmittel und bucht Touren bei Einheimischen, um die lokale Wirtschaft zu stärken. Slow Travel ist nicht nur was für Abenteuerlustige, die ganz alleine mit dem Rucksack durch die kleinen Dörfer der Provinz marschieren, sondern definitiv für jeden geeignet. Langsames Reisen kann jeder, der sich darauf einlässt. Ob Luxushotel oder kleines Gästehaus, das Budget ist beim langsamen Reisen nicht wichtig. Mit jedem noch so kleinen Geldbeutel kann das Leben genossen werden. Reist nicht nur, um anzukommen, sondern um den Weg zu erleben. Der Weg ist das Ziel. Ommm.

Am besten, man verzichtet einfach mal auf einen Reiseführer, da sind sowieso zu viele Sehenswürdigkeiten drin. Die Liste von Dingen, die man angeblich unbedingt sehen muss, ist eh viel zu lang. Noch dazu entsteht schnell mal ein schlechtes Gewissen, wenn etwas ausgelassen wird. Und mit einem schlechten Gewissen will man sich im Urlaub nun echt nicht rumplagen müssen.

Eine komplett durchgeplante und gut vorbereitete Reise ist sehr effizient, aber die richtigen Abenteuer entstehen unserer Erfahrung nach erst im Ungeplanten. Wir erzählen die Geschichten am liebsten, die uns aus der Reserve gelockt haben und nicht auf unserer Liste standen. Abenteuer, die unerwartet geschahen und nicht vorherzusehen waren. Unser Alltag besteht oft darin, unsere Routinen zu leben und unterbewusst zu handeln. Unser Bewusstsein ist dabei oft im Stand-by-Modus, aber nicht wirklich im Hier und Jetzt. Und so ist es auch oft auf Reisen: Man erlebt Dinge nur unterbewusst und sammelt Momente nur für Fotos, um diese danach anschauen und rumzeigen zu können. Aber ist es nicht viel toller, die Reise bewusst zu erleben, anstatt auf Autopilot zu schalten? Selber zu fliegen?

Nehmen wir Paris. Viele Menschen besuchen die Stadt, um den Eiffelturm zu fotografieren, vor dem Louvre zu posieren oder die Kathedrale Notre-Dame zu besichtigen. Aber es gibt in Paris noch so viel mehr! Die vielen kleinen Cafés, die so ganz unterschiedlich gestalteten Metro-Stationen und die vielen Museen, deren Schätze nur darauf warten, entdeckt zu werden. Als wir das letzte Mal in Paris waren, besuchten wir das Quai-Branly-Museum, ein eher unbekanntes Haus mit tollen Ausstellungen aus der ganzen Welt. Außerdem nahmen wir an einem Kochkurs teil, bei dem wir lernten, wie leckere kleine Desserts zubereitet werden. Paris hat so viel mehr zu bieten als nur die bekannten Sehenswürdigkeiten.

Aber nicht nur in Paris, weltweit gibt es Dinge zu bestaunen, die nicht in jedem Reiseführer stehen. Für Slow Traveller stehen neue Erfahrungen im Vordergrund und nicht die exakte Planung des ganzen Urlaubs. Langsames Reisen ist wie eine Selbstfindung, eine buchstäblich nachhaltige Erweiterung des eigenen Horizonts. Reisen ist nämlich nicht nur eine Begegnung mit der Welt, sondern auch eine Begegnung mit sich selbst. In 80 Tagen um die Welt ist kein Abenteuer, wie es im Buche steht, sondern nur Stress, bei dem der Genuss absolut zu kurz kommt.

Wer auf Reisen geht, sollte sich vor allem eins nehmen, und das ist Zeit.

Wir sind am Anfang unserer Weltreise sehr schnell gereist, um möglichst viele Länder zu sehen. Nach einigen Wochen haben wir gemerkt, dass wir total erledigt sind von den vielen Eindrücken. Wir brauchten erst mal Urlaub von der Reise durch Indien und haben uns auf unserer Weiterreise nach Sri Lanka in einer Unterkunft mit Pool eingebucht und dort einfach nur entspannt.

Mittlerweile reisen wir schon so langsam, verbringen so viel Zeit an einem Ort, dass wir oft in Cafés und Restaurants mit Namen begrüßt werden. Wir kennen aber ganz viele Geschichten von Thailandreisenden, die in vier Wochen das ganze Land bereisen. Anstatt sich innerhalb von einem Monat 15 verschiedene Orte anzuschauen und total übersättigt und gestresst von einem Strand zum nächsten zu hetzen, kann man sich doch auch einfach vier schöne Orte raussuchen und sich dort so richtig wohl und zu Hause fühlen. Wir haben es bei unserer letzten Thailandreise so gemacht, dass wir einen ganzen Monat auf Koh Pha-ngan verbrachten. Einen Monat auf einer Insel, die wir zwar nicht zum ersten Mal besuchten, aber in dieser Art und Weise noch nie zuvor kennengelernt hatten. Während dieses Monats erlebten wir Abenteuer, die wir heute noch gerne erzählen. Schon der Besuch beim Friseur war ein Highlight. Wir besuchten einen Friseursalon, der eigentlich das Wohnzimmer des Friseurmeisters war, der Maximilian einen neuen Haarschnitt verpasste. Nebenbei lief der Fernseher und sein Sohn sang fröhliche Lieder, die er wahrscheinlich in der Schule gelernt hatte. Während der vier Wochen auf Koh Pha-ngan besuchten wir fast jeden Abend ein und denselben Strand und waren bald Teil der kleinen Community am Zen Beach geworden. Der Zen Beach wird uns sowieso für immer in Erinnerung bleiben. Dort befindet sich übrigens auch der einzige FKK-Strand, den wir in Asien jemals gesehen haben. An diesem Strand standen wir zum ersten und einzigen Mal für ein paar Minuten auf einem Nagelbrett, da uns ein russischer Freigeist davon überzeugen wollte, dass wir keine Schmerzen fühlen würden, wenn wir uns durch eine von ihm praktizierte Atemtechnik darauf vorbereiten. Irgendwas müssen wir allerdings falsch gemacht haben, denn es tat ganz schön weh.

Wir möchten damit sagen, dass man nichts verpasst, wenn man länger an einem Ort bleibt. Ganz im Gegenteil!

Ein weiterer Vorteil von Slow Travel ist natürlich auch, dass man jede Menge Geld spart, wenn man etwas langsamer unterwegs ist. Die vielen Transportmittel, die einen von A nach B bringen, brennen ein tiefes Loch in die Reisekasse. Außerdem spart man unserer Erfahrung nach jede Menge Geld, wenn man länger in einer Unterkunft verbleibt, da bei einem mehrwöchigen Aufenthalt auch oft ein ermäßigter Preis angeboten wird.

Wenn wir länger an einem Ort sind, suchen wir uns Routinen. Wir gehen in dasselbe Fitnessstudio, besuchen dasselbe Yogacenter oder gehen regelmäßig in dasselbe Café nebenan. Uns macht es sehr viel Spaß, solche Routinen in fremden Ländern zu entwickeln. So fühlen wir uns schnell wie zu Hause und leben uns ein.

Natürlich kann man nicht immer viele Tage oder Wochen an einem Ort verbringen. Das können wir auch nicht. Allerdings sollte langsames Reisen im Vordergrund stehen und eine Einstellung werden, die man wo es geht vertritt. Reisen ist kein Wettbewerb. Reisen ist eine Leidenschaft.

Wir werden sehr oft gefragt, wie man länger reisen kann, wenn man einen Nine-to-five-Job ausübt. Das Problem ist immer das Gleiche: zu wenig Geld und zu wenig Zeit! Damit man länger verreisen kann, muss man kein Zauberer sein oder seinen Job an den Nagel hängen. Als wir noch nicht selbstständig waren und uns unsere Arbeitszeit nicht selbst einteilen konnten, versuchten wir unseren Urlaub so zu planen, dass wir möglichst oft und in viele verschiedene Länder reisen konnten. Wir hatten beide knapp sechs

Wochen Urlaub im Jahr und versuchten, zwei- bis dreimal zu verreisen. Mehr als zwei Wochen am Stück haben wir nicht Urlaub bekommen und wir mussten zudem noch Glück haben, dass wir gemeinsam Urlaub nehmen konnten. Unsere Jobs waren sowohl physisch als auch psychisch nicht einfach. Reisen war unser Ausgleich. Wir freuten uns schon Wochen vor Abreise auf den Urlaub und Fernweh war unser täglicher Begleiter. Natürlich war es für uns nicht leicht, zwei bis drei Urlaube im Jahr finanziell zu stemmen. Reisen war aber schon damals unsere Priorität, und dafür haben wir auf vieles verzichtet. Wir sparten an allen möglichen Ecken, um uns das Reisen zu ermöglichen. Man kann sagen, wir waren und sind ein wenig süchtig nach kleinen oder großen Abenteuern. Unsere Kollegen sprachen uns schon teilweise darauf an, wie wir uns das regelmäßige Reisen denn leisten könnten. Wir waren keineswegs Großverdiener und haben auch nicht im Lotto gewonnen, sondern haben einfach gespart, wo wir konnten.

Einmal im Jahr ging es für uns auf Fernreise. Wir versuchten, so viele Urlaubstage wie nur möglich durch Brückentage und gute Planung zu sammeln. Natürlich mussten wir auch etwas Überzeugungskraft bei unseren Vorgesetzten leisten. So klappte es meistens, dass wir zwei, selten drei Wochen am Stück in ein fernes Land reisen konnten. Die richtige Planung ermöglicht einem deutlich mehr Urlaubstage im Jahr. Wir nutzten dafür am Anfang des Jahres einen Kalender mit den Feiertagen und planten frühzeitig den Jahresurlaub. Die restlichen Tage im Jahr, die wir frei hatten, nutzten wir für Kurztrips und Reisen innerhalb Europas. Uns war wichtig, einfach rauszukommen. Da unser tägliches Leben zu der Zeit sehr eintönig war, sehnten wir uns sehr oft nach einem Tapetenwechsel und danach, Neues zu erleben.

Natürlich gibt es auch die Möglichkeit, ein Sabbatjahr zu nehmen. Das ermöglicht einem drei bis sechs oder sogar mehr Monate am Stück zu verreisen. Viele Arbeitgeber bieten einem die Möglichkeit an, unbezahlten Urlaub zu nehmen. Man muss also nicht gleich seinen Job kündigen, so wie wir es vor Jahren getan haben, sondern es gibt auch andere Möglichkeiten, seiner Leidenschaft Reisen nachzugehen.

Mittlerweile nehmen wir als Reiseblogger unseren Job einfach mit. Uns waren einfach trotz der guten Urlaubsplanung die möglichen Reisetage zu wenig, weswegen wir 2017 unseren Job kündigten und mit viel Erspartem loszogen und die Welt erkundeten. Hätten wir das damals nicht gemacht, wären wir wahrscheinlich heute nicht hier und würden dieses Buch schreiben.

Wer mehr reisen möchte und seine Prioritäten ändert, wird definitiv Wege finden, länger unterwegs zu sein. Viele Menschen sagen immer, sie möchten mehr reisen, machen es aber meistens doch nicht, weil sie nicht bereit sind, auf andere Dinge zu verzichten. Für uns ist es mittlerweile einfach wichtiger, tolle Momente zu erleben, anstatt Dinge zu sammeln.

Als wir damals unsere Reise nach Indien planten, war unsere Liste mit Dingen, die wir sehen und erleben wollten, bis obenhin voll. Wir wollten alles sehen, was das Land bietet. Ach, ist ja gar nicht so groß, dachten wir, als wir auf die Landkarte guckten. Und darum planten wir, zuerst den Norden vollständig zu bereisen und anschließend das Gleiche noch mal im Süden zu tun. Wir wollten mit dem Zug von Delhi nach Goa fahren, was auch möglich ist, aber sehr viel Zeit kostet. Wir haben uns vor Ort nach einer Zugverbindung umgeschaut und schnell gemerkt, dass für uns 30 Stunden am Stück Zugfahren in Indien einfach zu viel gewesen wäre. Der ausschlaggebende Grund, weshalb wir uns letztlich dagegen entschieden und nach Sri Lanka weiterreisten, war die Tatsache, dass wir von den vielen Eindrücken schlichtweg überfordert waren. Nachdem wir Delhi, Amritsar, Agra, Rishikesh, Manali und viele weitere Regionen besucht hatten, waren wir komplett im Eimer. Die Informationen, die wir uns im Vorfeld erarbeitet und rausgesucht hatten, waren eindeutig zu viel gewesen. Wir hatten Blogs, Instagram-Accounts und Facebook-Gruppen nach Hotspots durchstöbert, die man angeblich auf keinen Fall verpassen durfte. Wie sollten wir das alles schaffen und obendrein noch genießen? Nachdem wir ja auch noch am Anfang unserer Reiseerfahrungen standen, hatten wir wenig Ahnung davon, was wir eigentlich wollten. Vielmehr taten wir das, was andere wollten – mit dem Ergebnis, dass wir während der gesamten Reise das Gefühl hatten, etwas zu verpassen.

Indien ist ein Ort voller neuer Eindrücke, voll fremder Farben, Geräusche und Gerüche. Man könnte dort überall und ohne Pause Fotos machen, und jedes davon wäre einzigartig. Wir konnten anfangs nicht genug von der kulturellen Überforderung bekommen und machten einfach immer weiter. Wir fuhren von einem Ort zum nächsten, machten das obligatorische Foto vorm Taj Mahal, fuhren hoch in den Norden und flogen mit einem Gleitschirm durch das Himalaja-Gebirge. Noch schnell zum Goldenen Tempel und zum India Gate! Auch den Grenzübergang zwischen Indien und Pakistan wollten wir unbedingt sehen, schließlich zählte dieser gefühlt in jedem Reiseführer und jedem Reiseblog zum Pflichtprogramm: Jeden Abend kurz vor Sonnenuntergang findet in Wagah, einem Ort, der zwischen dem indischen Amritsar und dem pakistanischen Lahore liegt, ein bizarr anmutendes Schauspiel statt, das die Teilung der beiden Länder zelebriert. Inder und Pakistani sind nicht gerade die besten Freunde, das hatten wir während unserer Reise durch Indien vermehrt mitbekommen. Abends verwandelt sich Wagah in eine Arena. Soldaten aus Indien und Pakistan kommen zusammen, um vor Hunderten Zuschauern die Grenzschließungszeremonie aufzuführen, bei der dem jeweils anderen Land militärische Stärke demonstriert werden soll. Den Sinn des Schauspiels versteht wohl niemand so ganz, der die geschichtlichen Hintergründe nicht kennt.

Wir hatten uns zur Zeit unserer Indientour noch nicht mit dem Thema nachhaltiges und langsames Reisen beschäftigt, hätten die Informationen dazu aber gut brauchen können. Anstatt dieses einzigartige Land einfach auf uns wirken zu lassen, haben wir es wie ein Projekt behandelt, das perfekt bearbeitet werden muss.

Warum haben wir eigentlich immer alle das Gefühl, alles sehen zu müssen, was andere schon gesehen haben? Sollten wir nicht einfach aufhören, uns ständig zu vergleichen? Wir sagen nicht, dass man sich vor einer Reise nicht informieren sollte, nein, das ist schon wichtig. Aber während man zielstrebig Sehenswürdigkeiten und hippe Restaurants abhakt, verliert man den Blick fürs Wesentliche und verpasst vielleicht das kleine süße Café oder die wunderschöne Landschaft, durch die man auf dem Weg zum Touri-Hotspot fährt. So wird eine Individualreise schnell zum Pauschalurlaub, der von anderen für uns geplant wird.

Die Zeit, als wir oft das Gefühl hatten, das erleben zu müssen, was alle erleben, nur damit man behaupten kann, alles gesehen zu haben, die ist zum Glück vorbei. Manchmal holt uns dieses Gefühl aber immer noch ein. Dafür gibt es sogar eine Bezeichnung, FOMO – Fear of missing out, also die Angst, etwas zu verpassen. Die Angst kann in allen Lebensbereichen auftreten, nicht nur beim Thema Reisen, auch im Job, in der Liebe oder im Alltag. Wir eilen von Event zu Event, von Beziehung zu Beziehung oder wechseln regelmäßig unsere Jobs, weil wir uns „umorientieren" möchten. Wir versuchen, unser Glück zu finden, indem wir jede Möglichkeit wahrnehmen, die uns unser Zeitalter bietet, aber so ein Leben kann krank machen, denn das wahre Glück findet man nur im Inneren und nur im Augenblick. Wie also kann man diese Angst bekämpfen?

Dankbarkeit und Zufriedenheit zu entwickeln und langsamer durch die Welt zu ziehen vereinfacht unser Leben und macht uns glücklicher. Wir schreiben uns täglich zwei Dinge auf, für die wir dankbar sind, und schaffen es dadurch, uns bewusst zu machen, wie schön unser Leben eigentlich ist. Aber auch Ruhepausen sind sehr hilfreich, um der Angst, etwas zu verpassen, vorzubeugen. Langsamer reisen und die Ruhe genießen. Als wir das zum ersten Mal versuchten, fiel es uns nicht gleich leicht, mit der gewonnenen Freizeit umzugehen. Doch plötzlich hatten wir die Möglichkeit, unterwegs Freundschaften zu schließen und nicht nur oberflächliche Bekanntschaften zu machen.

Außerdem verbesserten sich unsere Sprachkenntnisse, weil wir mehr in den Kontakt mit Einheimischen getreten waren. Das Gefühl, etwas zu verpassen, verschwand allmählich, weil wir so viel mehr entdeckten als nur die klassischen Spots, die jeder kennt. Wir nahmen uns die Zeit, Sonnenuntergänge anzuschauen und mit neu gewonnenen Freunden einen längeren Abend zu verbringen. Mittlerweile bleiben wir einfach länger, wo es uns am besten gefällt, und ziehen früher weiter, wenn uns ein Ort nicht abholt. Wir fühlen uns gut dabei. Es tut gut, seinen eigenen Vorstellungen zu vertrauen und sich nicht an anderen zu orientieren.

Wie wäre es, wenn wir unsere Geschwindigkeit auf Reisen und im Alltag einfach mal reduzieren? Wir haben für uns jedenfalls festgestellt, dass ein langsameres Leben uns positiv verändert, wir besser auf uns achten und uns nicht so leicht überlasten. Denn wer seine To-do-Liste kürzt, führt deshalb kein weniger aufregendes und befriedigendes Leben.

Immer mehr Menschen, die sich mit den Prinzipien von Slow Travel identifizieren können, entdecken Volunteer-Tourismus für sich. Jeder, der sich für ein Ehrenamt im In- oder Ausland entscheidet, sucht in der Regel eine Erfahrung, die sich positiv auf die eigene persönliche Entwicklung auswirkt und zudem noch einen Nutzen für die ökologische und soziale Umgebung bringt. Mittlerweile existieren ganz verschiedene Arten von Programmen, die unterschiedliche Ziele verfolgen wie das Eindämmen des Massentourismus, den internationalen Austausch, Urlaub und Freizeitgestaltung oder eben Hilfe mittels kostenloser

Arbeitskraft. Aber was ist die Motivation dahinter, eine kostenlose Arbeit zu verrichten? Keine Frage, eine ehrenamtliche Tätigkeit ist und bleibt eine tolle Sache, von der mehrere Seiten profitieren. Wahrscheinlich ist vor allem die richtige Einstellung für ein erfolgreiches Volunteering entscheidend. Zuerst ist es natürlich wichtig, dass man sich mit dem Projekt richtig auseinandersetzt. Eine Motivation kann sein, dass man den Wunsch hat, ein fremdes Land zu besuchen, ein unvergessliches Abenteuer zu erleben und zudem noch etwas Gutes zu tun. Außerdem hilft eine ehrenamtliche Tätigkeit auch dabei, den Lebenslauf aufzubessern. Daran ist auch nichts verwerflich. Aber in erster Linie stehen die Unterstützung des jeweiligen Projekts und die Zusammenarbeit mit den Menschen vor Ort im Vordergrund. Man sollte sich der Verantwortung bewusst sein, die mit der freiwilligen Arbeit einhergeht. Die Menschen, mit denen man arbeitet und die man tatkräftig unterstützt, verlassen sich auf einen. Der direkte Austausch mit der Bevölkerung schafft ein besonderes Bewusstsein für die spezielle Situation und mögliche Probleme der Menschen. Das können die armen Verhältnisse vor Ort sein oder eben die ökologischen Missstände, die man bekämpfen möchte. Man arbeitet gemeinsam mit anderen an einem sinnvollen Projekt und lernt zudem Neues. Durch die verschiedensten Arbeiten, die man ausübt, wird man selbstständiger und erhält jede Menge Selbstbewusstsein. Und natürlich macht es auch einfach Spaß, mit vielen unterschiedlichen Menschen zusammenzukommen.

Volunteering ist also eine ganz andere Art des Reisens, abseits der üblichen Touristenpfade. Um eine nachhaltige Organisation zu finden und ein Projekt, das wirklich sinnvoll ist für einen selbst und die Menschen vor Ort, gibt es einiges zu beachten. Man muss sich zum Beispiel entscheiden, ob man ein gewerbliches oder ein staatlich gefördertes Programm unterstützt. Mittlerweile gibt es unzählige Volunteering-Programme. Zu den bekanntesten und staatlich geförderten Programmen zählen weltwärts und kulturweit. Diese Programme erhalten vom Staat finanzielle Unterstützung und müssen sich daher an viele Regeln halten. Der Vorteil dabei ist, dass sie kontrolliert werden und Qualitätsstandards einhalten müssen. Bei diesen Organisationen kann man sich sicher sein, dass man eine gute Sache unterstützt. Aber egal für welches Projekt man sich entscheidet, man sollte auch darauf achten, dass man sich nicht ausnutzen und ausbeuten lässt.

Bevor die Reise losgehen kann, sollte man sich gewissenhaft auf die Tätigkeit und die Gegebenheiten im Zielland vorbereiten. Informiert euch über das Land und die Kultur und versucht am besten auch noch, euch die Basics der Landessprache anzueignen. Häufig lebt man bei Gastfamilien, und dann ist es hilfreich, sich wenigstens ein klein wenig verständigen zu können.

Bei einem Freiwilligen-Projekt geht es in erster Linie um einen interkulturellen Austausch. Wir hoffen, dass der Trend zur ehrenamtlichen Tätigkeit im Ausland weiter zunehmen wird, denn eine derart nachhaltige und kulturell inspirierende Art des Reisens ist eine große Bereicherung für die Welt.

Wer nicht gerade in einer Beziehung ist, nicht immer mit der Familie verreisen möchte und Freunde hat, die schon verplant sind, dem stellt sich früher oder später die Frage, ob er alleine reisen sollte. Nach wie vor macht das Alleinreisen vielen Menschen Angst, und darum ist es uns wichtig, hier einmal festzuhalten, dass es ganz viele Menschen gibt, denen es genauso geht. Aber wenn wir eins durch unsere vielen Reisen gelernt haben, dann, dass man überall auf der Welt nette Menschen trifft, die ähnliche Interessen, den gleichen Humor oder eine verbindende Geschichte haben. Wir haben auf unseren Reisen nicht nur Mitreisende kennengelernt, sondern auch Freundschaften fürs Leben gefunden. Bei unserem zweiten Besuch auf Bali hat uns eine junge Frau, die jetzt unsere Freundin ist, einfach im Café angesprochen. Sie meinte, dass sie uns irgendwo zuvor schon mal gesehen habe. Ein guter Icebreaker. Gewundert hatte es uns nicht, dass Kathi uns wirklich kannte, denn angesprochen werden wir immer mal wieder. Unsere Community ist nämlich wie wir sehr reisefreudig und viel in der Welt unterwegs. Wir haben uns direkt verstanden, verbrachten die darauffolgenden drei Wochen miteinander und stehen auch heute noch in engem Kontakt.

Auf Reisen ist es wirklich nicht sehr schwer, neue Menschen kennenzulernen. Auch das macht langsames Reisen so interessant, denn wer schnell von Ort zu Ort jettet, hat weniger Chancen, intensive Freundschaften aufzubauen. Kaum kennt man sich, muss man sich auch schon wieder verabschieden. Anders ist das, wenn man länger bleibt.

In den folgenden Zeilen wollen wir ein paar Möglichkeiten aufzeigen, wie man die Wahrscheinlichkeit erhöht, unterwegs nicht allein zu sein, wenn man nicht allein sein möchte.

TIPP 1: SCHLAFT IN HOSTELS!

Der wahrscheinlich beste Ort, um unterwegs neue Leute kennenzulernen, ist das Hostel. Ob im Mehrbettzimmer, in der Hostelküche oder in den Gemeinschaftsräumen: Im Hostel lernt man sehr schnell neue Menschen kennen. Würde man eine fremde Person im Restaurant oder auf der Straße ansprechen, käme man sich ziemlich komisch vor, aber im Hostel ist das ganz normal. Wahrscheinlich ist es nirgendwo einfacher, andere Leute kennenzulernen, denn viele Alleinreisende gehen genau aus diesem Grund in ein Hostel. Oft werden aus kurzen Gesprächen sogenannte Reisefreundschaften. Anfangs ist es vielleicht noch etwas ungewohnt, eine wildfremde Person einfach so in ein Gespräch einzubinden, aber mit der Zeit macht es sogar Spaß, neue Leute in sein Leben zu lassen. Seid einfach offen für neue Begegnungen und lasst euch ein! In Hostels haben wir schon viele Freundschaften geschlossen, die bis heute anhalten. Natürlich gibt es auch Hostels, die etwas ruhiger sind und bei denen das Kontakteknüpfen weniger einfach ist. Hier helfen die Bewertungen auf den Buchungsportalen Hostelworld oder Hostelbookers.

TIPP 2: SEID NICHT ZU SCHÜCHTERN!

Ihr könnt auf Reisen genau die Person sein, die ihr immer schon sein wolltet. Niemand kennt euch. Ihr fangt bei null an und bekommt damit die perfekte Gelegenheit, euch darin zu üben, eine offenere Persönlichkeit zu werden, wenn ihr das wollt. Lasst euch darauf ein, und ihr werdet erkennen, wie einen Situationen, bei denen man beispielsweise auf andere Menschen aktiv zugeht, wachsen lassen. Wer mit einem Lächeln durch die Welt geht, kann nur gemocht werden und wird auch schnell neue Leute kennenlernen.

TIPP 3: BUCHT EUCH EINE (UMWELT-FREUNDLICHE) TOUR!

Touren sind unserer Meinung nach auch eine sehr gute Möglichkeit, neue Leute kennenzulernen. So sitzt man sprichwörtlich im selben Boot und erlebt dasselbe Abenteuer, was natürlich verbindet. Da man bei einem Tagesausflug zwangsläufig irgendwann ins Gespräch kommt, ist so eine Tour superhilfreich, wenn man neue Freundschaften schließen und auf Menschen treffen will, mit denen man seine Erlebnisse teilen kann.

TIPP 4: PLANT NICHT EURE KOMPLETTE REISE!

Wenn ihr schon neue Freundschaften geschlossen habt, aber eure Reise schon wieder weitergeht, müsst ihr bald wieder von vorne anfangen. Wenn ihr noch nichts geplant habt, könnt ihr dort bleiben, wo es euch am besten gefällt, und wenn es sich ergibt, auch einfach mit jemandem mitreisen oder zusammen Pläne für die weitere Reise schmieden. Werft eure Pläne über Bord oder macht gar nicht erst welche, denn nur so lernt ihr neu gewonnene Freunde besser kennen und könnt eine schöne Zeit zusammen erleben.

TIPP 5: FINDET GLEICHGESINNTE!

Tauchen, Surfen, Skaten, Kochen oder vielleicht Yoga? Hobbys können schnell eine Verbindung aufbauen und die Chance, auf einer Wellenlänge zu sein, ist schon mal da. Einfach mal jemanden ansprechen, der gerade zum Surfen geht, und fragen, wo sich die besten Spots finden lassen, oder auch einen Kochkurs buchen. Oder wenn ihr gerne fotografiert, sprecht Leute mit einer Kamera an, ob ihr nicht gemeinsam Fotos machen wollt.

EISBRECHER-FRAGEN FÜR DEN ERST-KONTAKT

- Wo warst du schon überall?
- Wie lange bist du schon auf Reisen?
- Kennst du ein gutes Café in der Nähe?
- Wie findest du das Hostel/Hotel hier?
- Was hast du in der Stadt schon alles gesehen?

KAPITEL 11

INSTAGRAM – FLUCH UND SEGEN

V or ziemlich genau vier Jahren, 2016, haben wir damit begonnen, regelmäßig Inhalte auf Instagram hochzuladen. Laut offiziellen Zahlen verzeichnet die Plattform mittlerweile mehr als eine Milliarde Nutzer. Tendenz steigend. Instagram boomt, aber das war nicht immer so. Wir erinnern uns noch an die Zeit zurück, bevor der große Hype kam. Damals war Instagram als eine App bekannt, die man gerne zum Bearbeiten seiner Fotos nutzte, denn durch die bereitgestellten Filter war es möglich, seinen Bildern ganz einfach einen schönen, individuellen Look zu verleihen. Es bestand auch die Option, die bearbeiteten Fotos im Anschluss zu veröffentlichen, aber das tat damals noch kaum jemand. Der Begriff Influencer war zu der Zeit noch nicht etabliert (wenn es diesen überhaupt schon gab), denn vor vier Jahren war die Hemmschwelle, nach außen zu treten und sein Gesicht im Internet zu zeigen, noch vergleichsweise höher als heute. Auch wir trauten uns das zu Beginn nicht. Mit einer Kamera zu reden und dabei seine eigene Stimme zu hören kam uns idiotisch und absurd vor. Nach und nach fingen

aber immer mehr Privatpersonen damit an, Content hochzuladen und ihre Beiträge mit kleinen Texten, sogenannten Captions, zu versehen, womit man seinem Profil eine persönliche Note verleihen konnte. Menschen begannen damit, ihre Geschichten öffentlich zu teilen, und die Nutzer fanden Gefallen daran, das Leben anderer zu verfolgen und auf diesem Weg ein Teil davon sein zu können.

Zu Beginn holte uns die Plattform noch nicht sonderlich ab, und die Tatsache, dass so viele Leute das Bedürfnis hatten, ihre Gedanken und Emotionen mit völlig Fremden zu teilen, verwirrte uns eher. Mittlerweile sind genau diese Profile übrigens richtig bekannt und haben zum Teil Hunderttausende Follower. Irgendwann begannen auch wir im Rahmen der ersten kurzen Reisen damit, vereinzelt Inhalte unseres Lebens hochzuladen. Was mit spontanen Schnappschüssen der vergangenen Städtereisen anfing, wurde mit der Zeit zu unserem persönlichen Tagebuch. Als wir im März 2017 unsere Weltreise antraten, konzentrierten wir uns nunmehr verstärkt auf Instagram und produzierten gezielt Inhalte für die Plattform, damit wir nahezu täglich ein neues Foto hochladen konnten. Im Gegenzug erhielten wir erst vereinzelt, dann immer öfter Kommentare – immer mehr Menschen folgten uns und likten unsere Bilder.

Mit der Followerzahl wuchs auch unsere Motivation, denn die Bestätigung gefiel uns. Wir realisierten, dass es da draußen wirklich Menschen gab, die uns gerne bei dem, was wir tagtäglich taten, zusehen wollten. Also machten wir weiter, und immer mehr Instagram-Nutzer wurden auf uns aufmerksam. Während es bei uns am Anfang vor allem um das Reisen ging, vermitteln wir mittlerweile verschiedenste Themen. Wenn wir unser Profil in wenigen Worten beschreiben müssten, würden wir sagen, eine Kombination aus Alltagsmomenten und Tipps zu Reisen, Nachhaltigkeit und einem bewussteren Lebensstil. Außerdem darf auch Unterhaltung nicht zu kurz kommen, die lag uns schon immer am Herzen, denn davon kann es unserer Meinung nach nie genug geben.

Früher waren es Theateraufführungen und heute sind es eben die Social Media, die die Gesellschaft aus ihrem oft eintönigen Alltag holen. Erfolgreiche Instagrammer bedienen dabei entweder eine Nische oder vermitteln eine Kombination aus mehreren Themen. In der Regel lässt sich mittlerweile mit dem ersten Klick aufs Profil erkennen, mit welchen Themen sich der Influencer beschäftigt. Wir persönlich finden es schön, wenn verschiedene Themen behandelt werden. Und besonders spannend wird es unserer Meinung nach, wenn Themen zusammengedacht werden, die sich auf den ersten Blick nur schwer vereinbaren lassen. Wie eben beispielsweise Reisen und Nachhaltigkeit.

Tagtäglich erzählen wir von vergangenen Erlebnissen, sprechen über tagesaktuelle Themen und lassen unsere Community an unseren Zukunftsplänen teilhaben. Zumindest bis zu einem gewissen Grad, denn welche Inhalte wir veröffentlichen, entscheiden letztlich natürlich wir. Generell gilt: Je privater, desto beliebter. Wir teilen zwar vieles, aber nicht alles. Gewisse Themen behalten wir lieber für uns, anstatt diese mit der Öffentlichkeit zu teilen. Denn schließlich gibt es ja auch noch eine Welt außerhalb von Instagram. Wobei das zugegebenermaßen oftmals gar nicht mehr so einfach zu trennen ist – gerade dann, wenn sich Arbeit und Freizeit so stark überschneiden wie bei uns. Während der Urlaub für viele beim Kofferpacken beginnt, fängt bei uns dann die Arbeit an. Gerade deshalb ist es für uns umso wichtiger, Berufliches und Privates zu trennen, auch wenn das oft leichter gesagt als getan ist.

Videos, bei denen es um Finanzen geht, sind mitunter die am meisten aufgerufenen im Internet. Wenn es um das Thema Geld geht, hören wir alle gerne hin. Es interessiert uns, wie andere Menschen ihren Lebensunterhalt verdienen – vor allem dann, wenn sie einen Beruf haben, von dem wir bisher wenig Ahnung gehabt haben, weil dieser entweder relativ neu ist oder uns die Berührungspunkte fehlen. Und weil wir dementsprechend auch oft Fragen zum Thema Geld gestellt bekommen, stellen wir euch hier mal kurz unseren Job vor.

Unter Influencer-Marketing wird eine Form des digitalen Marketings verstanden, die Unternehmen und einflussreiche Meinungsmacher, also Influencer, zusammenbringt, um entsprechende Botschaften zu verbreiten und für Produkte oder Dienstleistungen zu werben.

Als wir damals die App lediglich als Bearbeitungstool für unsere verwackelten Smartphone-Fotos nutzten, hätten wir nicht im Traum daran gedacht, dass Instagram ein paar Jahre später eine unserer Haupteinnahmequellen werden würde und Tausende Menschen Interesse daran haben würden, was wir zu sagen haben oder wie wir unseren Alltag und unsere Reisen gestalten. Wir erinnern uns noch an die erste bezahlte Kooperationsanfrage: Damals waren wir in Melbourne, Australien. Wir wissen das noch so genau, weil wir fast vom Sofa gefallen wären, als uns jemand für ein gesponsortes YouTube-Video tatsächlich ein paar Hundert

Euro bezahlen wollte. Es folgte also unsere erste Kooperation und somit das erste verdiente Geld mit unserer Arbeit im Social-Media-Bereich.

Kurz darauf folgte die erste Anfrage über Instagram: Es handelte sich um ein Start-up, welches unser Instagram-Feed so schön fand, dass es gerne sein Produkt darin platzieren wollte. Wir waren begeistert, und auch, wenn wir damals rückblickend betrachtet nur ein nettes Taschengeld bekamen, gefiel es uns sehr, dass jemand unsere Mühen wertschätzte und mit uns zusammenarbeiten wollte. Wir erhielten das Produkt, Kräuter-Shots, per Post, testeten es eine Woche lang und überlegten uns anschließend, wie wir das Produkt am besten in Szene setzen, die Vorteile hervorheben und dabei ein ästhetisches Gesamtbild kreieren könnten, das nicht allzu laut „Werbung!" schrie. Natürlich werden Kooperationen immer als Werbung gekennzeichnet. Das ist in Deutschland aus Transparenzgründen übrigens Pflicht (in manch anderen Ländern gilt bis dato keine Kennzeichnungspflicht, wodurch sich nicht erkennen lässt, wann es sich um eine bezahlte Kooperation handelt und wann nicht). Allerdings wollten wir auch hierbei einen ansprechenden Content mit viel Mehrwert für die Follower erstellen, denn wir waren noch nie Fans von plakativer Werbung, bei der das Produkt einfach stumpf in die Kamera gehalten wird. Wir setzen auf Unterhaltung, Authentizität und Ästhetik, und das bei all unseren Inhalten.

Richtig ins Rollen kamen Produktplatzierungen und Anfragen auf Instagram bei uns aber erst 2018. Immer mehr Unternehmen, Stiftungen, Start-ups und weitere Gewerbetreibende sahen Instagram als das, was es im Grunde ist: eine aufstrebende Werbeplattform. Echte Menschen produzieren echte Inhalte und stellen diese ins Internet. Die Zuschauer sind gelangweilt von vorproduzierten TV-Formaten und eintönigen Soaps. Spontanität, reale Gefühle und Alltagsmomente – das ist es, was die Menschen heute bewegt. Und das ist es auch, was wir ihnen jeden Tag gerne von uns geben wollen.

Empfehlungsmarketing ist ein boomendes Geschäft. Influencer zeichnen sich durch ihre Expertise in einem oder mehreren Themenbereichen aus, was zu einem hohen Vertrauen bei der Community führt. Was viele nicht sehen, ist die Vor- und Nachbereitung hinter der Produktplatzierung. Viele sehen immer nur das Endprodukt – sei es ein Video, ein Foto oder Blogbeitrag, weshalb wir in den nächsten Zeilen gerne etwas genauer darauf eingehen möchten, wie eine Zusammenarbeit zustande kommt, wie unsere Arbeitsprozesse als selbstständige Influencer aussehen und wie letztendlich ein kreatives Konzept entsteht.

Wenn uns per Mail eine neue Anfrage vom Kunden selbst oder von einer Agentur, die zwischen Influencer und Kunde vermittelt, erreicht, prüfen wir stets zuerst die Webseite und das Produkt oder die Dienstleistung auf bestimmte Kriterien: Nachhaltigkeit, Themenrelevanz und allgemeine Relevanz, Umfang der Kampagne, persönlicher Bezug und Überzeugungskraft des Produkts bzw. der Dienstleistung. Sollte sich die Zusammenarbeit für uns stimmig anfühlen und haben wir das Gefühl, dass wir damit einen entsprechenden Mehrwert für unsere Follower schaffen können, werden der Umfang der Kampagne sowie das Budget verhandelt und der Vertrag unterschrieben. Anschließend machen wir uns Gedanken über eine kreative Umsetzung, denn wir wollen nicht nur das Produkt oder die Dienstleistung gestalterisch einbinden, sondern uns ist zudem auch wichtig, dass die Platzierung selbst auch für die Community unterhaltend oder vielleicht sogar inspirierend ist. Die Inhalte werden daraufhin produziert und mit vorheriger Freigabe des Kunden hochgeladen.

Idee, Umsetzung und Wording ist also stets unseren Gedanken entsprungen und oftmals ist es auch wirklich eine Herausforderung, Kampagnen so umzusetzen, wie wir es uns vorstellen. Manchmal gelingt uns das aufgrund äußerer Einflüsse trotzdem nicht. Meist zieht sich der Prozess der Umsetzung, also Vorbereitung, Shooting, Bearbeitung und Upload über viele Stunden hin. Sobald der Content online ist, sind wir gespannt, wie dieser bei der Community ankommt. Wir würden sagen, dass wir in den letzten Jahren eine ziemlich enge Bindung zu unseren Followern aufgebaut haben – manche folgen uns schon so lange, dass es sich manchmal sogar wie eine Art Freundschaft mit fremden Personen anfühlt. Dies liegt unter anderem an der Interaktion, denn uns ist es wichtig, auf jeden Kommentar einzugehen und alle Frage zu beantworten, denn schließlich freuen wir uns über die Anteilnahme und die Kommunikation – sowohl bei Standardposts als auch bei bezahlten Partnerschaften. Auch das nimmt allerdings viel Zeit in Anspruch, wenn man bedenkt, dass wir bei jedem Feedpost in etwa 60 bis 100 Kommentare erhalten, lesen und darauf reagieren.

Als letzter Schritt auf dem Weg der Produktplatzierung werden die Beiträge ausgewertet und zusammen mit der Rechnung an den Kunden versendet. Alles in allem umfasst eine Zusammenarbeit, je nachdem, wie intensiv der Mailverkehr ist, etwa acht bis zehn Stunden.

Wenn gewissenhaft mit der Verantwortung umgegangen wird und ethisch vertretbare Produkte und Dienstleistungen beworben werden, kann das System von Social-Media-Marketing nicht nur einen positiven Wandel erzeugen, sondern auch eine Win-win-Situation für alle Beteiligten sein: Influencer empfehlen Produkte oder Dienstleistungen, von denen sie persönlich überzeugt sind, bewegen dadurch den Zuschauer zu einer bewussteren Kaufentscheidung und erhalten dafür eine gewisse Summe vom jeweiligen Unternehmen, um damit ihren eigenen Lebensunterhalt finanzieren zu können. Eigentlich eine gute Sache, wenn das Produkt stimmt, man tatsächlich dahinter steht und eine ehrliche Empfehlung aussprechen kann. Für uns käme es nicht infrage, etwas weiterzuempfehlen, wovon wir nicht überzeugt sind. Außerdem würden wir fragwürdige Nachrichten empfangen, wenn wir Produkte vorstellen würden, die weder nachhaltig noch vegan sind, oder wenn wir plötzlich eine Reise mit dem Luxus-Kreuzfahrtschiff empfehlen würden. Werbung ist per se nichts Schlechtes, wenn für sinnvolle Dinge geworben wird. Immer wieder erreicht uns Feedback aus unserer Community, dass uns Zuschauer dankbar seien, weil sie durch uns eine nachhaltigere Alternative des Produkts XY gefunden haben oder aufgrund einer von uns unternommenen Pressereise auf ein Reiseziel aufmerksam gemacht worden seien, welches sich in ihrer unmittelbaren Nähe befindet. So kann sich eine gute Sache wie regionales Reisen durch Influencer wie uns zum Trend entwickeln.

Nachdem wir nach 13 Monaten im Ausland wieder nach Deutschland zurückgekehrt waren, langweilten uns Touristenattraktionen plötzlich tierisch und so mieden wir für eine bestimmte Zeit bewusst bekannte Sehenswürdigkeiten. Es zog uns stattdessen in Regionen, die eher untouristisch waren. So verliebten wir uns durch Zufall zum Beispiel in Offenburg, eine kleine Stadt in Baden-Württemberg, und tatsächlich fanden wir genau dort eins der besten Restaurants überhaupt: das Gasthaus Windeck, in dem die Speisen immer frisch zubereitet werden und das Brot noch selbst gebacken wird. Ein Restaurant, in dem das Gemüse erst gekocht und die Kräuter erst gehackt werden, nachdem bestellt wurde. Das Gemüse hat Demeter-Qualität (der älteste Bioverband Deutschlands) und ist vorwiegend regional. Auf tierische Produkte sowie unnötige Zusatzstoffe und Fertigprodukte wird verzichtet. Geschmacklich überzeugte uns bisher selten ein Restaurant wie dieses. Ach ja, in Offenburg gefiel es uns.

Das war 2018, die Zeit, in der wir regionales Reisen das erste Mal so richtig in Erwägung zogen. Von der großen weiten Welt hatten wir erst mal genug gesehen. Wir wollten Deutschland erkunden, und so kam es, dass wir im Hochsommer 2018 unsere Deutschlandreise planten, von der wir euch schon ein bisschen was erzählt haben. Wir starteten im Süden Deutschlands und besuchten über den Osten, den Norden und einen Teil des Westens insgesamt neun verschiedene deutsche Städte: Regensburg, Nürnberg, Bayreuth, Leipzig, Dresden, Hamburg, Köln, Offenburg und Ulm/Neu-Ulm. In vielen der genannten Städte waren wir bis dato zuvor noch nie gewesen. Vier Wochen wollten wir insgesamt unterwegs sein, um Deutschland zu entdecken.

Mit dem Zweitauto der Eltern, welches wir mitbenutzen dürfen, machten wir uns mit Gepäck, Stativ, Kamera und großer Vorfreude auf den Weg von Deggendorf zur Walhalla, der Gedenkstätte König Ludwigs I. mit Ausblick auf die Donau, die sich auf dem Weg nach Regensburg befindet. Tatsächlich erreichten wir den Aussichtspunkt erst bei Sonnenuntergang, da wir später loskamen als geplant. Als wir die Gedenkstätte erreichten und auf den mächtigen Stufen saßen, um noch schnell, bevor die Sonne unterging, ein Foto für Instagram aufzunehmen und damit den Start der Deutschlandreise offiziell auf Instagram zu verkünden, wurden wir kurzzeitig sogar etwas emotional, als wir realisierten, dass wir die nächsten Wochen das Land, in dem wir geboren und aufgewachsen sind, intensiv erleben würden.

Im Durchschnitt blieben wir etwa drei Nächte in jeder Stadt – so würden wir genug sehen und keinen zeitlichen Stress bekommen. Zumindest dachten wir das zu Beginn, aber in Wahrheit waren 72 Stunden nicht genug, um You-Tube, unseren Blog sowie Instagram zu bespielen und ganz nebenbei noch genug Zeit für uns selbst und zum Genießen zu haben. Unser Ziel war es nämlich, unsere persönlichen Highlights jeder Stadt – mal waren es bekannte Sehenswürdigkeiten, mal spontane Entdeckungen – mit unserer Community auf Instagram, YouTube, Facebook und unserem Blog zu teilen. Ein wenig mehr Zeit hätte rückblickend betrachtet definitiv zu einer entspannteren Deutschlandreise geführt, aber hinterher ist man ja bekanntlich immer schlauer.

Auf dieser Tour gefiel uns vor allem der Mix aus touristischen Sehenswürdigkeiten und spontanen Entdeckungen. Wir liebten es, ziellos die Stadt zu erkunden und intuitiv in ein Café am Straßenende zu spazieren – ohne dass wir dieses vorab online gesucht hatten. Wir ließen uns treiben, aber hatten auch konkrete Wünsche und Vorstellungen. So erfüllten wir uns zum Beispiel einen lang gehegten Traum und besuchten das Musical Kinky Boots in Hamburg. An dieses Erlebnis erinnern wir uns bis heute noch total gern zurück.

Besonders spannend war das Feedback unserer Community auf Instagram. Dadurch, dass unsere Follower nämlich an jedem Tag unserer Reise dabei waren und zum Teil in den Städten wohnten, die wir während unseres Trips besuchten, erhielten wir unzählige gute Tipps. Als wir zum Beispiel in Dresden waren, erreichten uns viele Nachrichten zum Strandbad Wostra. Da es sehr heiß war, absolutes Badewetter, entschieden wir uns, der Empfehlung nachzugehen. Wir machten uns also auf den Weg zum Strandbad und stellten beim Ankommen fest, dass es sich hierbei um ein FKK-Bad handelte. So kam es, dass wir plötzlich superspontan textilfrei an einem Stadtstrand von Dresden lagen. Prinzipiell haben wir kein Problem mit Nacktheit. Um ehrlich zu sein, finden wir die Tatsache, dass einem bei der freien Körperkultur nicht permanent die nassen Nylon-Badesachen am Körper kleben, sogar ganz nett. Als wir von 2010 bis 2017 in München wohnten, besuchten wir während der Sommerzeit immer mal wieder die bekannten Flaucheranlagen an der Isar, die unter anderem für ihre freie Körperkultur, für die „Nackerten", bekannt sind. Irgendwie fanden wir es ganz amüsant, dass unsere Follower uns ein FKK-Bad empfahlen – offensichtlich teilen wir mit unserer Community nicht nur ähnliche Ansichten, sondern auch bestimmte Vorlieben. Etwas seltsam wäre es vielleicht gewesen, wenn wir tatsächlich nackig angesprochen worden wären, aber dazu kam es nicht, denn nach einer halben Stunde fing es überraschenderweise an, wie aus Eimern zu regnen, sodass wir unseren Ausflug leider vorzeitig beenden mussten.

Auf die Deutschlandreise folgte Anfang 2019 dann die Heimatreise durch Bayern. Wir hatten die Tourismusverbände der verschiedenen Regionen mobilisiert und ließen uns über die schönsten Ecken Bayerns informieren. Besonders interessant war die Stadt- und Turmführung mit der Knödelwerferin in unserer Heimatstadt Deggendorf. Die Knödelsage ist eine alte Legende aus dem 13. Jahrhundert: Die bayerische Kleinstadt war zu jener Zeit von einem Stadtgraben umgeben, um Einwohner und Bauern vor Angreifern, insbesondere vor Ottokar von Böhmen und seinen Mannen, zu schützen. Als diese nach Deggendort vorrückten, bezog die damalige sogenannte Bürgerwehr Stellung auf den Stadtmauern. Die Angreifer warteten ab, bis die Wachen unkonzentriert und unachtsam waren, dann unternahm ein Spion den Versuch, über die Stadtmauern einzudringen. Zufälligerweise kam im selben Moment eine Einwohnerin zur Mauer, um die Wachen mit aus Essensresten geformten Knödeln zu versorgen und zu stärken, damit diese ihre Posten nicht würden verlassen müssen. Dabei entdeckte sie den Angreifer und bewarf ihn mit einem Knödel, woraufhin der Spion hinunterfiel und Ottokar berichtete, dass die Deggendorfer noch so viel Essen hätten, dass sie damit werfen konnten, und eine weitere Belagerung keinen Sinn machen würde. Daraufhin zogen Ottokar und sein Heer ab ... Das war also die geniale Geschichte zu unserer Heimatstadt, die wir erst mit Mitte zwanzig das erste Mal hörten.

Wir entdeckten für uns eine neue Leidenschaft: die Highlights der unbekannteren Regionen entdecken. Mittlerweile mögen wir beides in regelmäßigen Abständen – menschenleere Gegenden mit Rückzug in die Natur und das pulsierende Leben in Ballungszentren. Genauso, wie wir morgens gern in einem Biohotel im österreichischen Tirol aufwachen und durch den Wald spazieren, berührt es uns auch, wenn wir beim Abendessen in Paris dem Eiffelturm beim Funkeln zusehen.

Interessant sind die verschiedenen Phasen, die wir in den vergangenen Jahren durchlebt haben. Es gab eine Zeit, in der es uns vorrangig in menschenleere Gebiete zog, und zu einem anderen Zeitpunkt wären wir am liebsten den ganzen Tag mit dem Tuk-Tuk durch Bangkok von einem Hotspot zum nächsten gefahren. Sehr wahrscheinlich geht es nicht nur uns so, denn gerade wer viel reist entwickelt immer wieder neue Vorlieben – auch, wenn diese nur temporär sein mögen.

Es ist ein Phänomen – obwohl jeder von uns als Individuum gesehen werden möchte, streben wir oft danach, so zu sein wie andere. „Sei du selbst, denn alle anderen gibt es schon" ist ein Satz, der damals Teil des Refrains eines Liedes aus dem Musical in Hamburg war und uns bis heute im Gedächtnis blieb.

Im Urlaub wollen wir alle das schönste Foto, um es mit den Daheimgebliebenen in den sozialen Netzwerken wie Instagram, Facebook, WhatsApp und so weiter zu teilen. Fröhliche Bilder, die suggerieren sollen, wie viel Spaß wir im Urlaub hatten. Insta_Repeat ist der Name eines Instagram-Accounts, der immer die gleichen Motive zeigt. Fotos von Orten, die von verschiedenen Menschen aufgenommen werden, aber im Grunde alle identisch aussehen. So findet man auf dem Profil beispielsweise zwölf Fotos der schottischen Hochlandkuh oder zwölf Aufnahmen von einer im Boot sitzenden Frau auf einem kanadischen See, aus der gleichen Perspektive geknipst. Gleicher Ort, gleiche Zeit, gleiches Foto also – nur die Personen unterscheiden sich.

Natürlich ist dieses Verhalten absolut nachvollziehbar, denn wer möchte nicht selbst Protagonist in einer atemberaubenden Kulisse wie dieser sein und das Endprodukt dann für die Ewigkeit oder zumindest für die Veröffentlichung auf Instagram bewahren?

Anfang des Jahres 2017 marschierten wir zum Rathaus unseres Ortes, um ein Gewerbe anzumelden. Sowohl die Dame hinter dem Tresen als auch wir hatten wenig Ahnung von der Tätigkeit, für die wir in diesem Moment einen Gewerbeschein beantragten. Der ganze Social-Media-Kram war ja noch superneu zu der Zeit. Für ein Jahr oder länger entschieden wir uns dafür, durch die Welt zu reisen und dabei Videos und Fotos aufzunehmen. Wir brachten uns alles selbst bei – vom Videoschnitt bis hin zum Fotobearbeitungsprogramm. Um ehrlich zu sein, hatten wir überhaupt keine Ahnung von Selbstständigkeit, Online-Business oder Bildbearbeitung. Dafür aber mindestens dreimal so viel Motivation. Wir gaben nicht auf, und auch, wenn wir rückblickend einige unschöne Situationen erlebten, haben wir unser Ziel, andere Menschen zu inspirieren, bis heute nicht aus den Augen verloren. Wir wollten unterhalten und auf charmante Art und Weise zum Nachdenken anregen.

In diversen Bereichen eigneten wir uns immer mehr Fähigkeiten an und verbesserten uns so stetig. Damals wussten wir noch nicht mal, wie man eine Kamera richtig bedient, und mittlerweile helfen wir sogar anderen dabei, mit von uns erstellten Fotofiltern ihren Aufnahmen einen individuellen Look zu verleihen.

Der Satz „Man wächst mit seinen Aufgaben" hat sich in den letzten Jahren für uns immer wieder als wahr erwiesen. Hätten wir damals nicht den Sprung ins kalte Wasser gewagt, wäre einer von uns womöglich noch heute in einer psychiatrischen Einrichtung tätig, während der andere in einem Telekommunikationsladen Geschäftskunden beraten würde. Beides mögen tolle Tätigkeiten sein für jemanden, der darin eine Erfüllung sieht. Für uns stand allerdings fest, dass wir uns langfristig in einer kreativeren Arbeit sehen.

Zugegeben: Auch wenn wir uns nicht als Reise-Instagrammer im klassischen Stil sehen, holen auch wir uns im Internet Inspiration und versuchen, einen tollen Shot umzusetzen. Am liebsten ist uns allerdings die Devise, dass wir uns Inspiration im Außen holen und anschließend unsere eigene Kreation daraus machen. So bleibt der persönliche Stil erhalten und am Ende unterscheidet sich das Bild wenigstens etwas von den anderen.

Mittlerweile ist aus dem Instagram-Tourismus ein richtiges Business entstanden und somit für viele Menschen eine Haupteinnahmequelle. Ein gutes Beispiel hierfür ist Südostasien – quasi das Epizentrum für fotobegeisterte Personen des öffentlichen Lebens. Als wir Anfang 2020 zusammen mit elf weiteren Social-Media-affinen Personen – fünf Paaren und Sara, die ohne ihren Freund anreiste – für einen Monat eine Bungalow-WG auf der thailändischen

Insel Koh Pha-ngan gründeten, wussten wir bereits zu Beginn, dass wir in den vier Wochen sehr viel Content produzieren wollten. Zwei der Paare kannten wir bereits persönlich, die restlichen Personen nur durch ihre Online-Präsenz. Schon in der ersten Woche bildeten sich aufgrund unterschiedlicher Interessen und anfänglicher persönlicher Differenzen zwei Gruppen. Das war allerdings keine Überraschung, denn wenn so viele Menschen, die sich zuvor kaum kannten, plötzlich mehr oder weniger 24/7 zusammenleben, zeigt sich relativ schnell, mit wem man auf einer Wellenlänge ist und mit wem nicht. Während anfangs also noch versucht wurde, möglichst alle Interessen unter einen Hut zu bringen, sahen wir kollektiv ein, dass dies bei so vielen Personen schier ein Ding der Unmöglichkeit ist. Dazu kam, dass jedes Paar einen anderen täglichen Rhythmus hatte und jeder von uns zudem online arbeitete. Letztlich bildeten wir eine engere Gruppe von fünf Abenteuerlustigen, und rückblickend betrachtet trifft wohl kein Wort besser auf uns zu, auf der Nachbarinsel von Koh Samui gab es nämlich unfassbar viel zu entdecken. Meist überlegten wir uns bereits einen Tag zuvor gemeinsam mit Mathias, Pati und Sara, welchen Strand oder welchen Teil der Insel wir am darauffolgenden Tag entdecken wollten. Oft kombinierten wir während unseres Tagesausflugs auch mehrere Ziele, und auch wir waren natürlich immer auf der Suche nach einem geeigneten Fotospot in diesem Paradies für Instagrammer. Wir hüpften also auf unsere Roller und fuhren los, denn zu entdecken gab es genug. Unser erster Stopp war immer eins der vielen kleinen Frühstückscafés, in denen wir Kaffee tranken und tolles Frühstück bestellten. Gestärkt fuhren wir dann entlang der Küstenstraße zum ersten Ziel. Genau das war von Februar bis März unser Alltag und gleichzeitig eine unvergessliche Zeit!

An unserem vorletzten Tag auf der Insel hatte Mathias, der übrigens zusammen mit Pati eine Businessschule für Hochbegabte führt, Geburtstag, und den wollten wir natürlich feiern. Also fuhren wir zu einem Aussichtspunkt mit Pool und Liegen und verbrachten dort einen wunderbaren Tag in der Sonne, mit Kokosnüssen, grünem Thai-Curry und tollen Gesprächen. Unser Ziel befand sich sehr abgelegen und war wunderschön. Zu der Anlage gehörte ein Restaurant, und wer den Ausblick genießen wollte, musste Eintritt bezahlen. Es reichte nicht aus, im Restaurant zu bestellen, sondern es wurde zusätzlich Geld genommen, wenn man vorhatte, sich mehrere Stunden dort aufzuhalten. Bezahlt haben wir dafür etwa zwei Euro pro Person. Gerade in Thailand, welches als eines der beliebtesten Fernreiseziele gilt, wird für Strände, Aussichtspunkte und Fotospots gerne extra Geld verlangt. Wir persönlich finden das einen fairen Deal, denn Einheimische können sich damit ihren Lebensunterhalt verdienen und Touristen wird ein schönes Foto garantiert. Für den einen oder anderen mag dadurch vielleicht der Charme verloren gehen, aber wir finden es durchaus gerechtfertigt, für schönere Orte Geld zu bezahlen, vor allem dann, wenn ein Teil davon der Umwelt zugutekommt. Auf Bali bezahlt man oft zwei bis drei Euro, um einen Wasserfall aus nächster Nähe besuchen zu können. Dieses Eintrittsgeld fließt dann beispielsweise in den Ausbau von Wegen und hilft so Familien in der Umgebung.

Geheime Fotospots auf Abwegen zu erkunden ist ein gefährlicher Trend. So wird nicht nur unnötig die Natur niedergetrampelt, sondern man bringt sich für das vermeintlich perfekte Foto manchmal noch selbst in Gefahr. Wir finden: Lieber gibt es zehnmal das gleiche Foto, als zu riskieren, dass Mensch und Umwelt geschädigt werden.

Die sozialen Medien leben davon, dass permanent Inhalte konsumiert werden – sowohl die Plattform selbst als auch die Creator. Influencer (vom Englischen to influence – jemanden beeinflussen) sind die neuen Vorbilder von Jugendlichen und auch Erwachsenen. Instagram spricht jede Altersgruppe an – sowohl zwölfjährige Mädchen, die immer auf der Suche nach den neuesten Beauty-Tipps sind, als auch gartenbegeisterte Rentner oder Reisefaszinierte unseres Alters. Für jedes Interesse gibt es sozusagen die passende Zielgruppe. Tourismuszentren organisieren mittlerweile lieber Pressereisen für Influencer als für Journalisten – einfach aus dem Grund, weil Personen mit einer gewissen Online-Präsenz stärker zum Nachreisen anregen als ein Zeitungsartikel, bei dem der persönliche Bezug fehlt. Kleine Story-Sequenzen, die jeweils 15 Sekunden dauern und für 24 Stunden online sind, sorgen dafür, Follower in den Alltag mitzunehmen. Nach einem Tag sind die Instagram-Stories nur noch im Archiv verfügbar und das Ganze beginnt wieder von vorne. Während YouTube-Videos und Instagram-Posts im Feed bestehen bleiben, ist das mit den Storys leider nicht so. Allerdings wird diskutiert, diese zukünftig für 72 Stunden online zu lassen.[20]

Wir teilen relevante Dinge, persönliche Gedanken und Themen, die für unsere Zielgruppe interessant sein könnten. Insgesamt laden wir täglich etwa 30 solcher Sequenzen auf unserem Instagram-Account hoch, was eine Summe von 7 Minuten und 30 Sekunden ergibt. In diesen Minuten stellen Menschen einen Bezug zum Instagrammer her – je persönlicher die Storys, umso beliebter sind diese. Die Zuschauer sind am echten Leben interessiert und wollen von unseren subjektiven Einschätzungen und Meinungen erfahren. Unter dem Hashtag #travel lassen sich auf Instagram mittlerweile mehr als 490 Millionen Beiträge, also Fotos und kurze Videos, finden, und täglich kommen neue dazu. Hierbei gibt es nicht nur ganz konkrete Reisetipps, sondern auch jede Menge Inspiration und Fernweh – wer möchte jetzt nicht mit einem floating Buffet im Pool fläzen, mit leckerem Frühstück und frisch gepresstem Orangensaft und einem Ausblick auf den Dschungel von Bali? Oder morgens nach einer aufregenden Wanderung am Vortag in einem komfortablen Berghotel aufwachen?

Die Plattform bietet ohne jeden Zweifel unendlich viel Inspiration, und das gefühlt für alle Lebenslagen.

Wenn wir einen neuen Ort erkunden, nutzen wir dafür auch relevante Hashtags zur Orientierung, um zu erfahren, was vor Ort geboten ist, was wir sehen wollen, wo man gut essen kann und so weiter. Anschließend speichern wir uns interessante Anhaltspunkte via Screenshot, um diese in unsere Planung leichter einbeziehen und immer wieder abrufen zu können. Diese Technik machten wir uns im Übrigen auch im Rahmen unserer dreiwöchigen Campingreise zunutze. Wir erinnern uns noch gut daran, als wir in strömendem Regen in Montpellier ankamen, eine der größten Städte der französischen Mittelmeerküste. Der Campingplatz war ein einziges Schlammloch. Zugegeben, unsere Ankunft in Frankreich hatten wir uns etwas glamouröser vorgestellt. Oft ist es ja der erste Eindruck, der entscheidet, ob man mit einem Ort warm wird oder nicht. Trotz Regen machten wir uns am nächsten Morgen auf, um die Stadt zu erkunden. Da Campingplätze für gewöhnlich eher selten mitten in der Stadt zu finden sind, hatten wir erst mal einen zwanzigminütigen Fußmarsch vor uns. Darauf folgte eine vierzigminütige Fahrt mit der Straßenbahn, dann endlich kamen wir in der Innenstadt an. Unser erstes Ziel war ein Café, welches wir auf Instagram unter dem Hashtag #Montpellier entdeckt hatten. Dort angekommen, wussten wir auch, wieso wir es dort gefunden hatten, denn die Einrichtung schrie förmlich nach einem Instagram-Spot und viele Einheimische und Besucher kamen hierher, um Kaffee und Kuchen zu bestellen und Fotos davon zu machen. Immer mehr Lokalitäten haben den Trend erkannt und richten ihr Café oder Restaurant entsprechend ein. „Instagram-tauglich muss es sein", sagte auch die Besitzerin des Cafés in Montpellier, als wir ihre schöne Einrichtung und liebevolle Gestaltung bei der Bestellung bemerkten.

Dieses Beispiel zeigt deutlich, welche Rolle die sozialen Medien mittlerweile in der Tourismusbranche spielen. Der Tourismus boomt und Instagram trägt einen wesentlichen Teil dazu bei. Ein Problem entsteht, wenn übermäßig viele Touristen dieselben Reiseziele anstreben und vor Ort dieselben Sehenswürdigkeiten ansteuern. Das führt schnell zu Overtourism und belastet nicht nur die Umwelt vor Ort, sondern auch die lokale Bevölkerung. Jährlich reisen beispielsweise etwa 13 Millionen Menschen nach Mallorca. Laut aktuellen Zahlen der spanischen Tourismusbehörde kommen 40 Prozent der Reisenden aus Deutschland. Vor allem Palma, die Hauptstadt der Insel, sowie Cala Ratjada und El Arenal ziehen viele Besucher an. Zusätzlich problematisch wird es vor allem dann, wenn täglich große Kreuzfahrtschiffe anlegen und die Reisenden zur gleichen Zeit an Land gehen. Wir können absolut nachvollziehen, dass es Menschen in lebendige Zentren zieht – schließlich will man ja im Urlaub auch etwas Aufregendes sehen, etwas Neues erleben. Man will dort sein, wo sich etwas bewegt. Unsere persönliche Erfahrung hat jedoch gezeigt, dass wir rückblickend mehr Erinnerungen an Orte haben, die nicht so überlaufen waren. Mallorca hat tolle Ecken abseits der Touristenhochburgen. Wir hatten uns im Sommer 2018 eine Finca mit Freunden in Santa Ponsa gemietet. Der Ort ist zwar alles andere als unentdeckt, aber bei Weitem nicht so überlaufen wie Palma, was sehr angenehm war. Morgens sind wir zusammen durchs Viertel und durch den Wald laufen gegangen, und es sind uns kaum Menschen begegnen. Zwar gibt es auch dort eine kleine Einkaufsstraße, wo sich abends die Urlauber tummeln, aber wenn man das nicht möchte, kann diese ja gemieden werden. Wir waren tatsächlich nur einmal dort, haben es aber als sehr angenehm empfunden – nicht zu voll und nicht zu laut. Viele verbinden mit Mallorca vor allem eins: Partyurlaub. Aber die Insel bietet so viel mehr, und wären mehr Menschen bereit, ihren Urlaub über die bekanntesten Hotspots hinaus zu planen und zu buchen, wäre die Insel auch nicht in manchen Gegenden so sehr überlaufen. Wer Mallorca anders entdecken möchte, sucht am besten nach den kleinen Orten der Insel. Diese lassen sich auch alle über Hashtags finden. Vielleicht landet man ja dann durch Zufall in einem kleinen charmanten Dorf und erlebt die Balearen-Insel einmal ganz anders.

Die Tourismusbranche hat den Instagram-Trend längst erkannt und sich diesen zunutze gemacht. Zu Recht, denn der Tourismus profitiert in vielerlei Hinsicht von der Entwicklung der letzten Jahre. Immer häufiger entscheiden Reisende online, mit welcher Fluglinie sie fliegen möchten, das Hotel wird im Internet bei verschiedenen Bewertungsportalen überprüft und Fotos vorab verglichen. Manchmal wird auch nicht mal mehr nach Unterkünften gesucht, sondern aufgrund einer Empfehlung gebucht – so wie im analogen Leben auch. Während vor ein paar Jahren vielleicht noch das Lieblingshotel des Nachbarn in Portugal gebucht wurde, verlässt man sich heute gerne auf die Meinung und Erfahrungen der Menschen online. Wir bekommen nahezu täglich Nachrichten auf Instagram zu den von uns gebuchten Unterkünften. Dadurch, dass wir meist eine Roomtour des Hotels ziemlich zeitnah nach der Ankunft in den Instagram-Storys hochladen, ist unsere Community von Anfang an dabei. Die Zuschauer vertrauen unserer Meinung, denn sie wissen, dass diese bei Hotelbewertungen stets ehrlich und authentisch ist. Damit wir eine Frage nicht unzählige Male beantworten müssen, haben wir uns angewöhnt, die Unterkunft stets in der Videobeschreibung auf unserem YouTube-Kanal, welchen wir parallel zu Instagram auf Reisen auch bespielen, zu verlinken. Somit sparen wir nicht nur Zeit, sondern geben unserer reiseinteressierten Zuschauerschaft die Möglichkeit, Unterkünfte ganz einfach finden und buchen zu können.

Das deutsche Meinungsforschungsinstitut GfK veröffentlichte in einer 2018 durchgeführten Befragung, dass etwa 50 Prozent der Reisenden im Alter von 14 bis 60 Jahren gezielt nach Beiträgen von Influencern auf die Suche gehen, um sich über ein Reiseziel zu informieren. Vor allem die jüngere Generation, besonders Personen im Alter zwischen 20 und 34, sind dieser Form von Marketing gegenüber sehr aufgeschlossen. Laut Umfrage hat sich bereits jeder fünfte Nutzer durch Social Media zu einer Buchung inspirieren lassen. Mittlerweile sind es wahrscheinlich deutlich mehr. Vor allem die Generation Y (vom Englischen why – warum), die bekannt dafür ist, Althergebrachtes infrage zu stellen, vertraut lieber ihrem Vorbild in der Onlinewelt als dem Rat des Reisebüro-Angestellten. Touristikunternehmen haben sich mit dem Wert der Echtzeit-Berichterstattungen kombiniert mit subjektiven Meinungen der Influencer mittlerweile vertraut gemacht und setzen ganz gezielt darauf, wenn es um die Bewerbung ihrer Region geht. Noch weitgehend unbekannte Orte oder kleinere Städte haben durch Instagram und Co. die Möglichkeit, an Bekanntheit zu gewinnen, wodurch der Tourismus vor Ort gestärkt wird

Dadurch, dass das Thema Reisen so vielfältig geworden ist, macht es Sinn, sich mit einer gewissen Nische am Markt zu platzieren. Diesem Konzept folgen sowohl Anbieter als auch Creator. Es gibt beispielsweise Familienhotels, die vorrangig nach Familienbloggern suchen und zu diesen Kontakt aufnehmen, weil sie dieselbe Zielgruppe haben. Wenn eine Kooperation zustande kommt, wird der Aufenthalt, der in der Regel kostenfrei zur Verfügung gestellt und oft mit einer Vergütung für den Arbeitsaufwand entschädigt wird, durch Videos und Bilder dokumentiert und in Szene gesetzt. Anschließend werden die erstellten Inhalte mit der Community geteilt und die Unterkunft verlinkt, wodurch das Hotel, so die Hoffnung, an Bekanntheit gewinnt und verstärkt Buchungen erhält. Denn was nützt einem das beste Produkt oder die tollste Dienstleistung, wenn niemand davon erfährt? Genauso verhält es sich mit interessanten Videos oder spannendem Content in den sozialen Medien – wer nicht oder unzureichend auf sich aufmerksam macht und seine Inhalte nicht genügend oder schlecht verbreitet, wird nicht wahrgenommen, und qualitativ hochwertige Inhalte verschwinden ungesehen in der Versenkung. Ihr könnt euch also wahrscheinlich gut vorstellen, dass man eine entsprechende Reichweite nicht von heute auf morgen aufbaut. Was viele hinter solchen bezahlten Kooperationen nicht sehen: Bis dorthin ist es ein weiter, arbeitsreicher Weg. Denn bis es so weit ist, dass Firmen oder Unternehmen ihr Produkt oder ihre Dienstleistung überhaupt auf einem Kanal platzieren wollen, muss einiges passieren. Seine Reichweite hat sich jeder Influencer in der Regel über Jahre hinweg aufgebaut und umso schöner ist es, dass mittlerweile durch kreative Arbeit bezahlte Partnerschaften zustande kommen und es einem Influencer somit möglich gemacht wird, Menschen an der Hand zu nehmen, die in gewissen Bereichen einen Rat oder eine Empfehlung suchen.

Erfolgsfördernd für eine Zusammenarbeit ist vor allem die Qualität des Accounts und die Art und Weise der Kommunikation. Wichtig ist, dass die Werte des Influencers und die des Auftraggebers übereinstimmen. Manchmal kommt es aber auch vor, dass die Grundthematik stimmt, aber es an den Details scheitert. Im Sommer 2019 erhielten wir eine Anfrage eines bekannten Kreuzfahrtunternehmens. Der

Fokus der Kampagne lag darauf, auf die neuesten Nachhaltigkeitskriterien des Schiffs aufmerksam zu machen. Dadurch, dass wir nachhaltigeres Reisen auf unseren Kanälen thematisieren, schienen wir für den Kunden der perfekte Partner zu sein. Allerdings fühlte es sich für uns nicht stimmig an, im Rahmen einer Luxuskreuzfahrt über Nachhaltigkeit zu sprechen, weshalb wir uns letztlich dagegen entschieden. Gleichzeitig hätten wir die Reise allerdings auch spannend gefunden und gerne mehr darüber erfahren, wie die Kreuzfahrttouristik in puncto Nachhaltigkeit wirtschaftet. Dennoch, eine Bewerbung hätte sich falsch angefühlt.

Influencer-Marketing ist ein tolles Instrument, wenn man es richtig und gewissenhaft einsetzt. Allerdings gibt es – wie überall – auch hier Profitgeier, denen nur wichtig ist, dass der Rubel rollt. Instagram ganz speziell kann also Fluch und Segen zugleich sein – je nachdem, wie man an die Plattform herangeht und wie man diese für Werbezwecke instrumentalisiert. Am Ende ist es wie immer eine Frage des eigenen Verantwortungsbewusstseins.

Weniger reisen, dafür aber vielleicht länger in einem Land bleiben und sich seiner Verantwortung für Menschen und Umwelt stärker bewusst werden – das ist es, wonach wir streben, und wir sind sehr dankbar für diesen virtuellen Ort, der es uns seit 2016 ermöglicht, unsere Gedanken in die Welt zu tragen, dafür Zuspruch zu finden und mittlerweile davon leben zu können.

KAPITEL 12

UNSER EINFLUSS AUF DAS KLIMA

Im Laufe unseres Lebens werden wir alle immer mal wieder mit dem CO_2-Fußabdruck konfrontiert. Aber was genau versteht man eigentlich darunter, und was bedeutet er für jeden Einzelnen von uns?

Tatsächlich ist es so, dass der CO_2-Fußabdruck in erster Linie als Richtwert dient und das Ergebnis einer Emissionsberechnung ist, die besagt, welche Menge von Treibhausgasen durch eine bestimmte Handlung oder Aktivität freigesetzt wird. Jedes Produkt produziert sozusagen Kohlenstoffdioxid. Aber auch Lebewesen tun dies, indem sie Zellatmung betreiben. Die Zellatmung ist Teil des Stoffwechsels, also der Energiegewinnung aus Nahrung. Hierbei baut der Körper über die Nahrung aufgenommene Kohlenhydrate und Fette ab, wodurch Energie für die Zellen gewonnen wird. Dabei ist CO_2 ein natürliches Nebenprodukt, welches im Anschluss ausgeatmet wird – somit produziert jeder von uns also CO_2. Aber auch durch die industrielle Verbrennung fossiler

Brennstoffe wie Braun- oder Steinkohle entsteht durch die Kombination mit Sauerstoff die Verbindung Kohlendioxid, welche zu den sogenannten Treibhausgasemissionen zählt.

Laut aktuellen Berichten wirkt sich auch die Internetnutzung auf die CO_2-Bilanz aus, und darum gesellt sich zur Flugscham mittlerweile oft auch die sogenannte Klickscham. Der CO_2-Fußabdruck des Internets sei ähnlich groß wie der des globalen Flugverkehrs, heißt es. Etwa 24 Millionen Tonnen CO_2 im Jahr werden durch das Internet erzeugt[21] – der Ort, der sich für viele mittlerweile wie ein zweites Zuhause anfühlt. Der Ort, an dem konsumiert, gearbeitet und abgeschaltet wird. Gigantische Rechenzentren müssen weltweit mit Strom versorgt werden, damit wir jeden Tag streamen, Fotos verschicken, googeln können.

Auch das Reisen machte in der Vergangenheit bereits oft mit umweltbelastenden Fakten negative Schlagzeilen. Während viele den Hauptschuldigen beim Flugverkehr suchen, wird gerne vergessen, dass der Tourismus noch weitere Bereiche umfasst. Ein Beispiel sind Hotels. Während kommerzielle Unterkünfte oder große Hotelkomplexe zum Teil sogar sehr umweltfeindlich wirtschaften, erfreuen sich nachhaltige Hotels immer größerer Beliebtheit. Doch auch nachhaltige Biohotels mit 100 Prozent zertifizierter Bioküche verursachen Kohlenstoffdioxid und erhöhen somit den Treibhausgasanteil in der Atmosphäre. Abhilfe kann hierbei ein klimaneutrales Hotel schaffen, denn die beim Aufenthalt entstandenen Emissionen werden für jeden einzelnen Gast konsequent kompensiert, das heißt, es werden CO_2-Ausgleichszahlungen geleistet und damit beispielsweise anerkannte Klimaschutzprojekte unterstützt. Doch das Ziel, komplett klimaneutral zu werden, ist für die Hotellerie ein oft sehr hochgestecktes. Eine passendere Bezeichnung wäre wohl klimapositiv, denn perfekt geht auch hier nicht. Auch unsere Nahrung und deren Verarbeitung produziert Kohlenstoffdioxid. Die Ernährung auf Reisen thematisieren wir noch mal im Detail, denn hier gibt es viel, was wir in den letzten Jahren gelernt haben und in diesem Zusammenhang gerne weitergeben möchten.

Während Klimaforscher vor den Folgen der weltweiten Entwicklung warnen, ziehen andere mittlerweile harte Konsequenzen. In unserem Bekanntenkreis hat sich eine Person bewusst gegen das Kinderkriegen entschieden – nicht, weil sie es längere Zeit versucht hätte und es nicht klappte, sondern weil sie es der Umwelt und dem Planeten zuliebe ablehnt. Es stimmt, je mehr Menschen, desto mehr CO_2. Verschärft ausgedrückt bedeutet das: Je weniger Menschen, desto besser für die Umwelt. Die Frage, ob die Entscheidung gegen Kinder der richtige Weg ist, ist zu komplex, um sie in wenigen Sätzen zu behandeln, aber auch hier sind wir der Meinung, dass viele kleine Schritte in eine positive Richtung führen. Vielleicht ist es nicht nötig, auf Nachwuchs zu verzichten, wenn wir kollektiv unser Konsum- und Reiseverhalten und generell die Art und Weise etwas anpassen, auf die wir unserer Erde begegnen. Wir sollten versuchen, wieder einen Zugang zur Natur zu finden, denn kaum ein Lebewesen ist so disconnected von Mama Nature wie wir Menschen.

Vielleicht braucht es ja gar keine radikalen Entscheidungen, vielleicht schaffen wir es ja gemeinsam, ein Umdenken herbeizuführen und mit vielen kleinen Schritten weniger Treibhausgase zu verursachen.

Doch erst noch einmal kurz zurück zum Fußabdruck.

Aufgrund der Tatsache, dass unsere Erde, wie wir sie kennen, nur ein gewisses Kontingent an Ressourcen zur Verfügung stellt, ist es sinnvoll, seinen eigenen Fußabdruck zu ermitteln, um entsprechend seine Handlungen anpassen zu können. Es gibt zwei Arten des vom Menschen verursachten Fußabdrucks – den ökologischen Fußabdruck und den CO_2-induzierten. Die Idee für den ökologischen Fußabdruck entstand in den Neunzigerjahren und stammt von den Wissenschaftlern Mathis Wackernagel und William Rees, die ein spezielles Buchhaltungssystem für die Ressourcen unseres Planeten entwarfen. Dieses gliedert sich in eine Angebots- und eine Nachfrageseite. Auf der Angebotsseite werden die Flächen der Erde gemessen, also Land- und Wasserfläche. Von den Meeren über Wüsten bis hin zu Gebirgsketten wird alles berücksichtigt. Beim Ergebnis spricht man von der sogenannten Biokapazität der Erde. Auf der anderen Seite, der Nachfrageseite, wird gemessen, wie viel die Menschen von der Biokapazität tatsächlich nutzen. Darunter fallen beispielsweise Aspekte wie Bauland, Viehzucht und Energiegewinnung. Die zentrale Frage bei diesem Modell ist hierbei: Wie viel Natur haben wir und wie viel davon verbrauchen wir?

Jedes Individuum verursacht einen verschieden großen Fußabdruck. Laut dem Sustainable Europe Research Institute gibt es auch erhebliche Unterschiede zwischen den einzelnen Ländern.[22] In Deutschland beispielsweise ist der durchschnittliche Naturverbrauch pro Kopf etwa sechsmal so hoch wie der in Bangladesch oder Äthiopien. Der ökologische Fußabdruck setzt sich in deutschen Haushalten aus 35 Prozent Ernährung, 25 Prozent Wohnen, 22 Prozent Mobilität und 18 Prozent Konsum pro Person zusammen. Seit dem Beginn der Industrialisierung verbraucht die gesamte Weltbevölkerung mehr Biokapazität, als unsere Ökosysteme dauerhaft zur Verfügung stellen können, was dazu führt, dass diese nach und nach kollabieren. Ein gutes Beispiel hierfür sind die abgestorbenen Korallenriffe des etwa 2300 Kilometer langen Great Barrier Reefs in Australien, welches nicht nur die größte natürlich entstandene Korallenriff-Ansammlung der Welt, sondern auch das Zuhause von zahlreichen Tierarten wie Seekühen, Meeresschildkröten, Rochen oder kleinen Clownfischen ist. Man schätzt, dass Korallenriffe bis zu einer Million Tier- und Pflanzensysteme beherbergen. Zusammen mit tropischen Regenwäldern bilden diese die artenreichsten Ökosysteme der Erde. Die Riffe sind vor allem auch deshalb so wichtig, weil sie als Küstenschutz von tropischen Inseln dienen.

Nicht nur der ökologische Fußabdruck stellt einen wichtigen Faktor für das Wohlergehen unseres Planeten dar, auch unseren Umgang mit Kohlenstoffdioxid sollten wir bedenken, wenn uns unser Zuhause am Herzen liegt. Wie bereits zu Beginn des Kapitels beschrieben, trägt dieses Treibhausgas maßgeblich zur Erderwärmung bei. Hierbei geht es also darum, wie viel CO_2 mit dem momentanen Lebensstil produziert wird. Etwa zwei Tonnen Kohlenstoffdioxid sind jährlich pro Kopf für jeden Bundesbürger vorgesehen. Die tatsächlichen Zahlen sind jedoch weit von diesem Ziel entfernt, denn laut Greenpeace verursacht jeder Mensch in Deutschland derzeit 11,3 Tonnen[23] – also etwa die sechsfache Menge. Diese setzt sich zum Beispiel aus dem Verbrauch von Waren wie Computer oder Smartphones, Textilien oder Möbeln zusammen. Aber auch die Infrastruktur, der Flugverkehr, das Internet spielen hierbei eine Rolle. Ein Flug von München nach Bangkok produziert beispielsweise circa 2,8 Tonnen Kohlenstoffdioxid für die einfache Strecke. Allein mit dem Hinflug wäre das Klimaziel pro Kopf also längst überschritten.

Der CO_2-Rechner des Umweltbundesamtes ermöglicht die Berechnung der eigenen CO_2-Bilanz und erfasst hierbei viele Bereiche des täglichen Lebens. Er ist kostenlos, steht jedem zur Verfügung und erfordert lediglich ein paar Angaben zur eigenen Person wie Alter, Gewicht und Geschlecht (wobei wir uns die Frage stellen, welche Rolle das Geschlecht hierbei spielt). Außerdem wird nach dem Haushalt gefragt, also wie viele Personen in einem Haushalt auf welcher Wohnfläche leben, und auch das Baujahr einer Wohnung oder eines Hauses ist relevant. Je genauer die Angaben, desto präziser ist am Ende das Ergebnis. Des Weiteren wird nach einem privaten Fahrzeug gefragt, der Nutzung öffentlicher Verkehrsmittel, der Anzahl der nationalen sowie internationalen Flugstunden pro Jahr sowie der Heizungs- und Stromart und dem jeweiligen Jahresverbrauch. Neben den Kriterien Mobilität, Heizung und Strom, welche im Übrigen alle noch mal bis ins kleinste Detail aufgegliedert sind, geht auch die Ernährungsform in die Berechnung mit ein. Vegan, vegetarisch, Mischkost? Regional, saisonal, bio? All das und noch einiges mehr möchte der Test wissen. Besonders spannend finden wir die Rubrik Kaufverhalten und Kaufkriterien. Auch hier kann selbst eingeschätzt werden, ob man eher ein sparsames Konsumverhalten an den Tag legt oder auf großem Fuß lebt. Übrigens stellten wir während der Befragung fest, dass dieser Rechner auch eine tolle Möglichkeit bietet, sein Verhalten zu erfassen und vielleicht auch an manchen Stellen zu hinterfragen. Nachdem wir meist gemeinsam Dinge erleben und Konsumgüter anschaffen und generell ähnliche Interessen in vielen Bereichen haben, fiel unser Testergebnis ziemlich identisch, aber erstaunlicherweise mit etwa 11,6 Tonnen im Jahr höher als erwartet aus, und das, obwohl wir in manchen Bereichen sowohl unseren Konsum als auch unsere Aktivitäten in den letzten zwei Jahren deutlich reduziert haben. Der CO_2-Rechner ist also ein spannendes und erschreckendes Tool zugleich, wenn man bedenkt, dass man der Umwelt letztendlich viel mehr schadet als gedacht.

Anstatt mit dem Finger auf andere zu zeigen, haben wir irgendwann für uns beschlossen, lieber bei uns selbst anzufangen. Ganz sicher hat jeder Einzelne noch Optimierungsbedarf, und außerdem wäre die Welt sofort viel sauberer, wenn jeder vor seiner eigenen Türe kehren würde. Eine Metapher, die sich immer wieder als wahr erweist. Wir essen zwar keine tierischen Produkte mehr, aber verursachen dafür an anderer Stelle zu viele (unnötige) Emissionen, zum Beispiel beim Fliegen. Wenn wir alle einmal in uns hineinhören, wissen wir ganz genau, in welchen Bereichen es hapert. Da uns Vorwürfe nicht weiterbringen, ist es an der Zeit, bei sich selbst Schritt für Schritt eine Veränderung herbeizuführen – und genau hierfür soll dieses Buch eine Hilfestellung sein. Die Vorstellung, dass Menschen unseren Ratgeber lesen und jeder nur zwei oder drei Punkte für sich in den Alltag integriert, erfüllt unser Herz mit ganz viel Freude.

Wir alle sind Menschen mit persönlichen Bedürfnissen und Vorstellungen, wir alle wollen unser Leben so angenehm wie möglich gestalten. Verzicht war und ist für uns als Gesellschaft schon immer etwas Unbequemes und wir streben danach, möglichst einfach und komfortabel unsere Ziele zu erreichen – im wahrsten Sinn des Wortes.

Wie klingt die Idee, nicht unbedingt auf alles sofort zu verzichten, sondern fürs Erste im kleinen Stil zu kompensieren, das heißt, im Alltag an den Stellen einzusparen, bei denen uns der Verzicht leichter fällt, und damit andere Lebensbereiche auszugleichen, bei denen wir uns noch schwertun?

Als wir im Spätsommer 2019 für ein Event mit dem Zug von Deggendorf nach Amsterdam fahren sollten, freuten wir uns bereits Tage zuvor auf die Reise. Obwohl wir schon etliche Male – sowohl zu zweit als auch zusammen mit Freunden oder ohne einander – in Amsterdam waren, zieht es uns immer wieder in die Metropole mit ihrem liebevollen Altstadtcharme und den kleinen Cafés. Die achtstündige Anreise war absolut machbar, denn wir hatten unsere Laptops dabei, sodass wir unterwegs arbeiten konnten. Nach ein paar Mails, organisatorischen Planungen und wiederholtem Einschlafen kamen wir abends in der niederländischen Hauptstadt an. Wir waren hungrig, weshalb wir uns nach dem Abstellen der Koffer im Hotel zeitnah auf die Suche nach einem veganen Restaurant machten. Wir hatten auch schnell eins gefunden, denn Amsterdam ist schlichtweg ein Paradies für die tierproduktfreie Küche. Am nächsten Abend fand das Event des nachhaltigen Unternehmens statt, das uns nach Amsterdam eingeladen hatte. Da wir am Nachmittag zu lange in der Stadt getrödelt hatten, waren wir etwas spät dran, was dazu führte, dass wir uns für unterwegs vegane Snacks vom Supermarkt einpackten, die komplett in Plastik verpackt waren. Mit einem besseren Zeitmanagement hätten wir diesen unnötigen Müll sicherlich vermeiden und stattdessen in einem netten kleinen Lokal sitzen können, von denen es in Amsterdam so viele gibt. Anstatt mit den Öffentlichen zu fahren, weil das zu lange gedauert hätte, nahmen wir ein Taxi zum Treffpunkt, und das, obwohl wir sogar im Besitz einer Straßenbahnkarte waren. Beide Handlungen hätten durchaus umweltfreundlicher und entspannter sein können, wenn wir nicht den ganzen Tag vertrödelt, sondern uns die Zeit besser eingeteilt hätten. Im Nachhinein hat es uns geärgert, denn obwohl wir auch auf Reisen nicht den Anspruch haben, perfekt zu sein, hätten wir das gut vermeiden können. Schließlich ermutigen wir auf unseren Social-Media-Kanälen unsere Zuschauer zu einem umweltfreundlicheren Verhalten auf Reisen!

Dieses Beispiel lässt sich im Übrigen auch auf den Alltag zu Hause oder auf Reisen übertragen, denn es zeigt unserer Meinung nach sehr gut, dass es nahezu utopisch ist, aufgrund äußerer Einflüsse, persönlicher Interessen oder kultureller Hintergründe alle Bereiche des Lebens perfekt nachhaltig zu gestalten. Während in Deutschland der Trend zur veganen Ernährung mittlerweile immer mehr als Normalität gesehen und das Angebot an pflanzenbasierten Speisen in Lokalen und Supermärkten nach und nach zur Selbstverständlichkeit wird, zählen die Deutschen auch zu den Bevölkerungen, die weltweit am häufigsten verreisen und damit die Umwelt belasten. Trotzdem wird ein Ausgleich geschaffen, wenn wir an anderer Stelle wie hier beim Verzicht auf Fleischkonsum CO_2 einsparen. Um sich einen

Überblick zu verschaffen, macht es als Erstes Sinn herauszufiltern, an welchen Stellen das eigene Konsumverhalten angepasst werden könnte und in welchen Bereichen es noch schwerfällt.

Man sollte meinen, dass wir kollektiv an einem Strang ziehen und es unser aller oberste Priorität ist, der Umwelt verantwortungsvoll zu begegnen. Leider ist dem nicht so, denn solange wir denken können, strebt der Mensch – so traurig es auch sein mag – nach Macht, Einfluss und Geld. Dieses Ziel haben sich viele zur Lebensaufgabe gemacht. Nachdem sich Umweltschutz gerade in den letzten Jahren durch verschiedenste umweltschutzaktivistische Bewegungen wie Fridays for Future als wichtiges Statement etabliert hat, reagieren Unternehmen dementsprechend darauf, um auf dem Markt weiterhin konkurrenzfähig zu sein. Jede Form von Nachhaltigkeit oder nur der kleinste Hinweis auf der Verpackung kommt beim Verbraucher gut an und gehört mittlerweile fast schon zum guten Ton der Marketingstrategien. Unter Greenwashing versteht man den Versuch eines Unternehmens, einer Dienstleistung oder einem Produkt ein besonders umweltfreundliches Image zu verleihen, ohne dass es hierfür eine Grundlage gibt. Der Grundgedanke ist zwar vorbildlich, aber die Realität sieht anders aus. Ein Beispiel für Greenwashing im Reisebereich sind Billigfluglinien, die damit werben, dass sie wegen hoher Auslastung weniger CO_2 pro Reisendem und zurückgelegtem Kilometer ausstoßen würden als herkömmliche Airlines. Das ist in Wahrheit allerdings Humbug, denn es handelt sich hierbei ja um eine Aktion, die überhaupt erst stattfindet, weil die Preise so verlockend günstig sind. Würde die Airline nämlich normale Ticketpreise verlangen, wäre das Flugzeug auch nicht bis zum letzten Sitzplatz ausgelastet. Hier wird die Nachfrage durch Subventionen geschaffen oder vereinfacht ausgedrückt: Der Passagier wird hinters Licht geführt. Generell halten wir nichts von enormen Preisstürzen, denn sind die Flüge zu billig, wird auch mehr geflogen. Auch wir haben früher gerne mal einen spontanen Wochenendtrip zum Shoppen nach London unternommen, weil wir für Hin- und Rückflug pro Person tatsächlich nicht mehr als 30 Euro (!) bezahlten. Mittlerweile ist das anders und wir würden im Allgemeinen von vermehrten Spontanreisen mit dem Flugzeug abraten.

Habt ihr euch schon mal gefragt, warum Produkte oder Dienstleistungen, die besonders nachhaltig sind (beziehungsweise sein sollen), meist in Farben wie Grün, Braun oder Beige daherkommen? Diese Farben suggerieren, dass man hierbei etwas besonders „Grünes" erworben hat. Das könnte man als eine leichte Form des Greenwashing bezeichnen. Ganz anders sieht es bei diesem Beispiel aus: Ein bekannter Sportartikelhersteller warb vor einiger Zeit mit seiner neuen nachhaltigen Rucksack-Kollektion, die vorwiegend aus recycelten Plastikflaschen bestand. An und für sich ein innovativer Gedanke und ein zukunftsweisendes Produkt – zumindest auf den ersten Blick. Denn später kam heraus, dass hierbei ganz klar Greenwashing betrieben wurde, um dem Rucksack einen nachhaltigen Stempel aufzudrücken. In Wahrheit handelte es sich nämlich nicht um alte Plastikflaschen, die wiederaufbereitet und wiederverwendet wurden, sondern die Flaschen wurden eigens für die Rucksäcke hergestellt. Es wurde also mit einigem Ressourcenaufwand extra Kunststoffmüll produziert. Völlig absurd. Und alles andere als grün, das ist mal klar. Greenwashing ist aber nicht nur absurd, sondern eine offizielle Form von Betrug, denn vorsätzliches Greenwashing bestimmter Marktprodukte stellt eine Täuschung des Kunden dar, die seine Kaufentscheidung beeinflussen und ihn letztlich zum Kauf anregen soll. Und das ist bei uns verboten. Zudem zerstören diese schwarzen Schafe das Geschäft und den positiven Gedanken hinter dem grünen Konzept, denn Kunden verlieren das Vertrauen, was dazu führt, dass beim nächsten Kauf doch wieder das kommerzielle Produkt erworben wird, nachdem das alles ja vermeintlich keinen Unterschied macht. Um dem Greenwashing etwas entgegenzusetzen, gibt es verschiedene Möglichkeiten. Zum einen bieten grüne Umweltlabels Orientierung, wobei man die zahlreichen im Zuge des Trends hinzugekommenen „selbst gebastelten" Umweltsiegel von denen unterscheiden muss, auf die tatsächlich Verlass ist. Zum anderen lässt sich die Täuschung auch durch irreführende Bilder, fehlende Beweise und eine aufgeplusterte Sprache erkennen. Generell kann man sich sicher sein: Wer etwas für die Umwelt tut, wirbt mit dieser Info. Oft ist es aber der Fall, dass in den Werbeslogans zu sehr übertrieben wird. Wer wirklich ambitioniert etwas für die Umwelt tut und sich für ein nachhaltiges Wirtschaften engagiert, zeigt dies zwar, aber oft in einem einfachen Rahmen. Wir empfehlen, vor allem bekannten Siegeln zu vertrauen, oder, falls diese nicht vorhanden sind, weil sich gerade Start-ups diese oft nicht leisten können, einfach genauer nachzufragen. Eine gute Freundin von uns betreibt seit etwa drei Jahren ihr eigenes faires Münchner Modelabel, sie entwirft Mode für Frauen in allen Phasen des Lebens. Obwohl sie und ihr Team in einer anerkannten Näherei unter fairen Arbeitsbedingungen ihre Kleidung aus Biobaumwolle herstellen lassen und auf einen klimaneutralen Versand achten, dürfen sie sich offiziell nicht als ein Fair-Fashion-Label bezeichnen, denn dafür fehlt das Siegel, welches sie sich zum aktuellen Zeitpunkt noch nicht leisten können.

Auch auf Reisen kann auf gewisse Siegel geachtet werden. Ein wichtiges Prüfsiegel der Branche ist beispielsweise das bereits erwähnte TourCert-Siegel, welches verantwortungsvolle Reiseunternehmen auszeichnet, die für den Erhalt natürlicher Ökosysteme, faire Entlohnung und Förderung des interkulturellen Verständnisses einstehen. Aber auch hier sollte man im Hinterkopf behalten, dass sich gerade kleinere Hotels, die noch versuchen, sich zu etablieren, die teuren Umweltlabels (noch) nicht leisten können. Deshalb gilt es auch hier, differenzierter heranzugehen, denn wirklich soziale und der Umwelt gegenüber verantwortungsvolle Tourismusunternehmen lassen sich vor allem an fairen Beziehungen, Engagement oder Zusammenarbeit mit Einheimischen, Umweltschutz und Umweltgerechtigkeit sowie Transparenz und gutes Preis-Leistungsverhältnis erkennen.

Es ist nahezu unmöglich, ein Hotel oder einen Veranstalter zu finden, das oder der alle Kriterien erfüllt, aber auch hier folgen wir bei unseren Reisen stets der Devise: Jeder Schritt und jede umweltaktivistische Handlung in die richtige Richtung ist entscheidend, um in der Summe etwas zu verändern und neue Ansätze zu schaffen.

KAPITEL 13

DIE WICHTIGSTE ENTSCHEIDUNG UNSERES LEBENS

„Ich bin überzeugt, dass der Mensch die Erde verlassen muss" sagte Stephen Hawking 2017 auf dem Starmus Festival in Norwegen. „Die Erde wird zu klein für uns, und unsere Ressourcen schwinden alarmierend schnell dahin."

Den meisten von uns ist mittlerweile bewusst, dass der Großteil der Menschheit (wir eingeschlossen) über seine Verhältnisse lebt, was unserem Planeten enorm zusetzt. Relativ spät schenkte die breite Bevölkerung einem der größten Klimakiller, der Massentierhaltung, die nötige Aufmerksamkeit. Die Ernährung ist ein empfindliches Thema, vor allem dann, wenn man eigentlich weiß, dass man eine ungute Industrie unterstützt, aber aus Genussgründen nicht verzichten möchte. Wenn es etwas gibt, was die Stimmung beim Familienessen an bestimmten Feiertagen zum Kippen bringen kann, dann ist es das Thema Ernährung, es gibt gefühlt keinen anderen Bereich des täglichen Lebens, der stärker polarisiert. Wir Menschen reagieren empfindlich, wenn uns jemand anderes auf ein Fehlverhalten hinweist, vor allem dann, wenn es um etwas so Essenzielles wie Essen geht. Aber lasche Argumente wie „das war doch schon immer so" haben ausgedient, wenn es darum geht, unseren Planeten und unsere Spezies zu retten.

Auf der ganzen Welt, in jeder Kultur, ist die Nahrungsaufnahme ein wichtiger Teil des Lebens. Während in Vietnam die Menschen gerne abends auf kleinen Stühlen zusammensitzen und neben den stark befahrenen Straßen gemeinsam einen Eiskaffee mit gezuckerter Kondensmilch trinken und eine Pho, das ist eine Nudelsuppe mit vielen Kräutern, essen, treffen sich Spanier nach der Arbeit mit Freunden auf eine Runde Tapas und zelebrieren Italiener jedes Abendessen wie eine heilige Feier. Andere Länder, andere Sitten, andere Essgewohnheiten. Als wir im Frühsommer 2019 im Rahmen einer Pressereise drei Tage in Genua verbrachten, einer italienischen Hafenstadt mit etwa 600 000 Einwohnern, erlebten wir die italienische Mentalität hautnah, unverfälscht und echt. Während unseres Aufenthalts unternahmen wir mehrere Wanderungen durchs nahezu menschenleere Hinterland, danach waren wir immer alle ziemlich hungrig und freuten uns auf die gute italienische Küche. Unsere Gruppe bestand aus zehn Personen – ein französisches Bloggerpaar, eine YouTuberin aus Großbritannien, zwei Fotografen, drei Frauen der Tourismusbehörde Genuas und wir. Egal wie eng der Reiseplan getaktet war, Zeit für ein gemütliches Mittag- oder Abendessen blieb jedes Mal. Gegessen haben wir immer woanders, sodass wir auch die Möglichkeit hatten, verschiedene Lokalitäten von Genua kennenzulernen und mit unserer Community zu teilen. Am letzten Tag unserer Reise kehrten wir mittags bei einer typischen italienischen Mamma ein. Der Tisch war liebevoll gedeckt und zu Beginn wurden Grissini und Focaccia mit Olivenöl serviert. Ersteres sind dünne, knusprige Brotstangen, und Focaccia (das klassische Rezept enthält übrigens manchmal Schweineschmalz) ist ein luftiges Fladenbrot aus Hefeteig und unser absoluter Favorit, wenn es in der veganen Version verfügbar ist. Zur Vorspeise gab es Wein – weißen und roten. Wir hatten sowieso den Eindruck, dass das Klischee stimmt und die Italiener generell gerne Wein zum Essen trinken, egal zu welcher Tageszeit. Für uns zwar eher untypisch, mittags Wein zu trinken, aber aus Höflichkeit, sozusagen zum Wohl der Gastfreundschaft, tranken wir genauso wie alle anderen auch ein Glas. Nach drei Tagen fühlte sich das fast schon wie eine neue lieb gewonnene Gewohnheit an, die wir uns zu Hause dann wieder ein bisschen abtrainieren mussten. So saßen wir also immer etwa 40 Minuten bei Wein und Vorspeise, bis der Hauptgang serviert wurde. Schon das Servieren war die reinste Party, bei der ausgiebig gestaunt und die Kochkünste der Mamma gelobt wurden. Dieses Prozedere zog sich auch jedes Mal sehr in die Länge, was allerdings kein Problem war, da wir meist schon von den Vorspeisen satt waren. Mit dem Hauptgang begonnen wurde konsequent übrigens erst, wenn alle Beteiligten ihr Gericht vor sich stehen hatten. Dann folgte feierlich der eigentliche Akt: das Essen des Hauptgangs. Wein und Gelächter und zwischendurch wurden die Gerichte immer mal wieder in den Himmel gelobt – zu Recht, denn alles schmeckte unfassbar lecker und nach ganz viel Amore. Essen in Italien ist nicht einfach nur essen, es ist ein Fest, bei dem verschiedene Generationen zusammenkommen und mitten am Tag über Gott und die Welt plaudern und dabei jeden Bissen ausgiebig genießen. Und das gut und gern auch vegan. La Dolce Vita eben. Die Italiener wissen schon, wie's geht.

Hätte jemand unseren zwanzigjährigen Ichs erzählt, dass wir wenige Zeit später bewusst auf Fleisch und Fisch verzichten, hätten wir demjenigen sicher nicht geglaubt. Wir sind beide in bayerischen Familien aufgewachsen, in denen tierische Produkte fester Bestandteil einer ausgewogenen Ernährung sind. Im Sommer wurde sonntags immer gerne gegrillt. Schweinefleisch und Kartoffelsalat. Das schmeckte jedem, war günstig und in unseren Familien das Symbol für ein gelungenes Grillfest. So mit 18, 19 Jahren, als wir zusammen in München lebten, kamen wir das erste Mal in Berührung mit einer anderen Art der Ernährung, schauten sozusagen das erste Mal über unseren Tellerrand hinaus. Wir hatten vorher noch nie unser gewohntes Umfeld für eine längere Zeit verlassen und konnten jetzt in der Großstadt einen ganz neuen und weltoffenen Blick auf die Dinge entwickeln.

Mit dem ersten richtigen Geld und dem ersten Schritt raus aus dem Dorf war unsere Lust auf mehr geweckt. Wir wollten mehr von der Welt sehen und steckten all unser Geld ins Reisen. 2012 ging es zum Surfenlernen nach Andalusien, und dort begann für mich, Lisa, auch ein neues Kapitel in Sachen Ernährung. Zusammen mit anderen Europäern wohnten wir in einem superschönen Surfhaus, und nach und nach wurde aus uns eine richtige kleine Familie. Zu dieser Familie gehörte eine Spanierin, die aus ihrer

Tierliebe heraus Pescetarierin geworden war, das heißt, sie aß kein Fleisch, aber Fisch. Das fand ich spannend und wollte es auch ausprobieren. Von jetzt auf gleich aß ich kein Fleisch mehr. Mit dem Fisch hörte ich zwei Wochen später auch auf, da ich irgendwie keinen Sinn darin sah, zwischen Kühen, Schweinen und Fischen zu unterscheiden. Etwa ein halbes Jahr später reisten wir nach Irland, das Land mit den sattgrünen Wiesen und den vielen Kühen. An einem Nachmittag unternahmen wir eine Fahrradtour und blieben vor einer friedlich grasenden Rinderfamilie stehen. Dabei schaute Maximilian einer Kuh tief in die Augen, so tief, dass er seit diesem Tag auch kein totes Tier mehr gegessen hat. Schon seltsam, wie manchmal kleine Momente im Alltag das Leben verändern können, oder?

Mit den Jahren waren wir immer mehr davon überzeugt, dass wir sowohl uns selbst als auch den Tieren mit unserem vegetarischen Lebensstil, der im Übrigen in den ersten Jahren noch superviele Milchprodukte beinhaltete, etwas Gutes tun. Nach und nach kamen wir dann hier und da mit dem Thema Veganismus in Kontakt. Wir lebten zu der Zeit ja immer noch in München, und in einer Großstadt ist die Wahrscheinlichkeit eben einfach höher, mit einem alternativen Thema wie diesem in Berührung zu kommen, als in ländlicheren Regionen. Vegan zu leben erschien uns aber viele Jahre lang als eine Utopie, denn auf Eier, Käse, Joghurt, Eis und vieles mehr wollten wir auf keinen Fall verzichten. Es schmeckte einfach zu gut. Dann kam der Tag der Tage – unsere lang ersehnte Weltreise ging los. Es war der 17. März, mit viel Abschiedsschmerz und Tränen stiegen wir in das Flugzeug nach Indien und weg waren hier.

Nach fünf Monaten in Asien merkten wir, wie wir unbewusst immer weniger Milchprodukte zu uns nahmen, denn ein Großteil der asiatischen Bevölkerung „leidet" an Laktoseintoleranz, weil Milch in ihrer Entwicklungsgeschichte einfach bis vor wenigen Jahre keine Rolle gespielt hat. Im August kamen wir dann in Australien an, und obwohl wir fremde Kulturen lieben, freuten wir uns insgeheim wieder auf den vertrauten westlichen Standard. Die australischen Lebensmittel unterschieden sich, bis auf ein paar wenige Ausnahmen, kaum von den deutschen: Brot, Käse, Butter, Schokolade, Milch, Eier. Wir freuten uns wieder auf das Selberkochen und knüpften gerne an alte Gewohnheiten an.

Nach ein paar Monaten in Australien zogen wir von Brisbane nach Melbourne. Während Maximilian als Rikschafahrer Geld verdiente, arbeitete ich zu der Zeit drei- bis viermal wöchentlich in der einzigen veganen Pizzeria von Melbourne. Die Pizzen, Desserts und Salate waren ein Traum, und selten zuvor hatte ich so etwas Leckeres gegessen. Jeder Mitarbeiter durfte sich nach der Schicht sogar eine Pizza für zu Hause bestellen, die frisch im Holzofen gebacken wurde. Fast alle, bis auf einen der Köche und mich, lebten vegan, verzichteten also vollständig auf tierische Produkte in ihrer Ernährung. Keine Milch, kein Eis, kein Käse, kein Honig, keine Butter und keine Eier. Ich begann, mich mehr und mehr mit dem Thema zu beschäftigen, und fand heraus, dass eine vegetarische Ernährung eben nicht ausreicht, um Tierleid zu vermeiden, die Umwelt zu entlasten und mich gesund zu ernähren. Nach vielen Gesprächen mit meinen Kollegen wagte ich den Versuch und strich von heute auf morgen tierische Lebensmittel von meinem Speiseplan.

Wenig später zog auch Maximilian nach, da wir beide nicht mehr länger vor der neu gewonnenen Wahrheit die Augen verschließen wollten.

Bis heute sind wir dabeigeblieben. Was damals als eine Art Selbstversuch begann, ist heute für uns eine Überzeugung. Wir haben uns ausprobiert an neuen Rezepten, an Ersatzprodukten, an neuen Obst- und Gemüsesorten. Wir integrierten nach und nach pflanzliche Eiweißlieferanten wie Quinoa oder Tofu in unseren Alltag, und informierten uns auch über andere Supplemente. Mit der Zeit bekamen wir ein Gefühl für diese Ernährungsform, und mittlerweile können wir uns nichts anderes mehr vorstellen. Wir fühlen uns super damit, essen viel mehr vollwertige Lebensmittel als zuvor, und die Tatsache, dass dafür keine Tiere leiden müssen oder gar getötet werden und nicht nur unsere Gesundheit, sondern auch noch der Planet profitiert, motiviert uns tagtäglich, dabeizubleiben und auch andere mit unseren Rezepten, die wir fast jeden Tag in unseren Instagram-Storys oder auf YouTube teilen, zu inspirieren. Was sich anfangs wie Verzicht anfühlte, ist mittlerweile ein enormer persönlicher Gewinn auf so vielen Ebenen. Wir fühlen uns deutlich fitter und vitaler, haben unser Wohlfühlgewicht erreicht und Rezepte für Gerichte ausprobiert, bei denen wir vor lauter Genuss fast Freudentränen vergossen hätten. Wir realisierten, dass unsere Kaufentscheidung nichts anderes als ein Stimmzettel ist. Ein Stimmzettel, mit dem wir uns bewusst für einen positiven Impact entscheiden können. Oder eben dagegen.

Es gibt verschiedene Gründe, warum Menschen sich für eine vegane Lebensform entscheiden. Zu Beginn war vor allem der Tierleid-Aspekt für uns persönlich ausschlaggebend.

Mittlerweile besteht unsere Einstellung aus einem Fundament aus drei Säulen, die alle von gleicher Bedeutung sind: Klimaschutz, Gesundheit und Tierliebe. Im Übrigen ist es bei der Überlegung, vegan zu werden, nicht entscheidend, ob man Tiere über alles liebt. Es sollte einfach eine Selbstverständlichkeit sein, andere Lebewesen nicht zu quälen und nur für den persönlichen Genuss auszubeuten, oder?

Was denkt ihr, würde passieren, wenn alle Menschen plötzlich von heute auf morgen damit aufhören würden, tierische Produkte zu konsumieren? Natürlich ist das eine Utopie, wir alle wissen, das wird nicht passieren. Dennoch ist es ein schönes Gedankenspiel ...

Nahezu jeder achte Mensch leidet täglich an Hunger. Gleichzeitig werden jeden Tag Unmengen an Getreide und Soja an sogenannte Nutztiere (wir mögen das Wort nicht besonders) verfüttert. Würden wir den Umweg über die Tiere nicht gehen, könnten vier Milliarden Menschen dadurch satt werden. Vor einiger Zeit ging die Abholzung des Amazonas-Regenwaldes durch die Medien: Mehr als 70 Prozent der Zerstörung sind Folgen der Tierwirtschaft. Die grüne Lunge unserer Erde wird abgeholzt und der Lebensraum vieler Arten zerstört, um Soja für die Massentierhaltung anzubauen. Das Soja, das Veganer gerne in Form von Tofu als Eiweißbeilage in ihre Ernährung integrieren, stammt im Übrigen nicht – wie oft angenommen – aus dem Amazonas, sondern durchaus sogar aus der jeweiligen Region. Der Tofu, den wir im Bioladen kaufen, kommt beispielsweise aus Bayern.

Der Konsum von Fleisch und Milchprodukten spielt auch eine immense Rolle, wenn es um den CO_2-Ausstoß geht. Würden wir uns plötzlich alle vegan ernähren, könnten allein in Deutschland mehr als 90 Prozent Kohlenstoffdioxid eingespart werden. Verursacht wird dieses nämlich vor allem durch das Methan, welches durch den Abgang der Blähungen der Kühe freigesetzt wird. Kurz gesagt: Weniger Kühe, weniger Furzerei, weniger CO_2.

Ein weiterer positiver Effekt, der durch den Veganismus entsteht, ist die Reduzierung der Wasserknappheit, denn die Tierindustrie verbraucht zur Herstellung der Fleischprodukte enorme Mengen davon. Diese Aufzählung könnte ohne Probleme noch etliche Seiten füllen, denn die Tierindustrie ist ohne jeden Zweifel eine Katastrophe für unser Klima. „Die vier wirksamsten Maßnahmen gegen Klimawandel, die der Einzelne ergreifen kann, sind pflanzlich ernähren, Flugreisen vermeiden, auf ein Auto verzichten, weniger Kinder kriegen" schreibt Jonathan Safran Foer in seinem Bestseller *Wir sind das Klima!* und verdeutlicht in seinem Buch konkret und anschaulich, dass eine pflanzenbasierte Ernährung darüber hinaus die einzige der vier Maßnahmen ist, die es wirklich schaffen kann, den Ausstoß von gefährlichen Treibhausgasen, wie Methan und Stickoxiden, direkt zu senken.[24] Denn anders als bei der Ernährung lässt sich auf das Autofahren oder den geschäftlichen Flugverkehr schwer komplett verzichten. Zum Beispiel sind 85 Prozent der Amerikaner täglich mit dem Auto zur Arbeit unterwegs und 29 Prozent aller Amerikaner sind auf geschäftliche Flugreisen angewiesen. Nur die wenigsten könnten dies von heute auf morgen verändern, ohne dabei ihre berufliche Existenz zu gefährden. Natürlich muss auch hier ein langfristiges

Umdenken stattfinden, aber dieser Prozess wird noch etwas dauern und geht mit hohen Kosten wie beispielsweise einem besseren Ausbau der Infrastruktur gerade in ländlicheren Regionen einher. Bei der Ernährung können wir alle sofort etwas tun und mit jeder pflanzlichen Mahlzeit die Erde ein Stück entlasten.

Auch immer mehr Studien bestätigen die Sinnhaftigkeit einer veganen Lebensweise. Laut Forschern der University of Oxford kann eine Einzelperson bei dem Verzicht auf Fleisch und Milchprodukte ihren CO_2-Fußabdruck bis zu 73 Prozent reduzieren.[25] Würden sich die Menschen weltweit gegen Fleischkonsum entscheiden, könnte die globale landwirtschaftliche Nutzfläche um etwa 75 Prozent reduziert werden. Dies entspricht einer Fläche von China, Europa, Australien und den USA zusammen. Dadurch würden die Treibhausgasemissionen enorm sinken, und das verbleibende Agrarland wäre immer noch ausreichend, um die Weltbevölkerung zu ernähren. Wildtierbestände und Pflanzenarten könnten sich wieder erholen und alles würde nach und nach wieder in sein natürliches Gleichgewicht zurückfinden. Im Rahmen der Studienuntersuchungen aus Oxford, die eine der umfassendsten Analysen der negativen Auswirkungen der Landwirtschaft auf die Umwelt darstellen, wurden Daten von nahezu 40 000 Landwirtschaftsbetrieben in 119 Ländern ausgewertet. Dabei untersuchten Forscher insgesamt 40 Agrarprodukte, die 90 Prozent der Lebensmittel der durchschnittlichen Bevölkerung ausmachen, und bezogen alle relevanten Auswirkungen auf die Landnutzung, die Nutzung von Süßwasser sowie die CO_2-Emission und die Wasser- und Luftverschmutzung mit ein. Die Bewertung zeigt, dass die Umweltschäden durch den

Konsum tierischer Lebensmittel deutlich höher sind als durch pflanzliche Produkte. Paradox hierbei ist, dass die globale Fleisch- und Milchindustrie für 60 Prozent der landwirtschaftlichen Treibhausgasemissionen verantwortlich ist, jedoch die tierischen Lebensmittel nur 37 Prozent des Proteins und 18 Prozent der Kalorien in der Ernährung liefern. Ist es nicht absurd, dass wir weltweit gigantische Flächen abholzen, um Futter- oder Weideflächen für Tiere zu schaffen, die nur zum Sterben geboren werden, um diese anschließend zu Wurst zu verarbeiten, anstatt das Getreide, beispielsweise in Form eines leckeren Vollkornbrots, direkt zu verzehren, und das unter einem viel geringeren Aufwand? Mag sein, dass Fleisch in manchen Gesellschaften, Glaubensgemeinschaften sowie bei kulturellen Festen unabdingbar erscheint, aber liegt es nicht in unserer Verantwortung, überholte Verhaltensmuster zu hinterfragen und sie aufzugeben, wenn die Fakten dermaßen eindeutig sind? Die Wahrheit ist dagegen, dass viele Leute Veganer für Spinner, anstrengende Besserwisser oder lächerliche Radikale halten. Vegan sei zu extrem, zu alltagsfern, zu kompliziert und noch dazu ganz schön ungesund, denn wo bekommt man denn dann plötzlich die nötigen Proteine her? Sind Fleischesser automatisch Egoisten? Nein, mit Sicherheit nicht. Das Problem sind vor allem die Unwissenheit, das Festhalten an alten Gewohnheiten und die zahlreichen Klischees, die zu dem Thema kursieren. Jeder hat persönliche Gründe, sich für einen veganen Lebensstil zu entscheiden, und jeder hat persönliche Gründe, es nicht zu tun. Als wir damals zusammen mit unseren Familien zum ersten Mal *Dominion* sahen, eine Dokumentation, die jahrelang hinter die Kulissen der australischen Landwirtschaft blickte, hatten wir von den anderen die gleichen Emotionen erwartet, die dieser Film auch in uns auslöste: Trauer, Wut, Verzweiflung. Doch sie kamen nicht. Zwar waren manche sichtlich ergriffen und den Tränen nahe, was sie dazu veranlasste, ihren Fleischkonsum zu reduzieren, aber andere Familienmitglieder machten weiter wie bisher. Es lag nicht daran, dass sie die Zustände in der Massentierhaltung nicht berührten, sondern sie waren im Reinen mit dem Prozess, der stattfinden musste, damit das Schnitzel auf ihrem Teller nicht fehlte. Veganismus ist kein reines Empathie-Ding, sondern eine persönliche *Entscheidung*. Und egal wie viele Fakten man über die Umwelt, die Tiere oder die eigene Gesundheit diesbezüglich lesen mag, liegt es am Ende immer noch an einem selbst, für welchen Stimmzettel man sich letztlich entscheidet.

Aber wir müssen ja auch nicht gleich alle zu Veganern werden. Viel wichtiger wäre es erst mal, zu einem bewussteren Konsum zurückzufinden. Unsere Oma wuchs noch in einer Zeit auf, in der Fleisch maximal einmal wöchentlich oder zu besonderen Anlässen serviert wurde. Generationen wie diese haben im Vergleich zu den darauffolgenden Generationen aus dem ursprünglichen Mangel heraus ein noch viel besseres Verständnis für das Prinzip weniger ist mehr. Würden wir alle es mit dem Fleisch so halten wie unsere Großeltern, hätte sich die Fleischindustrie wohl nicht so rapide zu einem der schlimmsten Klimakiller entwickelt.

Ein bisschen Bewusstsein, ein bisschen Verzicht, ein bisschen Neues ausprobieren – das würde einen riesigen Unterschied machen. Und, sagen wir's, wie es ist: höchstwahrscheinlich die Welt retten.

Rund 1,3 Millionen Deutsche meiden tierische Produkte, und täglich werden es mehr Menschen, die eine vegane Lebensweise in ihren Alltag integrieren. Doch ist vegan auch immer ökologisch vertretbar und ethisch einwandfrei? Die Gründe, warum Menschen auf tierische Produkte verzichten, sind ganz unterschiedlich: Die meisten geben Tierrechte, Umweltschutz oder die Verbesserung der eigenen Gesundheit an. Wer *China Study* von T. Colin Campbell und seinem Sohn Thomas Campbell gelesen hat, wird seinen Körper vermutlich kaum weiterhin freiwillig mit tierischen Lebensmitteln ernähren.[26] Das Buch soll die wissenschaftliche Begründung für die Vorteile einer veganen Ernährungsweise sein und zeigt nicht nur die Folgen von jahrelangem Konsum tierischer Produkte auf, sondern bietet auch Lösungswege an. Es geht unter anderem um Krebserkrankungen, Autoimmunerkrankungen und Adipositas, also krankhaftes Übergewicht, welche laut Campbell sogenannte Überflusserkrankungen sind, die mit einer vollwertigen pflanzlichen Ernährung nicht nur vermieden, sondern sogar geheilt werden könnten. Nicht unumstritten, aber sehr spannend, was das Thema Veganismus und körperliche Gesundheit betrifft.

Sowohl privat als auch auf unseren Social-Media-Kanälen beschäftigen wir uns sehr intensiv mit dem Thema Nachhaltigkeit, und das in jeglichen Bereichen – sei es beim Reisen, bei der Mode oder bei der Ernährung. Aber begonnen hat bei uns alles mit dem Reisen. Wir verließen unsere gewohnte Umgebung für längere Zeit und waren bereit für neuen Input. Bevor wir damit anfingen, Themen wie faire Mode oder faires Reisen zu hinterfragen, fanden wir zum Veganismus. Die vegane Lebensweise war quasi unser persönlicher Türöffner für alle weiteren nachhaltigen Themen, die wir bis dato noch nicht mal ansatzweise auf dem Schirm hatten, die aber dringend mehr Aufmerksamkeit benötigen. Durch die vegane Ernährung und die damit einhergehende Recherche gerieten nach und nach auch andere Bereiche unseres Lebens in den Fokus, die wir zuvor gerne außer Acht gelassen hatten. Bald stießen wir online auf Beiträge zu verantwortungsvollerem Reisen, und vor allem Slow Travel interessierte uns sehr. Kurz darauf folgte die Umstellung auf faire Mode, und Secondhandkleidung wurde zu unserer ersten Wahl. Alles in allem führte die Entscheidung, vegan zu leben, also zu einem breit gefächerten Verständnis für diverse Lebensbereiche. Wir erinnern uns noch daran, als wir anfingen, gezielt gebrauchte Kleidung zu kaufen. Damals lebten wir schon drei Monate in Brisbane und standen kurz vor unserem Roadtrip entlang der australischen Ostküste. An einem Samstag besuchten wir einen der größten Klamottenflohmärkte der Stadt. Bei der Ankunft fühlten wir uns kurzzeitig etwas erschlagen: Hosen, Hüte, Kleider, T-Shirts, so weit das Auge reichte. Tausende Kleidungsstücke in einem sehr guten bis mittelmäßigen Zustand und auf der Suche nach einem neuen Besitzer. In diesem Moment realisierten wir, wie sehr es einfach Sinn macht, das zu nutzen, was bereits existiert. Dabei können nicht nur Ressourcen, sondern auch Geld gespart werden. Für wenige australische Dollars erwarben wir ein paar schöne Teile, die wir mehrere Jahre trugen und irgendwann selbst wieder auf einem Flohmarkt weiterverkauften.

Das Thema Nachhaltigkeit ist ungeheuer vielseitig. Hier gibt es mehr als Schwarz und Weiß und viel Luft nach oben sowieso. Wer sich beispielsweise für eine vegetarische Ernährung entscheidet, spart deutlich mehr Ressourcen ein und lebt somit nachhaltiger als jemand, der oft Fleisch isst. In einer Ausgabe des *American Journal of Clinical Nutrition* setzten sich Joan Sabaté und Sam Soret schon 2014 mit der Thematik auseinander, ob eine vegane Lebensweise nachhaltiger sei als die von Omnivoren. „Pflanzliche Diäten sind im Vergleich zu Diäten, die reich an tierischen Produkten sind, nachhaltiger, da sie viel weniger natürliche Ressourcen verbrauchen und die Umwelt weniger belasten. Angesichts der weltweiten Bevölkerungsexplosion und des wachsenden Wohlstands besteht eine erhöhte Nachfrage nach Lebensmitteln tierischen Ursprungs"[27], schreiben die Autoren in ihrem Beitrag. Ernährungssicherheit und Nachhaltigkeit der Lebensmittel befänden sich laut Sabaté und Soret auf Kollisionskurs, und es bedürfe dringend einer Kursänderung, um diese Kollision zu vermeiden. Dies erfordere zum einen die Reduzierung des Konsums von tierischen Produkten und zum anderen die Vermeidung von Lebensmittelverschwendung. Beides sei aber nicht ausreichend, um das Nahrungsmittelsystem nachhaltig zu gestalten. Laut der Experten sei die pflanzliche Ernährung die vernünftige Alternative für eine nachhaltigere Zukunft. Neben der Umwelt ließe sich auch die allgemeine Gesundheit und die soziale Gerechtigkeit weltweit optimieren.

Obwohl die Ernährung offensichtlich also in höchstem Maße zur Nachhaltigkeit beiträgt, gibt es auch noch andere Dinge, die einen Beitrag leisten können. Es gibt Menschen, die auf das Fliegen verzichten, ihren Alltag ohne

Auto bestreiten, ihre Wohnung mit Ökostrom versorgen, das Internet wenig nutzen, aber dafür beim Grillen nicht auf Grillkäse und Bratwürstchen verzichten wollen. Leben diese Menschen deshalb automatisch weniger nachhaltig? Wenn wir die einzelnen Emissionen berechnen, dann vielleicht, aber in der Summe geht es doch um die kleinen Schritte, die jeder von uns in einem für sich vertretbaren Rahmen umsetzen kann. Unsere Erde braucht nicht eine Handvoll Leute, die ein perfekt nachhaltiges Leben führen, nie fliegen, vegan leben und auch sonst nichts tun, was der Umwelt schaden könnte, unsere Erde braucht viele Leute, die viele kleine umweltfreundliche Dinge tun und dort einsparen, wo es für sie machbar ist. Nur so kann langfristig eine Veränderung stattfinden.

Aufgrund der globalen Vorteile, die eine vegetarische oder vegane Lebensweise mit sich bringt, sind wir der Meinung, dass man, möchte man langfristig auf einem relativ unkomplizierten Wege (wenn man sich mal darauf eingelassen hat) einen positiven Einfluss auf das Klima haben, nur schwer an einer tierfreien Ernährung vorbeikommt. Für uns persönlich ist die Ernährung der einfachste Weg, selbst etwas zu tun, denn dafür braucht es nicht sonderlich viel. Anders als beispielsweise bei einem radikalen Flugverzicht und somit dem Verzicht auf Fernreisen wird auf das Essen selbst ja nicht verzichtet, sondern es werden lediglich die Zutaten ausgetauscht. Dennoch muss ein absoluter Verzicht auf tierische Produkte nicht das Ziel sein, eher das Implementieren eines reflektierten Konsumverhaltens und ein allgemeines Gespür für Nachhaltigkeit, die eben nicht nur ausschließlich tierfrei möglich sind, sondern auch auf vielen anderen Wegen ins eigene Leben geholt werden können.

Jede Umstellung ist ein längerer Prozess und bringt manchmal gewisse Herausforderungen mit sich, aber hey – ist es nicht auch das, was das Leben ausmacht? Auf Reisen begegneten wir diesen Herausforderungen nicht nur einmal. Manchmal war es ein Kampf, ein Gericht zu finden, welches nicht nur aus einer Zutat bestand. Wie es letztlich aber trotzdem gelingen kann, auch unterwegs eine pflanzliche Ernährung zu verfolgen, davon erzählen wir auf den nächsten Seiten.

Wir hoffen wirklich sehr, dass wir uns mit diesem Kapitel keine Feinde machen, aber da Ehrlichkeit in der Regel ja am längsten währt, ist es uns wichtig, offen und direkt über unsere Gefühle zum Thema Veganismus zu sprechen sowie mit dem Irrglauben aufzuräumen, eine vegane Ernährung sei zu kompliziert, zu ungesund, zu eintönig, zu whatever. Wenn wir das schaffen, schafft ihr das auch!

Oft werden wir gefragt, wie es uns auf Reisen oder unterwegs gelingt, vegan zu essen. Das Interessante ist, dass uns die Reisen letztlich dazu bewegt haben, unsere Ernährung umzustellen. Das Reisen hat unsere Augen und Herzen so sehr geöffnet! Wir durften so viel von der Welt um uns herum lernen, und das, weil wir uns selbst erlaubt haben, achtsam zu reisen. Aber wir wollen euch nichts vormachen: Obwohl es von Jahr zu Jahr leichter wird, unterwegs Gerichte ohne tierische Zutaten zu finden, haben es Vegetarier und Veganer schwerer als Allesessende. Seitdem wir vegan leben, ist es für Mitreisende oft anstrengender als zuvor. Zwar besteht unser Umfeld mittlerweile auch größtenteils aus Menschen, die sich pflanzlich ernähren oder zumindest kein Problem damit haben, in einem veganen Restaurant zu dinieren, dennoch ist es manchmal einfach anstrengend, immer die Komplizierten zu sein und ständig nachzufragen, ob der Kuchen vegan ist, ob es eine Milchalternative gibt, woraus die Nudelsoße besteht ... – sowohl für unsere Mitreisenden als auch für uns. Wenn ihr davor aber nicht zurückschreckt und euch auch unterwegs vegan ernähren wollt, geben wir euch gerne ein paar Tipps für hoffentlich frustfreie Ferien an die Hand.

Bereits vor der Reise kann man das vegane Angebot mitbestimmen, indem man ein entsprechendes Reiseziel wählt. Es gibt Länder, die eine absolute Fleischkultur leben, und Länder, bei denen das Gegenteil der Fall ist. Nehmen wir zum Beispiel mal Indien und die Philippinen. Beides absolut faszinierende Orte und Kulturen, die wir auf unserer Weltreise kennenlernten. Damals lebten wir im Übrigen noch vegetarisch und hatten mit veganer Ernährung noch relativ wenig am Hut. Wusstet ihr, dass die indische Bevölkerung eine der größten vegetarisch lebenden weltweit ist? Hier liegt auch auch Palitana, die erste vegetarische Stadt der Welt. In dieser Kleinstadt mit 65 000 Einwohnern gingen 2014 etwa 200 Jain-Mönche in den Hungerstreik, um eine vegetarische Gesetzgebung zu erzwingen. Mit Erfolg, denn seit dieser Zeit ist der Verkauf von geschlachteten Tieren sowie Eiern gesetzlich verboten. In der Religion des Jainismus streben Gläubige nach dem Prinzip der Gewaltlosigkeit. Da im Jainismus auch Pflanzen als Lebewesen gelten, die beschützt werden müssen, lehnen die Jainisten auch das Essen von Wurzelgemüse ab. Ziel ist es, vor allem Früchte zu essen, die die Pflanze abwirft, weshalb die Ernährungsweise der Gläubigen tendenziell in Richtung Frutarismus geht. Wenn wir noch mal nach Indien zurückkehren, wollen wir Palitana definitiv besuchen, denn beim letzten Mal war uns dies aus zeitlichen Gründen leider nicht möglich. Indien haben wir in vielerlei Hinsicht als sehr tierfreundliches Land erlebt. Diese Annahme bestätigen auch die sogenannten Goshalas, die Auffangstationen für Kühe, die von der Straße gerettet werden, wenn sie krank oder verletzt sind.

Ein Land, das unserem Empfinden nach einen kompletten Gegensatz zu Indien verkörpert, wenn es um die vegetarische und vegane Küche geht, sind die Philippinen. Der offiziell größte Inselstaat ist landschaftlich ein Traum – gerade auch unter Wasser. Insgesamt verbrachten wir einen Monat auf verschiedenen philippinischen Inseln, und jede einzelne hatte ihren ganz individuellen Charme. Vor allem an Port Barton, ein Ort an der Westküste der Insel Palawan, haben wir bis heute unser Herz verloren, und wir bekommen Gänsehaut, wenn wir an die Schönheit dieses kleinen Paradieses denken, das zu der Zeit noch verhältnismäßig untouristisch war. Kaum ein Land hatte uns in vier Wochen so oft zum Staunen gebracht wie die Philippinen. Was uns allerdings schwerfiel, war den Umgang der Filipinos mit Tieren mitanzusehen. Gefühlt wurde morgens, mittags und abends BBQ gegessen. So ziemlich jedes Gericht auf jeder Speisekarte, die uns unterkam, beinhaltete Fleisch oder Fisch. Und dann waren da noch die Hahnenkämpfe, die wöchentlich stattfanden. Am Straßenrand vor den Häusern sahen wir oft die Körbe, die den Hahn der Familie kurz vor dem Kampf gefangen hielten. Bevor der Kampf losgeht, werden zwei Hähnen scharfe Klingen ans Bein gebunden. In einem

Kreis aus Zuschauern werden die Hähne aufeinander losgelassen, so lange, bis die Federn fliegen und die Unterleibe der Tiere aufgerissen sind. Es ist ein kurzes Spektakel, anschließend werden Wettgelder verteilt und der Siegeshahn wird zum Abendessen verspeist. Dabei fragen wir uns wirklich, inwieweit Shows wie diese moralisch vertretbar sind, Kultur hin oder her. Wie weit dürfen wir Menschen für vermeintliche Unterhaltung wie diese gehen? Der Hahnenkampf wird bis auf Weiteres wohl traurige Tradition bleiben, aber wir verstehen wirklich nicht, wie man sich an solchem Tierleid belustigen kann.

Die Auswahl des Reiselandes kann also durchaus eine Erleichterung sein, wenn man zartbesaitet ist, und wenn es um pflanzenbasierte Ernährung geht. Während wir uns auf den Philippinen und in Belize überwiegend von Reis und Bohnen ernährten, hatten wir in Indien, Vietnam, Kalifornien, Australien oder Dänemark die Qual der Wahl. Wenn ihr also schon zu Beginn der Reise das Angebot an tierfreier Kost eruiert, gibt es anschließend vielleicht weniger unangenehme Überraschungen.

Ein weiterer Punkt, der einem die vegane Ernährung auf Reisen erleichtert, ist die Minimierung der Sprachbarriere. Auch wenn der Begriff vegan weltweit immer mehr Menschen vertraut zu sein scheint, schadet es nicht, die Übersetzung in der jeweiligen Landessprache vorab einmal nachzuschlagen, um eventuellen Verständigungsschwierigkeiten vorzubeugen. Wir empfehlen, vor allem gängige Wörter wie Milch, Eier, Fleisch, Fisch, vegan und vegetarisch in der jeweiligen Landessprache zu lernen. Das erleichtert nicht nur das Reisen, sondern ist zudem auch eine nette Geste gegenüber der lokalen Bevölkerung.

Auch gegen mitgebrachte Snacks spricht absolut nichts, und je nach Länge des Urlaubs ist man damit gut versorgt. Gerne packen wir beispielsweise Früchte- oder Nussriegel sowieso Gemüseaufstriche, die in kleinen Gläsern abgefüllt sind, ein. Beides überzeugt nicht nur durch eine lange Haltbarkeit, sondern ist auch praktisch. Bei der Wanderung durch Pakistan erwies sich dieser Proviant als wahrer Segen. So konnten die Energiereserven zwischendurch mit den Riegeln aufgefüllt und das Naan, eine Brotsorte, die vor allem in Süd- und Zentralasien als Beilage zu heißen Speisen sehr beliebt ist, mit den Gemüseaufstrichen aufgepeppt werden. Wer sich in einer Unterkunft mit Küche eingebucht hat, schwingt am besten selbst den Kochlöffel – vorausgesetzt, Kochen macht einem Spaß. Lebensmittel wie frisches Gemüse, Obst, Hülsenfrüchte, Pasta, Reis und vieles mehr lassen sich schließlich weltweit finden, und es kann auch durchaus Spaß machen, sich selbst auf Reisen zu bekochen. In Sri Lanka hatten wir uns damals auch eine Wohnung mit Kochmöglichkeit gebucht. Zu der Zeit war Maximilian im absoluten Pasta-Himmel, weshalb es Nudeln nahezu täglich gab. Variabel war lediglich das Gemüse, das wir bei einem lokalen Händler um die Ecke kauften, und die Soßen, die es fertig im Supermarkt gab.

Auf den nächsten Seiten widmen wir uns einem unserer liebsten Themen: auf Reisen vegan auswärts essen. Jedes Mal, wenn wir verreisen – egal ob in ein fremdes Land oder in eine noch unbekannte deutsche Stadt, sind wir aufgeregt und voller Vorfreude, kulinarische Spezialitäten auszuprobieren, Cafés und Restaurants vor Ort zu entdecken und diese Entdeckungen mit unserer Social-Media-Community zu teilen. Da wir die Liebe zum Essen mit ganz vielen unserer Follower gemeinsam haben, erhalten wir regelmäßig persönliche Empfehlungen für die besten Lokalitäten. Manchmal, wenn wir einen Städtetrip unternehmen, fragen wir bei unserer reisebegeisterten Community auch gezielt nach Essensmöglichkeiten. In solchen Momenten sind wir jedes Mal total dankbar für unsere tolle virtuelle Gemeinschaft. Im Sommer 2018 veranstalteten wir zusammen mit einer Influencer-Kollegin ein veganes Mitbring-Picknick in München an der Isar. Es war ein Fest, an das wir uns gerne zurückerinnern. Insgesamt kamen etwa 35 Menschen, die vegane Leckereien von Vorspeise bis Nachspeise mitbrachten und mit uns die Leidenschaft für das Reisen und Essen teilten. Wir unterhielten uns bis zum Sonnenuntergang über die weltweiten Food-Hotspots und tauschten Erfahrungen aus. Nachdem Gleich und Gleich sich bekanntlich gern gesellt, stellen wir auch beim Veganismus immer wieder fest, dass gefühlt wie von selbst immer mehr Menschen in unser Leben treten, die diese Einstellung mit uns teilen.

Im Rahmen unseres Besuchs des nachhaltigen Roskilde Festivals in Dänemark im Sommer 2019 mussten wir unbedingt zuvor einen Halt in Kopenhagen machen, der Stadt, von der wir schon so viel Gutes gehört hatten, was die vegane Küche betrifft. Und die Gerüchte waren wahr. Das erste Frühstücksrestaurant, in das wir gingen, überzeugte uns sofort mit hausgemachtem Brot, selbst gemachter Marmelade, Kokosjoghurt getoppt mit frischen Früchten und Cappuccino mit Hafermilch – nicht nur geschmacklich, sondern auch optisch zum Dahinschmelzen. Generell sind uns skandinavische Länder wie Dänemark, Norwegen oder Schweden weit voraus, wenn es um nachhaltige Trends geht. Jetzt wollen wir gedanklich aber auch noch mal nach Berlin hüpfen. Berlin, die Stadt, in die wir uns an Tag eins wegen ihrer Weltoffenheit und unendlichen Möglichkeiten verliebten. Wegen Events oder aus privaten Gründen waren wir schon etliche Male in Berlin und immer wieder ist es ein persönliches Highlight, denn zu entdecken gibt es genug. Gerade Berlins Food-Szene ist global bekannt. Kein Wunder also, dass hier einige unserer Lieblingscafés zu Hause sind. Neben veganen Donuts lässt sich hier von vietnamesischen Gourmetküchen bis zu türkischen Spezialitäten, israelischen Köstlichkeiten oder deutscher Backkultur so ziemlich alles finden – und zwar alles auf pflanzlicher Basis. Vermutlich könnten wir ewig so weitermachen und euch von leckerem Essen erzählen, aber viel mehr Spaß und Genuss bereitet es wahrscheinlich, es einfach selbst auszuprobieren und sich mal ordentlich durch die Hauptstadt zu futtern.

Hätten wir uns damals nicht für den veganen Weg entschieden, wäre uns rückblickend vieles entgangen, und das sagen wir nicht, um euch vom Vegetarismus oder Veganismus zu überzeugen.

Für den Fall, dass ihr Lust bekommen habt, bei einer eurer nächsten Reisen die eine oder andere Lokalität auszuprobieren, aber nicht wisst, wie und wo ihr diese finden könnt, können wir auch hier das Internet empfehlen: Mit Plattformen wie HappyCow oder vanilla bean kann man beispielsweise nach der jeweiligen Zielstadt suchen und dabei auch nach Lokalen mit Infos zu bio, glutenfrei, laktosefrei und vielem mehr filtern. Auch Social Media können zur Orientierung dienen. Auf Facebook zum Beispiel gibt es diverse lokale Gruppen, die Tipps in Sachen Veganismus im jeweiligen Ort geben, und auf Instagram nutzen wir gerne die Hashtag-Funktion, indem wir beispielsweise nach #veganberlin oder #veganwien suchen. In der Regel bekommt man auf diesem Weg viel Input.

Wenn man sich erst einmal näher mit dem Thema beschäftigt, merkt man schnell, wie viel Auswahl es mittlerweile gibt, und das nicht nur in Großstädten. Auch kleinere Regionen ziehen nach, stellen die Speisekarte um und optimieren ihr Angebot. Schließlich ist mittlerweile klar: Der Verzicht auf Tierprodukte ist so viel mehr als ein einfacher Trend, der nach ein paar Monaten wieder vorüberzieht. Gastronomen weltweit integrieren Gerichte ohne tierische Zutaten, entweder aus persönlicher Überzeugung oder um die Marktrelevanz zu steigern. Wir beobachten diese Entwicklung natürlich mit großer Freude und hoffen, dass sich hier in den nächsten Jahren weiterhin ganz viel tut.

Für viele Menschen – auch für uns – gilt der Umstieg auf Veganismus rückblickend als eine der bedeutendsten Entscheidungen ihres Lebens, die nachhaltig weitreichende Folgen nach sich zog. Was noch zu Beginn wie ein nicht zu erklimmender Berg erscheinen mag, den nur auserwählte Menschen mit einem besonders starken Ego bezwingen können, ist doch nicht ganz so schwer, wenn man erst einmal mit dem Aufstieg begonnen hat. Wir kommen nicht daran vorbei, weder zu Hause noch auf Reisen – die Ernährung begleitet uns tagtäglich und nimmt einen sehr großen Platz in jedem

Leben ein. Zuerst hatten wir überlegt, ob Menschen in einem Buch, das von verantwortungsvollem Reisen handelt, mehrere Seiten über Veganismus lesen möchten, oder ob sie das total nerven würde. Dann kamen wir allerdings zu der Erkenntnis, dass Menschen, die dieses Buch lesen, wahrscheinlich eh den Fokus auf das große Ganze richten, also muten wir euch das jetzt einfach mal zu, okay? Mit Fairgnügen reisen, das gilt für uns auch, wenn es um die Ernährung unterwegs geht – und mit einer veganen Lebensweise ist das mittlerweile absolut möglich!

Wir wollten euch erzählen, warum wir uns vor mehreren Jahren für diese Lebensweise entschieden und was diese Entscheidung mit uns gemacht hat. Und obwohl wir dabei so wenig wie möglich polarisieren und objektiv bleiben wollten, denn schließlich wollen wir lieber inspirieren als missionieren, haben wir an manchen Stellen sicherlich sehr subjektiv davon gesprochen, denn schließlich bleibt es ein sehr persönliches Thema, das uns zum Teil sehr nahegeht. Vegan werden ist letztlich ein Prozess, und dabei geht es nicht um Perfektionismus. Denn es zählt jeder noch so kleine Schritt, und auch zwei fleischfreie Tage pro Woche machen einen Unterschied. Wenn wir eins in den letzten Jahren gelernt haben, dann ist es, dass pflanzliche Produkte erstaunlich oft teurer sind als tierische – sowohl im Restaurant als auch im Supermarkt. Zumindest in konventionellen, Nicht-bio-Supermärkten. Dies liegt größtenteils daran, dass tierische Lebensmittel staatlich subventioniert werden, das heißt, das Geld der Steuerzahler sorgt unter anderem dafür, Preise von Fleischwaren und Milchprodukten tendenziell niedrig zu halten. Und genau darin sehen wir weltweit ein großes Problem, denn es darf nicht sein, dass ein Leben weniger kostet als Obst und Gemüse. Das klingt nicht nur falsch, das ist auch falsch.

Was wir in den letzten Kapiteln geschrieben haben, wird sicher nicht jedem gefallen, weil es an die Substanz geht, ein schlechtes Gewissen macht, vielleicht sogar ein Nach- und Umdenken erfordert. „Es war schon immer so", heißt es oft in der Gesellschaft. Ja, aber nur, weil etwas schon immer so war, bedeutet das doch nicht, dass es richtig ist, oder? Leben und leben lassen – das gilt für uns auch beim Thema Essen, aber trotzdem wäre es für uns das Größte, wenn wir mit unserem Buch auch nur ein paar wenige Menschen dazu anregen könnten, ihr Konsumverhalten infrage zu stellen und dieses vielleicht zu ändern. Denn Zeiten ändern sich, und weder in Deutschland noch auf Reisen ist es mittlerweile wirklich schwer, eine pflanzliche Ernährung zu verfolgen, und dafür legen wir die Hand ins Feuer, denn wir haben das jetzt jahrelang getestet. Aus tiefster Überzeugung und mit ganz viel Herz behaupten wir, dass die vegane Ernährung die wunderschönste, vielfältigste und kraftvollste Form des Essens ist, denn sie erlaubt Genuss, ohne dafür Leid in Kauf nehmen zu müssen. Ja, es stimmt, vegan werden ist ein Prozess und funktioniert bei den wenigsten von heute auf morgen ohne Probleme. Aber das muss es auch nicht. Wer uns auf Social Media folgt, der weiß, dass wir gerne frisch kochen. Wir lieben Obst und Gemüse und essen es täglich. Genauso gerne essen wir aber auch Soulfood, also Gerichte oder Lebensmittel, die direkt auf die Hüfte gehen und die zwar nicht unbedingt gesund für den Körper, aber dafür für die Seele sind. Wir streben nicht danach, permanent vollwertig und unverarbeitet zu essen. Wir finden, Balance ist der Schlüssel – zumindest für unser persönliches Wohlgefühl. Unserer Meinung nach haben auch Ersatzprodukte, die gerne mal verteufelt werden, sicherlich ihre Daseinsberechtigung, denn durch diese fällt vielen Einsteigern der Umstieg leichter und sie nehmen ein wenig das Gefühl, auf etwas verzichten zu müssen. Von einer Bekannten erfuhren wir letztens, dass sie bereits 2010 tierische Produkte aus ihrer Ernährung strich. Chapeau an all diejenigen, die zu dieser Zeit bereits vegan gelebt hatten. Damals wusste noch kaum jemand etwas mit dem Begriff Veganismus anzufangen – geschweige denn kannte man jemanden, der sich so ernährte. Hafermilch und Tofu gab es, wenn überhaupt, nur im Reformhaus. Nach Ersatzprodukten wie veganem Parmesan oder Wurst auf Seitanbasis konnte man lange suchen, denn das gab es vor zehn Jahren einfach noch nicht. Es fehlte nämlich schlichtweg die Nachfrage. Heutzutage gibt es wohl niemanden, der das Vegan-Siegel im Supermarkt noch nicht entdeckt hat. Nachfrage und Angebot wachsen kontinuierlich weiter, und der anfängliche Trend hat sich längst als anerkannte Ernährungsform etabliert.

Mit unserer Entscheidung können wir denjenigen eine Stimme geben, die keine haben. Egal ob man sich nun für eine vegane, vegetarische oder omnivore Lebensweise entscheidet, für viele Menschen ist klar: Der Konsum tierischer Produkte muss wieder bewusster erfolgen, ein Lebewesen darf nicht so wenig wert sein, wie es heutzutage der Fall ist, und die Haltungsbedingungen müssen sich radikal verbessern und zwar zeitnah. Als wir vor Kurzem die Ankündigung einer Fleischsteuer von 40 Cent in unseren Instagram-Storys teilten und die Community nach ihrer Meinung dazu fragten, war das Ergebnis einstimmig: Ein

Tierleben muss mehr kosten und darf kein Alltagsprodukt sein, sondern der Hauptteil unserer Ernährung sollte immer noch aus Gemüse, Obst, Hülsenfrüchten und Nüssen bestehen.

Auch wenn diese Lebensform nicht für jeden das Richtige sein mag, ist es doch Zeit für Veränderung in diesem Bereich – sei es ein bewusster Fleischkonsum oder der vollständige Verzicht auf tierische Produkte. Wenn uns das gelingt, bleibt am Ende ein neues Bewusstsein für Liebe und Harmonie im Einklang mit der Natur, den Tieren und sich selbst.

FAIR GEREIST AUF EINEN BLICK:

- Unter den vielen Wegen zu mehr Nachhaltigkeit, bietet der bewusste Verzicht auf tierische Produkte weitreichende Vorteile – er ist euer Stimmzettel für eine positivere Welt!

- Wenn ihr schon vegan lebt, informiert euch im Vorfeld über die Essgewohnheiten am Reiseziel. Es hilft auch, essenzielle Vokabeln (vegan, Fisch, Fleisch usw.) in der Landessprache parat zu haben.

- Auch auswärts vegan essen ist mittlerweile vielerorts problemlos möglich. Nutzt Plattformen wie happycow.net und vanilla-bean.com oder lokale Gruppen und Hashtags zur Restaurantsuche.

KAPITEL 14

WIR PRIVILEGIERTEN

W as uns immer wieder vor Augen geführt wird, ist unser Privileg, reisen zu können, und das nahezu in jedes Land dieses Planeten. Manchmal, gerade in Ländern, in denen das Vermögensgefälle zwischen uns und den Einheimischen besonders groß ist, verschweigen wir bewusst unsere weiteren Reisepläne. Einfach deshalb, weil wir niemandem damit ein seltsames Gefühl geben wollen. Manchmal fragen uns Einheimische, wie wir uns die weite Anreise nach Bali leisten können, und überhaupt, wie bezahlen wir den Aufenthalt von zwei Monaten oder länger, und das in unserem relativ jungen Alter? Es ist ein komisches Gefühl zu wissen, dass viele unserer Möglichkeiten vor allem auf dem Währungsgefälle basieren und wir uns das lockerleichte Leben in Südostasien gerade deshalb für mehrere Wochen leisten können. Wir hatten einfach verdammtes Glück, in einem Land geboren zu werden, das wirtschaftlich gut aufgestellt ist. Wer hier vorhat, sich für ein Jahr oder länger eine Auszeit zu nehmen und während dieser Zeit seiner Online-Geschäftsidee nachzugehen, der wird im

Falle eines Scheitern vom staatlichen System aufgefangen. Wir Deutschen haben von Anfang an viel Sicherheit mit in die Wiege gelegt bekommen, und das, ohne erst mal viel dafür tun zu müssen. Wir bereisen die Heimat vieler Menschen, die ihr eigenes Land wahrscheinlich nie verlassen werden, weil das Geld nicht ausreicht oder die Lebensumstände es nicht zulassen. Auch wenn es die Situation der Menschen vor Ort, die nicht die Möglichkeit haben, so ausgiebig zu reisen wie wir, erst mal nicht verbessert, wäre es vielleicht ein wichtiger Schritt, sich Privilegien wie dieses bewusst zu machen und noch mal mehr wertzuschätzen. Letztlich liegt es nicht in unserer alleinigen Verantwortung, ein bestehendes länderübergreifendes Problem wie dieses aufzulösen. Aber Taktgefühl und Sensibilität sollte jeder Einzelne von uns an den Tag legen, wenn wir nach einem bereichernden kulturellen Austausch auf Reisen streben.

Nie war es einfacher zu verreisen als heute. Und es kann einem schon fast so vorkommen, als gehörte Reisen bei uns mittlerweile schon zum guten Ton, fast so, als wäre es seltsam, wenn eine Person erzählt, dass sie aus Überzeugung lieber zu Hause bleibt, anstatt die Welt zu sehen. Wir stammen beide aus Familien, bei denen das Verreisen keine Priorität hatte. Vielleicht haben wir gerade deshalb, weil wir insgeheim etwas vermissten, das Reisen so sehr für uns entdeckt und lieben gelernt, dass wir sogar ein ganzes Buch damit füllen können. Ja, viel und weit reisen ist ohne jeden Zweifel ein Privileg. Das bedeutet jedoch nicht, dass man sich automatisch schlecht fühlen muss, von diesem Privileg Gebrauch zu machen, solange man die Möglichkeiten, die uns geboten werden, schätzt und versucht, auf Reisen sowohl der Natur als auch den Menschen und der lokalen

Wirtschaft etwas zurückzugeben sowie die gewonnen Erkenntnisse weiterzugeben und gegebenenfalls dadurch die Welt ein Stück besser zu machen.

Dass wir als Westeuropäer einer privilegierten Gesellschaft angehören, lässt sich spätestens anhand des Reisepasses erkennen, denn dieser gehört zu den wertvollsten der Welt. Wir können in nahezu jedes Land der Welt ohne Visa-Restriktionen einreisen. Die Deutschen führen zusammen mit den Vereinigten Arabischen Emiraten, Finnland und Luxemburg den sogenannten Passport-Index an.²⁸ Dieser umfasst ein globales Ranking von Staaten bezogen auf die Reisefreiheit, die ihre Bürger genießen. Unter normalen Bedingungen sind wir Deutschen berechtigt, in 170 Länder visumfrei einzureisen. Wir sprechen von normalen Bedingungen, da gerade in der Zeit, in der wir diese Zeilen schreiben, aufgrund der Corona-Pandemie eine weltweite Reisewarnung ausgesprochen wurde sowie Ländergrenzen für Urlaubsreisen geschlossen wurden. Auf dem Index landet der deutsche Reisepass aber sonst auf Platz drei der Rangliste und teilt sich diesen mit Dänemark, den Niederlanden, Österreich, Spanien, der Schweiz, Irland und Südkorea. Wenn wir mit dem Zug nach Spanien reisen möchten, um Tapas am Strand zu essen, braucht es dafür nicht viel mehr als ein Zugticket und etwas Zeit. Davon kann Asif aus Pakistan nur träumen. Der Mittzwanziger war einer der beiden Pakistani, die gemeinsam mit einem deutschen YouTuber die Rucksackreise durch Pakistan 2019 organisierten und veranstalteten. Asif erzählte während einer der kilometerlangen Wanderungen durch das Land, dass er sich mit dem durch die Tour verdienten Geld gerne einen Traum erfüllen würde. Er wollte nach Europa reisen. Asif war sich darüber im Klaren, dass dieses Vorhaben, wenn überhaupt, sehr schwierig zu verwirklichen ist, denn Bürger mit einem pakistanischen Pass dürfen lediglich in neun Staaten visumfrei einreisen. Auch für eine gute Freundin von uns ist es ganz normal, sich um eine Aufenthaltserlaubnis kümmern zu müssen, bevor sie Deutschland verlässt. Unsere Freundin verfügt über einen kosovarischen Pass und lebt seit ihrer Kindheit in Deutschland. Wir neigen dazu, solche Probleme zu vergessen, denn schließlich leben wir in einem Schengen-Land und unsere Gedanken drehen sich sehr selten um Einreisebestimmungen. Bei unserer Freundin ist das anders. Vor einigen Jahren hatten wir zusammen mit ein paar anderen Mädels, mit denen wir unsere Ausbildung zur Gesundheits- und Krankenpflegerin machten, eine Reise nach Marokko geplant. Vor dem Examen noch mal gemeinsam zu verreisen war die Idee. Wohin, war uns eigentlich egal. Wichtig war, dass der Trip nicht unseren finanziellen Rahmen sprengte. Auf einer Buchungsplattform fanden wir ein Angebot für Flug und Hotel mit Halbpension für etwa 400 Euro pro Person für eine Woche. Ja, ja, ich weiß schon ... Aber da waren wir halt noch ein bisschen anders drauf. Es war alles gebucht und die Vorfreude stieg ins Unermessliche. Alle verfügten über einen deutschen Reisepass, bis auf meine Freundin. Viel zu spät hatte sie daran gedacht, sich nach den Einreisebestimmungen zu erkundigen. Natürlich kam uns anderen das auch nicht in den Sinn, und wir hätten nicht damit gerechnet, dass es diesbezüglich Probleme geben könnte. Doch dem war so – meine Freundin erkundigte sich nach Visa-Restriktionen bei der kosovarischen Botschaft, und die teilte ihr mit, dass sie ein Visum für ihren Aufenthalt in der Touristenstadt Agadir brauche. Die Zeit war zu knapp, um dieses noch rechtzeitig ausstellen zu lassen. Wir hatten gefühlt alles versucht, aber am Ende war die Zeit unser größter Gegner. Jung und naiv, wie wir waren, hatten wir natürlich auch nicht an eine Reiserücktrittsversicherung gedacht, denn schließlich sollte die Reise ja vor allem günstig sein, sodass wir an allen möglichen Ecken bewusst auf zusätzliche Kosten verzichtet hatten. Der Urlaub war also bezahlt, aber unsere Freundin musste zu Hause bleiben, weil sie kein Visum hatte, während wir anderen im Flugzeug nach Marokko saßen. Es brach mir das Herz, denn ich hätte meine beste Freundin so gerne dabeigehabt. Unser potenzieller erster Urlaub ging also **263** ordentlich daneben, denn er fand einfach nicht statt. Ein paar Jahre später, gleiches Spiel, anderer Ort. Im Oktober 2018 reisten Maximilian und ich für einen Monat durch Kambodscha, wo wir zwei Freunde von uns treffen und mit ihnen zusammen weiterreisen wollten, da erhielten wir eine Kooperationsanfrage der Tourismusbehörde von Belize, einem Land in Mittelamerika. Flüge, Kost und Logis waren inklusive. Unser Traum war es schon lange gewesen, einmal Kalifornien zu bereisen, und nachdem wir festgestellt hatten, dass Belize nicht allzu weit von Los Angeles entfernt liegt, baten wir den Kunden, uns den Rückflug nicht nach Deutschland, sondern nach Los Angeles zu organisieren. Weil sich unsere Planung durch die Zusammenarbeit also kurzfristig geändert hatte, gaben wir unseren beiden Freunden Bescheid. Kurzerhand entstand die Idee, den geplanten Asien-Trip in die USA zu verlegen und dort mit einem Camper die Westküste zu bereisen. Beide waren sofort angefixt von dem Gedanken, und unser Freund machte sich direkt an die Planung der Route. Obwohl unsere Freundin sich so sicher war, dass die Einreise in die Vereinigten Staaten von Amerika mit den kosovarischen Ausweisdokumenten kein Problem sein würde, gab es auch hier eine unschöne Überraschung. Aus dem Telefonat mit der Botschaft ergab sich, dass dem Visa-Antrag zuerst ein Interviewtermin vorausging. Bis zu diesem Termin könnten bis zu drei Monate vergehen und außerdem sei er kostenpflichtig. In diesem Interview wird aufgrund der Bewertung verschiedener Faktoren entschieden, ob ein Visum beantragt werden darf oder nicht. Während wir online ganz einfach und unkompliziert das ESTA-Visum für etwa 14 US-Dollar noch bis 72 Stunden vor Abflug beantragen können, war es für unsere Freundin zeitlich unmöglich, innerhalb weniger Wochen, wenn überhaupt, die Einreiseerlaubnis zu erhalten. Damit war unser Traum gestorben und wir bereisten die USA zu dritt. Schon wieder einmal hatte ihre kosovarische Staatsbürgerschaft unserer Freundin einen Strich durch die Rechnung gemacht. Und schon wieder einmal waren wir traurig, dass es nicht klappte. Und wie privilegiert wir Deutschen auch beim Thema Reisen sind, das ist uns erst mit diesen Geschichten so richtig bewusst geworden.

Laut der Forschungsgemeinschaft Urlaub und Reisen e.V. besteht auch heute, wo Nachhaltigkeitsthemen immer stärker in den Fokus rücken, noch eine große Lücke zwischen Einstellung und Verhalten.[29] Im Rahmen der Umfrage ergibt sich, dass zwar mehr als die Hälfte der Befragten eine positive Grundeinstellung gegenüber verantwortungsvollem Tourismus aufbringen, aber nur wenige Reisende sich tatsächlich nachhaltig im Urlaub verhalten, wenn es beispielsweise um die Wahl zertifizierter Klimahotels oder die Kompensation des verursachten CO_2-Verbrauchs geht. Trotzdem sei die positive Haltung gegenüber fairem Reisen im Vergleich zum Vorjahr gestiegen, und das ist unserer Meinung nach immerhin ein zukunftsweisender Schritt. Zudem fällt auf, dass bei näheren Zielen innerhalb Europas eher auf Biohotels geachtet wird als bei Fernreisen. Vielleicht kommt es uns nur so vor, weil wir wie alle anderen auch in unserer eigenen Bubble leben, aber wir haben das Gefühl, dass es den Menschen hierzulande gefällt, wenn ihr Urlaub in irgendeiner Form „grün" ist. Klar folgen auch wir in den sozialen Medien überwiegend Menschen, die wie wir Interesse daran haben, die Welt aus ethischen Gründen ein Stück besser zu machen. Manchmal, wenn wir so durch die einzelnen Instagram-Storys zappen, erscheint uns die Welt absolut friedvoll und angenehm – fast so, als würde man zusammen mit Freunden, mit denen man ähnliche Werte und Interessen teilt, in einem Park sitzen und sich über die neuesten pflanzlichen Rezeptentdeckungen austauschen. Doch das ist nur ein Teil der Realität, die Realität, die wir uns selbst ausgesucht haben. Denn mit welchen Personen wir uns im Netz und im echten Leben umgeben, bestimmt letztlich jeder für sich selbst. Das gilt vor allem dann, wenn man wie wir selbstständig ist, ausschließlich alleine im Homeoffice arbeitet und sich mit Gleichgesinnten trifft, weil man möchte, und nicht, weil man muss (wie das beispielsweise während unserer Angestelltentätigkeit der Fall war). Wir sind der Annahme, dass heutzutage auch auf Reisen Begriffe wie ressourcenschonend, sozial verträglich oder umweltfreundlich nicht nur ein tolles Marketingtool der Reiseveranstalter sind, sondern sich die Leute einfach gut fühlen, wenn sie beim Reisen einen positiven Eindruck hinterlassen. Oder ist das nur in unserer Nachhaltigkeits-Bubble so?

Verhaltensweisen wie vor Ort zu Fuß gehen oder sich mit dem Fahrrad fortbewegen, auf Müllvermeidung achten oder regional einkaufen, wurden am häufigsten auf die Frage „Welche der folgenden Möglichkeiten haben Sie bei Ihren Haupturlaubsreisen 2019 genutzt?" im Rahmen der oben genannten Studie als Antwort gegeben. Wolfgang Günther, der bei der Grundlagenstudie *Nachhaltige Urlaubsreisen: Bewusstseins- und Nachfrageentwicklung*[30] mitwirkte, fasste den Sachverhalt sehr ernüchternd und ehrlich zusammen: „Man reist, um sich selbst Gutes zu tun – und nicht der Umwelt. Man möchte es sich schön machen, Freude am Leben haben, dem Jahr einen Höhepunkt geben. Wenn es dafür nötig ist, mit Vorsätzen zu brechen, tun wir das: Für den Urlaub geben wir uns eine Ausnahmegenehmigung. Man macht einen Urlaub nicht weil, sondern obwohl man sich nachhaltig verhalten will."

Unsere individuelle Wahrnehmung und die subjektive Einschätzung bestimmter Sachverhalte hängen vor allem vom eigenen Umfeld ab. Aber falls ihr jetzt davon ausgeht, dass in dieser Bubble jeder superöko ist, müssen wir euch leider enttäuschen, denn wie schon ein paar Mal in diesem Buch erwähnt, ist niemand perfekt. Gewiss ist Nachhaltigkeit auch eine Kostenfrage, und hier schließt sich der Kreis wieder, wenn wir von einer privilegierten Gesellschaft reden.

In erster Linie geht es der breiten Reisegesellschaft um das Geld. Viele befinden sich jedoch nicht in der Position, mehrere Tausend Euro für einen nachhaltigen Familienurlaub in Italien auszugeben, denn regionale Biolebensmittel am Hotel-Frühstückstisch, die Zugfahrt, die in der Regel teurer ist als ein Last-Minute-Flugschnäppchen und das klimaneutrale Hotel haben ihren Preis. Und weil es sowieso utopisch ist, dass jeder einzelne Mensch plötzlich vollständig klimaneutral lebt, motivieren wir andere und uns selbst für die kleinen Entscheidungen, die vor, während oder nach der Reise getroffen werden. Auch wir reisen nicht zu 100 Prozent nachhaltig und werden es vermutlich auch nie tun, denn auch wir reisen, weil wir unbändige Lust darauf haben, und entsprechen damit bis zu einem gewissen Punkt der Beschreibung von Wolfgang Günther. Das Ökologischste wäre es tatsächlich, zu Hause zu bleiben, aber das kommt für uns zum jetzigen Zeitpunkt nicht infrage. Wichtig ist eben, dass sich beides, Nachhaltigkeit und persönliches Vergnügen, die Waage hält, und das eine nicht zu sehr unter dem anderen leidet.

Auf jede Entscheidung folgt eine Konsequenz. Als wir uns vor dreieinhalb Jahren dafür entschieden, unserer inneren Stimme zu folgen und die Welt zu bereisen, veränderte sich viel für uns. Dieses Buch ist die Essenz dieser Entwicklung. Wir haben versucht, uns unserem Herzensthema Nachhaltigkeit so authentisch und ehrlich wie nur möglich zu widmen, um zu zeigen, dass es möglich sein kann, nachhaltiger zu reisen, ohne dabei auf das Vergnügen zu verzichten.

Verantwortungsbewusster Tourismus ist eine aufstrebende Branche, die weit mehr als Flugreisen umfasst. Uns ging es in diesem Buch vor allem darum, uns von festgefahrenen Gedankengängen zu lösen. So sehr wir in den letzten Jahren auch dazulernten und uns bemühen, fairer zu verreisen, brechen auch wir manchmal mit unseren Prinzipien. Auch wir machen Ausnahmen. Auch wir sind nicht perfekt. Auch wir müssen noch viel lernen. Jeder von uns befindet sich auf seiner eigenen Reise durchs Leben. Jeder von uns in seinem eigenen Tempo. Mit diesem Buch wollen wir eine Möglichkeit zur Orientierung bieten. Alles kann, aber nichts muss. Doch ist es an der Zeit, dass wir kollektiv Dinge hinterfragen. Immer und immer wieder. Dass wir uns informieren und Alternativen integrieren. Für Umwelt, Tiere und nachfolgende Generationen.

In diesem Sinne wünschen wir euch allen in jeder Hinsicht eine gute Reise. Und ganz viel Fairgnügen!

QUELLEN

1 Virtuelle Akademie Nachhaltigkeit (2017) *5.1 Megatrends und Einflüsse auf den Tourismus*. In: *Tourismusmanagement im Spannungsfeld von Nachhaltigkeit. 5. Megatrends und Strukturwandel*. Online unter: https://www.va-bne.de/index.php/de/veranstaltungen/256-tourismusmanagement-im-spannungsfeld-von-nachhaltigkeit/megatrends-und-strukturwandel/765-megatrends-und-einfluesse-auf-den-tourismus?fbclid=IwAR0mFCq-3IwTLLGr7NJZORv1TxmQHx6v-1hsnOow9mWHzZyVxmd3VLID0b5Y

2 Bundesministerium für Wirtschaft und Energie (2017) *Wirtschaftsfaktor Tourismus in Deutschland. Kennzahlen einer umsatzstarken Querschnittsbranche. Kurzfassung*. Online unter: http://www.btw.de/cms/upload/Tourismus_in_Zahlen/Wirtschaftsfaktor_Tourismus/Wirtschaftsfaktor_Tourismus_2017_Kurzfassung_final.pdf?fbclid=IwAR0zIDjOX_fg605qJBaNKVY4NGIF7I03FD-pa4F_X3r5apyvtB719USf78dk

3 UNWTO World Tourism Organisation (2018) *UNWTO Tourism Highlights 2018 Edition*. Online unter: https://www.e-unwto.org/doi/pdf/10.18111/9789284419876?fbclid=IwAR1OHYj_2BnUw_whC-CaWPpCZehKjAqfT-7-nnM6NtnCH5kwLI3aGyOjmebo

4 Barbier, Edward B. (2012) *Den Fluch zum Segen machen*. In: Welt-sichten Magazin für globale Entwicklung und ökumenische Zusammenarbeit. Ausgabe 12/2011: Bodenschätze: Reiche Minen, arme Länder. Online unter: https://www.welt-sichten.org/artikel/516/den-fluch-zum-segen-machen?fbclid=IwAR11Hp8xIQ4r9S6DexInpYJPTeodyDWjkPJsyBEVEQcA9INDJFV5UBWa_aQ

5 Kompetenzzentrum Tourismus des Bundes (2019) *Ist Overtourism auch in deutschen Destinationen ein Problem?* Online unter: https://www.kompetenzzentrum-tourismus.de/wissen/online-panel/338-ist-overtourism-auch-in-deutschen-destinationen-ein-problem?fbclid=IwAR2qcH GK9QDIhHwQsB5rCrQbi1e7RcWXvseodNmMs7vFhx4yuvZtTp2urjw

6 Bundeszentrale für politische Bildung (2017) *Armut*. Online unter: https://www.bpb.de/nach-schlagen/zahlen-und-fakten/globalisierung/52680/armut?fbclid=IwAR239Q0vV9W_3to7V4Jv LMg5BARs0pdl6CW47YkXf7INnlrojQzzLBG8lo

7 Verbraucherzentrale (2020) *Müll richtig trennen: gelber Sack, Restmüll, Papier oder wohin sonst?* Online unter: https://www.verbraucherzentrale.de/wissen/umwelt-haushalt/abfall/muell-richtig-trennen-gelber-sack-restmuell-papier-oder-wohin-sonst-10580?fbclid=IwAR09I7IrqGiT cZ47scwHE-ud8MM7q1g3EWUG3GIYiizjrySUoXhkh-ah0dM

8 Naturschutzbund Deutschland NABU (2020) *Export von Plastikabfällen. Undurchsichtige Praxis mit ökologischen und sozialen Folgen*. Online unter: https://www.nabu.de/umwelt-und-ressourcen/abfall-und-recycling/26205.html?fbclid=IwAR0CHD02tuLxy4HwtTO34QNZ-HqxUfCMIldoc GBFSxA_fBxrtVYHtakw7Sg

9 Naturschutzbund Deutschland NABU (2014) *2,3 oder 4 Grad Erderwärmung. Was macht den Unterschied?* Online unter: https://www.nabu.de/umwelt-und-ressourcen/klima-und-luft/klimawandel/11420.html?fbclid=IwAR3HLOCfYZmCjemB6u1zzmTDXFZDgD6H2-Av9FejnzZK t4jGC6Fal3RfzNY

10 Wagner, Alex; Bueß, Katharina (2019) *Klimawandel: Gletscherschmelze*. Online unter: https://www.planet-wissen.de/natur/klima/gletscher/gletscherschmelze-100.html

11 BR Wissen (2020) *Gletscherschmelze weltweit. Das Eis schmilzt im Rekordtempo*. Online unter: https://www.br.de/klimawandel/gletscherschmelze-weltweit-gletscher-schmelzen-klimawandel-100.html?fbclid=IwAR2k0dmI_saNQAjgR1OGa0_tev9XnXcpTeHVjNrW7me5HR sYMnkrJKtSMVM

12 Greenpeace (2012) *Berge ohne Eis: Die Gletscher schmelzen*. Online unter: https://www.green peace.de/themen/klimawandel/folgen-des-klimawandels/berge-ohne-eis-die-gletscher-sc hmelzen?fbclid=IwAR1UpG0eVoF3ipRlrDJgBPhCOXVzSFwNtR5o4FvjxDynX1Qv03p3jC662tA

13 Forschungsgemeinschaft Urlaub und Reisen e.V. FUR (2020) *RA ReiseAnalyse 2020. Erste ausgewählte Ergebnisse der 50. Reiseanalyse zur ITB 2020*. Online unter: https://reiseanalyse.de/wp-content/uploads/2020/03/RA2020_Erste-Ergebnisse_DE.pdf?fbclid=IwAR3wOxeEC4ub3SM8yi rGEARP0kWX_hXEz7vID8amg2TWPf7cGSIZMmtGPUA

Alle Onlinequellen zuletzt aufgerufen: Juli 2020

14 Verkehrsclub Deutschland e.V. VCD (2016) *Verkehrsmittel im Vergleich – Intelligent mobil sein.* Online unter: **https://www.vcd.org/themen/klimafreundliche-mobilitaet/verkehrsmittel-im-ver gleich/?fbclid=IwAR1OHYj_2BnUw_whCCaWPpCZehKjAqfT-7-nnM6NtnCH5kwLl3aGyOjmebo**

15 Ofer, Barbara (2020) *Geschäftsreisen und Klimaschutz.* Online unter: **https://www.rocon.info/ aktuelles/sap-concur/geschaeftsreisen-und-klimaschutz/?fbclid=IwAR1O3w1zVSpVTg_bNN bC7wWQ2-Rbcvmhl5aeAK8ITL0IC_l2FhrpHGu9IZ8**

16 Beller, Svenja (2019) *So klimaschädlich sind Geschäftsreisen.* In: Greenpeace Magazin. Online unter: **https://www.greenpeace-magazin.de/nachrichten/so-klimaschaedlich-sind-geschae ftsreisen?fbclid=IwAR0CHD02tuLxy4HwtTO34QNZ-HqxUfCMIldocGBFSxA_fBxrtVYHtakw7Sg**

17 Orth, Andreas; Reifenberg, Sabine u.a. (2019) *Was ist Schweröl für ein Kraftstoff?* In: *45 Min Dreckige Luft vom Traumschiff.* Sendung vom 25.02.2019. Online unter: **https://www.ndr.de/fern sehen/sendungen/45_min/video-podcast/Kreuzfahrtschiffe-Schweroel-im-Tank-,minuten1207. html?fbclid=IwAR239Q0vV9W_x3to7V4JvLMg5BARs0pdl6CW47YkXf7lNnlrojQzzLBG8lo**

18 Scherrf, Victoria (2019) *11 Dinge, die jede*r über Kreuzfahrten wissen sollte.* Online unter: **https://utopia.de/ratgeber/kreuzfahrten-kreuzfahrtschiffe/**

19 Umweltbundesamt (2019) *Wie viele Schiffe sind weltweit auf den Meeren unterwegs?* Online unter: **https://www.umweltbundesamt.de/service/uba-fragen/wie-viele-schiffe-sind-weltweit-auf-den-meeren?fbclid=IwAR1L7hQqKc97JOVUfvYhjJFRUfRBIJMoee7hOXLKt0gfEp2G7ttM8psAhvg**

20 Gögele, Armin (2018) *Potential und Gefahren von Influencer-Marketing im Tourismus.* Additive.eu. Online unter: **https://www.additive.eu/beitraege/potential-und-gefahren-von-influencer-marketing-im-tourismus.html?fbclid=IwAR2k0dmI_saNQAjgR1OGa0_tev9XnXcpTeHVjNrW-7me5HRsYMnkrJKtSMVM**

21 Spandick, Nele (2019) *Wie viel CO2 produzieren wir durch Streaming und Googeln? Spoiler: Es ist wirklich viel.* Jetzt.de. Online unter: **https://www.jetzt.de/umwelt/nachhaltigkeit-welche-aus wirkungen-unsere-internet-und-computernutzung-auf-die-umwelt-haben?fbclid=IwAR3rzs EUQ6HA9iaEFzWoHNtcmmvjcxqlyPZ7IzADQstPeODtI9GatB8E83w**

22 Giljum, Stefan; Hammer, Mark u.a. (2007) *Wissenschaftliche Untersuchung und Bewertung des Indikators „Ökologischer Fußabdruck".* Umweltbundesamt.de. Online unter: **https://www.um weltbundesamt.de/sites/default/files/medien/publikation/long/3486.pdf**

23 Kumpfmüller, Konstantin (2019) *Treibhausgas-Emissionen – Wer wie viel CO2 ausstößt.* Tagesschau.de. Online unter: **https://www.tagesschau.de/faktenfinder/co2-emissionen-103.html**

24 Safran Foer, Jonathan (2019) *Wir sind das Klima: Wie wir unseren Planeten schon beim Frühstück retten können* (1. Aufl.). Köln: Kiepenheuer & Witsch. Seite 114–115

25 Poore, Joseph; Nemecek, Thomas (2018) *Reducing food's environmental impacts through producers and consumers.* In: Science Vol. 360, Issue 6392. Online unter: **https://vegconomist.de/ studien-und-zahlen/studie-zeigt-vegane-ernaehrung-reduziert-co2-fussabdruck-um-73/?fb clid=IwAR0kCIM0gUCXKvXXMZixCpROv8GZPmL7UDL0khUYkfvPs2TBh3dN1zIgdZA**

26 Campbell, T. Colin; Campbell, Thomas M. (2018) *China Study: pflanzenbasierte Ernährung und ihre wissenschaftliche Begründung* (4. überarbeitete und erweiterte Auflage). Bad Kötzting: Verlag Systemische Medizin. Seite 115

27 Sabaté, J; Soret, S. (2014) *Sustainability of plant-based diets: back to the future.* In: American Journal of Clinical Nutrition. Volume 100. Online unter: **https://academic.oup.com/ajcn/article/ 100/suppl_1/476S/4576675**

28 Passport Index (2020) *Global Passport Power Rank 2020.* Passportindex.org. Online unter: **https://www.passportindex.org/byRank.php?f=**

29 Forschungsgemeinschaft Urlaub und Reisen e.V. FUR (2020) *RA ReiseAnalyse 2020. Erste ausgewählte Ergebnisse der 50. Reiseanalyse zur ITB 2020.* Online unter: **https://reiseanalyse.de/wp-content/uploads/2020/03/RA2020_Erste-Ergebnisse_DE.pdf?fbclid=IwAR3wOxEeC4ub3SM8y irGEARP0kWX_hXEz7vID8amg2TWPf7cGSlZMmtGPUA**

30 Schmücker, Dirk; Sonntag, Ulf u.a. (2019) *Nachhaltige Urlaubsreisen: Bewusstseins- und Nachfrageentwicklung. Grundlagenstudie auf Basis von Daten der Reiseanalyse 2019.* Bundesministerium für Umwelt, Naturschutz und nukleare Sicherheit. Online unter: **https://www.bmu.de/filead min/Daten_BMU/Pools/Forschungsdatenbank/fkz_um18_16_502_nachhaltigkeit_r eiseanalyse_2019_bf.pdf?fbclid=IwAR3IQpLj0vweNGCw0YIdO7kZFU6MPN4M0h36oRnjryo TJUKnh75GtM-Tkn4**

Alle in diesem Buch veröffentlichten Aussagen und Ratschläge wurden von den Autoren und vom Verlag sorgfältig erwogen und geprüft. Eine Garantie kann jedoch nicht übernommen werden, ebenso ist die Haftung der Autoren bzw. des Verlags und seiner Beauftragten für Personen-, Sach- und Vermögensschäden ausgeschlossen.

Für die Inhalte der in dieser Publikation enthaltenen Links auf die Webseiten Dritter übernehmen wir keine Haftung, da wir uns diese nicht zu eigen machen, sondern lediglich auf deren Stand zum Zeitpunkt der Erstveröffentlichung verweisen.

Die Ereignisse in diesem Buch sind größtenteils so geschehen, wie hier wiedergegeben. Für den dramatischen Effekt und aus Gründen des Personenschutzes sind jedoch einige Namen und Ereignisse so verfremdet worden, dass die darin handelnden Personen nicht erkennbar sind.

Bei der Verwendung im Unterricht ist auf dieses Buch hinzuweisen.

echtEMF ist eine Marke der Edition Michael Fischer

1. Auflage
Originalausgabe
© 2020 Edition Michael Fischer GmbH, Donnersbergstr. 7, 86859 Igling
Covergestaltung: Meritt Hettwer
Coverfotos: © privat
Redaktion: Nina Lieke
Bildnachweis: Alle Fotos © privat. Alle Icons via shutterstock.com: © Keep calm and
Vector, © davooda, @ Happy Art, © TERPENIE, © Berurin, © Alano Design.
Alle Logos auf den Seiten 145, 146 mit freundlicher Genehmigung der aufgeführten
Unternehmen.
Layout/Satz: Michaela Zander
Gedruckt bei GGP Media GmbH, Karl-Marx-Straße 24, 07381 Pößneck

ISBN 978-3-7459-0162-7

www.emf-verlag.de